009 – 2010
Australien und Neuseeland / 4 Nordamerika / 5 Südamerika

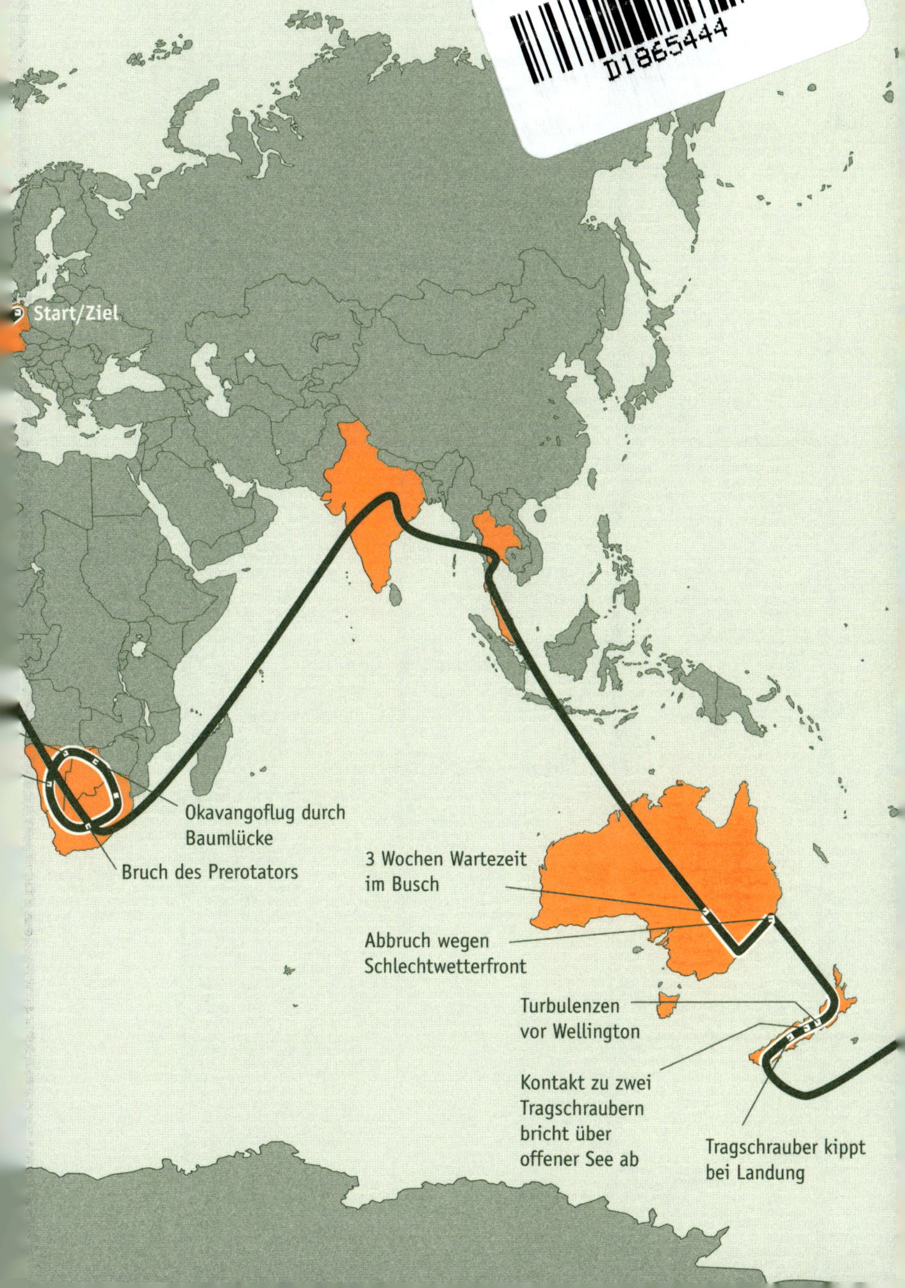

DELIUS KLASING

ANDREAS STÜTZ

WELTFLUG

Zwei Überflieger
auf fünf Kontinenten

Delius Klasing Verlag

Der Möwe Jonathan

Bibliografische Information der Deutschen Nationalbibliothek
Die Deutsche Nationalbibliothek verzeichnet diese Publikation in der Deutschen Nationalbibliografie; detaillierte bibliografische Daten sind im Internet über http://dnb.d-nb.de abrufbar.

1. Auflage
ISBN 978-3-7688-3282-3

Fotos: Andreas und Melanie Stütz sowie Robert Stein (Bild 3 + 4)
Lektorat: Birgit Radebold, Anja Ross
Schutzumschlaggestaltung: Buchholz/Hinsch/Hensinger, Hamburg
Karte: Inch3, Bielefeld
Satz: Fotosatz Habeck, Hiddenhausen
Druck: CPI – Clausen & Bosse, Leck
Printed in Germany 2011

Delius Klasing Verlag, Siekerwall 21, D-33602 Bielefeld
Tel.: 0521/559-0, Fax: 0521/559-115
E-Mail: info@delius-klasing.de
www.delius-klasing.de

Inhalt

Vor dem Start

Im Sommer 1974 lag ich im schwäbischen Biberach auf dem Sofa und schaute Fernsehen. Es kam meine Lieblingsserie im WDR: *Robbi, Tobbi und das Fliewatüüt*. Sie handelte von einem Jungen, der Tobbi hieß und den Bauplan eines kleinen Hubschraubers (»Fliewatüüt«) entwickelt hatte, mit dem man fliegen (flie ...), wassern (... wa ...) und auch noch fahren (... tüüt) konnte. Ein Roboter mit Namen Robbi hatte die Pläne von Tobbi heimlich entwendet und das »Fliewatüüt« gebaut. Im Laufe der Serie starteten die beiden mit dem »Fliewatüüt« zu einer abenteuerlichen Reise. Ich verschlang die Sendung damals förmlich.

»Wenn ich groß bin, möchte ich auch einmal mit einem ›Fliewatüüt‹ verreisen«, rief ich begeistert. Meine Mutter lachte und schüttelte den Kopf. Jungs und ihre Träume, dachte sie wohl.

Meine Frau Melanie Stütz wuchs in Erfurt auf, in der ehemaligen DDR. Als Kind wollte sie Kosmonautin werden. Mit ihren Eltern träumte sie vom grenzenlosen Reisen in den 1980er-Jahren. Den ersten Schritt dazu wagten sie im Oktober 1989 mit ihrer dramatischen Flucht über die grüne Grenze: Sie waren in dem ersten von acht Zügen, die von Prag in den Westen Deutschlands fuhren.

1998 lernten Melanie und ich uns in München kennen und wir heirateten wenige Jahre später. Wir beschlossen, uns eines Tages auf Weltreise zu begeben – dann vielleicht sogar mit einem »Fliewatüüt«.

Im Jahre 2006 rief Melanies Mutter Iris in München an.

»Du, ich habe ein ›Fliewatüüt‹ im Fernsehen gesehen«, rief sie aufgeregt. Und tatsächlich. In einer Fernsehreportage wurde über ein in Deutschland neu zugelassenes Fluggerät berichtet. Es war eine Art Minihubschrauber und nannte sich Tragschrauber oder Gyrocopter.

Der Unterschied zu einem Hubschrauber besteht darin, dass der Rotor des Tragschraubers nicht wie bei einem Hubschrauber vom Motor, sondern nur vom Fahrtwind angetrieben wird. Wie ein Ahornsamen dreht sich der Rotor durch die anströmende Luft und erzeugt durch die eigene Drehung den Auftrieb, mit dem das Flugzeug fliegen kann. Ein Propeller im Heck des Flugzeugs sorgt für den erforderlichen Vortrieb. Der Tragschrauber verfügt über einen 100-PS-Boxermotor, fliegt mit der Autobenzinsorte Super und verbraucht abhängig von den Windverhältnissen 12–15 Liter auf 100 Kilometer. Der Tragschrauber kann maximal bis auf eine Höhe von etwa 3300 Meter steigen und mit einer Tankfüllung drei bis vier Stunden lang fliegen. Man kann den Rotor fixieren und dann fast wie ein Auto fahren. Mit speziellen Schwimmbehältern kann der Tragschrauber auch auf dem Wasser landen. Das hörte sich fantastisch an.

Melanie und ich recherchierten im Internet und fanden heraus, dass man mit dem Tragschrauber einen Probeflug machen konnte. Wir vereinbarten einen Termin und fuhren gemeinsam mit meinen Eltern in ein Dorf in der Nähe von Regensburg. Gemeinsam mit meinem Vater unternahmen wir je einen Rundflug und waren von dieser Art des Fliegens begeistert.

Melanie und ich beschlossen, den Pilotenschein für den Tragschrauber zu machen, dann einen zu kaufen und damit unsere Weltreise zu wagen. Wir begannen mit der Ausbildung für die Sport-Pilotenlizenz (SPL) und bestanden im Spätsommer 2007 die Prüfung. Gemeinsam mit meinen Eltern besuchten wir die Flugzeugmesse Aero 2008 in Friedrichshafen. Dort entdeckte ich ein Tragschraubermodell, das zumindest optisch meinen Vorstellungen von einem »Fliewatüüt« am meisten entsprach.

Im April 2008 feierte mein Vater seinen siebzigsten Geburtstag. Melanie und ich wussten, dass es einer seiner Lebensträume war, den Jakobsweg entlangzupilgern. So schenkten wir ihm eine gemeinsame Pilgerreise auf dem Jakobsweg mit dem Tragschrauber. Mit dem Flug des »Fliewatüüts« entlang des Jakobswegs wollten wir gleichzeitig auch die Machbarkeit unserer Weltreise mit einem Tragschrauber testen.

Wir kauften für unseren Weltflug in Europa den auf der Aero gesehenen weißen Tragschrauber mit geschlossener Kabine und konnten ihn sogar mit der legendären Kennung des Fliewatüüts (FWT) zulassen: D-M FWT (gesprochen Delta-Mike-Foxtrot-Whiskey-Tango).

Im Januar 2009 fanden wir heraus, dass ein Firmenkonsortium gerade die Produktion eines Kinofilms zu *Robbi, Tobbi und das Fliewatüüt* plante. Ich kontaktierte den Regisseur und Kameramann Andy Bierschenk und dessen Firma BDF GmbH in Köln. Andy war begeistert von unserem Vorhaben, und wir beschlossen, einen gemeinsamen Dokumentarfilm zum Flug des »Fliewatüüts« auf dem Jakobsweg zu produzieren.

Dann erkrankten erst mein Vater und dann meine Mutter schwer, und es wurde deutlich, dass mein Vater uns nicht auf die Pilgerreise entlang des Jakobsweges würde begleiten können. Stattdessen produzierten wir einen Film für ihn, um ihm zumindest virtuell die Pilgerreise auf dem Jakobsweg zu ermöglichen.

Im Februar 2009 trainierten Melanie und ich das Fliegen bei schlechtem Wetter in Vipperow, in der Nähe von Berlin. Wir flogen bei Windstärke 7, bei Schneefall, bei Nebel, bei Regen sowie bei tiefen Minusgraden, um uns auf unsere Reise vorzubereiten.

Im April 2009 war das Team für den Jakobsflug startbereit. Es bestand neben Melanie und mir aus Andy Bierschenk (Kameramann und Regisseur), Robert Stein (Regieassistent) sowie Melanies Eltern Karl-Heinz und Iris Scheffler (Bodencrew). Wir starteten mit einem weißen Tragschrauber mit geschlossener Kabine, etwa so geräumig wie ein Smart, und zwei Wohnmobilen.

Europa

1

Uns blieben noch 30 Sekunden bis zum totalen Stromausfall an Bord! Mir rasten die Gedanken durch den Kopf. Verdammt, was ist auf einmal los? Ruhig bleiben, nur ruhig bleiben, dachte ich. 29 Sekunden. Erbarmungslos zählte die digitale Anzeige im Cockpit die Sekunden, die uns auf unserem ersten Tragschrauberflug noch blieben.

28 Sekunden, 27 Sekunden ... Ich hatte keine Zeit mehr, über die Ursachen unseres Problems nachzudenken. Wir mussten landen und zwar sofort.

Melanie krallte sich in ihren Sitz.

»Lärz-Turm, hier Delta-Mike-Foxtrot-Whiskey-Tango«, funkte ich mit gepresster Stimme die Flugleitung von Rechlin-Lärz an, dem ehemaligen sowjetischen Militärflughafen in der Nähe Berlins. Von hier aus waren wir zu unserer Weltreise mit Tragschrauber gestartet.

»Delta-Mike-Foxtrot-Whiskey-Tango, hier Lärz-Turm«, antwortete der Flugleiter.

»Delta-Mike-Foxtrot-Whiskey-Tango, wir haben ein technisches Problem. Haben nur noch wenige Sekunden Strom. Die Bordspannung fällt ab. Der Funk wird ebenfalls gleich ausfallen. Erbitten Freigabe für direkten Landeanflug.«

»Delta-Mike-Foxtrot-Whiskey-Tango, Freigabe zum direkten Landeanflug erteilt. Viel Glück!«, antwortete Lärz-Turm. Drei Sekunden, zwei Sekunden, eine Sekunde ... Der Bildschirm der Instrumentenanzeige wurde schwarz. Die Funkverbindung riss ab. Ich schaltete die Bordelektronik aus und wieder ein. Ein kurzes Aufflackern, dann war der Bildschirm wieder schwarz.

»Motordrehzahlanzeige – ausgefallen, Rotordrehzahlanzeige – ausgefallen, Motortemperaturanzeige – ausgefallen, Öldruckanzeige – ausgefallen, Rotorkopftemperaturanzeige – ausgefallen«, machte Melanie eine Bestandsaufnahme.

Alle Systeme waren tot, bis auf den Motor. Der brummte unbeeindruckt gleichmäßig weiter.

»Der Motor ist zum Glück unabhängig vom Bordstromnetz«, signalisierte ich Melanie.

Weit gekommen waren wir noch nicht. Zum Glück hatten wir bereits nach zehn Minuten wieder den Flughafen Rechlin-Lärz in Sicht. Ich ging in den direkten Anflug auf Piste 26 über. Die Anzeige für unsere Geschwindigkeit in der Luft funktionierte über den Druck der anströmenden Luft und war von der Stromversorgung unabhängig. So konnten wir ohne Probleme unsere sichere Geschwindigkeit von 100 Stundenkilometern beim Landen einhalten, als wäre nichts passiert.

Nach dem Aufsetzen auf der Teerpiste des Militärflughafens rollten wir auf dem Vorfeld bis zum Turm der Flugleitung. Dann stellte ich den Motor ab.

»Was war das denn?«, rief Melanie entsetzt. Ihr stand der Schock ins Gesicht geschrieben.

»Ich habe keine Ahnung«, sagte ich, »plötzlich war der Strom einfach weg.«

»Lass uns in den Hangar fahren«, sagte Melanie. »Bevor wir die Ursache für das technische Problem nicht gefunden haben, können wir ohnehin nicht weiterfliegen.«

Ich schaltete die Zündmagnetschalter ein und drehte den Zündschlüssel für den Anlasser. Aber es tat sich nichts. Noch nicht einmal die kleinste Reaktion.

»Die Batterie ist offenbar tiefentladen«, sagte ich.

Wir baten den Flugleiter um Starthilfe. Er stieg in sein Auto und fuhr zum Tragschrauber aufs Vorfeld. Dort öffnete er die Motorhaube seines Fahrzeuges und verband unsere Tragschrauberbatterie über ein Starthilfekabel mit seiner Lichtmaschine. Bereits nach kurzer Zeit kam wieder neues Leben in unsere Batterie. Ich startete den Propeller. Er sprang ohne Probleme an.

»Jetzt müssen wir den Motor erst einmal eine Zeit lang laufen lassen, damit die Batterie wieder geladen wird«, rief ich gegen den Motorenlärm an.

Dann entdeckte ich die Ursache unseres Problems. Ein Elektromagnet war nach dem Start nicht mit abgeschaltet worden. Eigentlich wurde der Schalter beim Startvorgang automatisch umgelegt und damit ausgeschaltet.

»Der Magnet hat erst die Batterie vollständig entladen und ist dann sogar noch durchgebrannt«, analysierte ich.

»Das müssen wir erst austauschen, bevor wir nach Aachen starten können«, sagte Melanie. Wir waren beide erschrocken, dass ein so kleines Detail wie ein nicht umgelegter Schalter zur Katastrophe führen konnte.

Fliegen war die schärfste Form ultimativer Kompromisslosigkeit. Die kleinsten menschlichen Unachtsamkeiten oder technischen Fehler konnten den Tod bedeuten. Wenn wir unser Weltflug-Abenteuer überleben wollten, sollte uns möglichst nichts dergleichen unterlaufen. Alles, was wir taten, geschah zum ersten Mal. Unser Tragschrauber war bisher nicht als Langstreckenflugzeug getestet worden.

2

Es war die Nacht vor dem Abflug in Aachen. Ich schlief unruhig, und um 05:00 Uhr wachte ich auf, noch viel zu früh zum Aufstehen. Draußen dämmerte schon der Tag. Es herrschte dichter Nebel. Heute würden wir mit unserem Team von Aachen aus starten. Hoffentlich, dachte ich, waren unsere Startprobleme bei Rechlin-Lärz kein böses Omen.

Ich hatte keine Angst. Ich wusste, das Abenteuer bestand aus Prüfungen. Es würde Mut erfordern. Wir würden mit schlechtem Wetter zu kämpfen haben. Der Jakobsweg war dafür berüchtigt, dass das Wetter sehr schnell umschlagen konnte. Sturm, Gewitter und Schneefall würden sich mit Perioden des Sonnenscheins abwechseln. Aber genau deshalb war dieser Flug der geeignete Testlauf für unsere Weltreise.

Wie würde es sein, über die Pyrenäen zu fliegen? Gefährliche Abwinde konnten das beste Flugzeug in eine Bergflanke drücken. Würden wir überhaupt hoch genug fliegen können? Die

Pyrenäen waren teilweise über 3000 Meter hoch. Die maximale Flughöhe unseres Tragschraubers lag nur wenig darüber. Würde es reichen?

Würde die Technik zuverlässig funktionieren unter solchen Bedingungen? Wie würden wir mit den zahlreichen Flugverbotszonen in Frankreich zurechtkommen? Wir hatten schon häufiger von hohen Geldbußen und Haftstrafen für Flugvergehen in Frankreich gehört. Diese Gedanken schossen mir durch den Kopf, bis ich wieder einschlief.

Bevor unser Wecker geklingelt hatte, waren wir um 06:30 Uhr hellwach. Wir sprangen aus dem Bett. Gegen 08:00 Uhr würde jemand den Hangar für uns öffnen, so war es vereinbart. Monatelange Vorbereitungen gipfelten in diesem Moment. Dann würden wir den Tragschrauber aufs Vorfeld ziehen und alles Erforderliche für die Segnung unserer Reise durch Pfarrer Schippers um 08:30 Uhr vorbereiten.

Unser evangelischer Pfarrer zog sich seine Soutane über und begann pünktlich mit der Andacht. Er sprach einige Gebete und erteilte Melanie und mir schließlich den Segen für den Jakobsweg und alle kommenden Reisen mit dem Tragschrauber. Er erläuterte, dass das Pilgern durchaus auch eine evangelische Tradition sei. Es gäbe sogar einen Luther-Pilgerweg im Osten Deutschlands.

Nach einem abschließenden gemeinsamen Vaterunser drückte er Melanie und mich herzlich und wünschte uns alles Gute für unser Weltflug-Abenteuer.

Erst gegen 15:00 Uhr löste sich der Nebel auf und Melanie und ich bereiteten unseren Start vor. Der Flugplatz in Valenciennes schloss um 18:30 Uhr. Wir mussten jetzt los, wenn wir noch rechtzeitig dort landen wollten.

Ich ließ den Motor warm laufen, meldete mich beim Tower am Flugplatz in Aachen-Merzbrück an und wir rollten zum Startpunkt der Piste. Ich beschleunigte den Prerotator. Langsam begann sich der Rotor auf die für den Start erforderlichen 200 Umdrehungen vorzudrehen. Dann entkoppelte ich den

Rotor vom Motor, löste die Bremse, zog den Steuerknüppel zurück und schob gleichzeitig den Gashebel ganz nach vorn. Ab jetzt würde der Rotor nur noch vom Fahrtwind angetrieben. Der Tragschrauber beschleunigte auf der Asphaltpiste. Die Fahrbahnmarkierung flitzte unter uns durch. Bei 80 Stundenkilometern hob sich erst die Nase des Tragschraubers. Dann hoben wir ab und beschleunigten weiter. Die Landebahn entschwand unter uns. Wir flogen über ein Feld in Richtung Autobahn und stiegen rasch weiter. Links von uns kamen Masten einer Hochspannungsleitung. Sie wirkten wie ein Zaun. Da mussten wir vorbei, dann konnte das Abenteuer beginnen.

Über Funk verabschiedete ich mich beim Tower und bedankte mich für die Unterstützung in den vergangenen Tagen. Der Tower funkte etwas ungläubig zurück, ob wir denn nun wirklich losfliegen wollten?

Die Begleitmannschaft mit Karl-Heinz, Iris, Andy und Robert war mit den beiden Wohnmobilen kurz nach 14:00 Uhr aufgebrochen. Es gab nichts, womit sie den Piloten beim Start hätten helfen können. Ohnedies war zu erwarten, dass Melanie und Andreas vor ihnen am Zielort in Valenciennes sein würden.

Beim Abschied hatten alle Beteiligten sehr gemischte Gefühle gehabt. Keiner wusste so recht, was ihn auf der Reise erwarten würde. Die Begleitmannschaft nahm die Autobahn in Richtung Liège/Brüssel. Sie ließ Brüssel rechts liegen und fuhr weiter in Richtung Amiens. Sie erreichte schließlich gegen 17:30 Uhr den Flugplatz von Valenciennes. Aber Melanie und Andreas waren nicht da! Iris rief die Mobilnummern der beiden an. Es meldete sich jeweils nur die Mailbox. Wo steckten die zwei nur?

Das Team stellte die Wohnmobile auf den angrenzenden umzäunten Parkplatz des Flugplatzes und ging in die Empfangshalle. Ein rundlicher Mittfünfziger mit schütterem Haar sah sie fragend an, als sie zu viert eintraten. Der Mann sprach ein wenig Englisch und Robert erklärte ihm, dass ein Tragschrauber auf dem Weg zum Flugplatz wäre und sie auf diesen warten wollten.

Der Mann vom Flugplatz wies Robert darauf hin, dass der Platz in spätestens einer Stunde schließen würde und es dann nicht mehr gestattet sei, zu landen. Auf die Frage, wo sie denn das Flugzeug abstellen könnten, falls sie noch pünktlich kämen, wies der Mann ihnen nicht unfreundlich den Platz neben dem Tower auf dem Vorfeld zu.

»Nein«, sagte er, »Platz im Hangar haben wir leider derzeit keinen. Es ist außerdem auch schon zu spät, die meisten Kollegen haben bereits Feierabend.«

Es war zwischenzeitlich 18:00 Uhr. Die vier horchten in den Himmel. Aber es gab kein entferntes Brummen, das den Tragschrauber ankündigen würde. Der Flugplatz wurde geschlossen. Nach und nach verließen die Flugplatzmitarbeiter das Gebäude. Der Parkplatz leerte sich. Das Restaurant nebenan schloss ebenfalls und schaltete die Beleuchtung aus.

18:30 Uhr: Stille. Immer noch kein Geräusch, keine Spur von einem kleinen weißen Tragschrauber. Die Bodencrew machte sich Sorgen: Melanie und Andreas hätten seit zwei Stunden da sein müssen. Irgendetwas stimmte nicht. Was war passiert? Die Handys waren immer noch nicht erreichbar. Aufgrund des bei der Flugüberwachung aufgegebenen Flugplanes hätten sie längst gelandet sein müssen. Wenn sie den Flugplan nicht geändert hatten, müssten sich die Rettungskräfte jetzt auf die Suche nach ihnen machen. Wenn das dann ein Missverständnis war, konnte es richtig teuer werden. Das Team machte sich nun ernsthaft Sorgen.

Wir erreichten gegen 19:00 Uhr die Nähe des Flugplatzes von Valenciennes. Auf meine zahlreichen Kontaktaufnahmen per Funk gab es keine Antwort. Offenbar war niemand mehr vor Ort. Ich überlegte, was wir tun sollten. Es blieb uns aber gar nichts anderes übrig, als hier und jetzt zu landen. Wir mussten runtergehen, auch wenn der Flugplatz eigentlich schon geschlossen hatte. Für einen anderen Flugplatz hätten wir nicht mehr genug Sprit gehabt.

Ich versuchte noch einige Male, per Funk Kontakt aufzunehmen, bekam jedoch wieder keine Antwort. Also machten wir einen tiefen Überflug über dem Flugplatz und entdeckten dabei auch das Team am Ende der Startbahn. Alle waren aufgesprungen und hüpften auf dem Vorfeld. Sie winkten wie verrückt.

»Wollen die uns davor warnen, auf dem geschlossenen Platz zu landen, oder freuen sie sich über unsere Ankunft?«, fragte ich

Melanie. Ich meldete den Endanflug per Funk und ging auf der Graspiste zur Landung über. Schließlich setzten wir sicher auf der holprigen Piste auf und rollten bis zu den Flugplatzgebäuden. Melanie und ich waren beide sehr erleichtert, dass die erste Auslandsetappe unserer Reise glücklich zu Ende gegangen war.

Das Wetter in Valenciennes war sonnig und trocken, als wir gelandet waren. Wir parkten den Tragschrauber vor dem Flugplatzgebäude und zogen die orangefarbene Abdeckplane über die Kabine. Ich drehte den Tragschrauber gegen den Wind. Unser Zelt bauten wir zu zweit direkt daneben auf.

Der Abendhimmel bot einen herrlichen Sonnenuntergang. Der Anblick vermittelte den Eindruck grenzenloser Weite. Wenn so das Wetter der nächsten Tage werden würde, wäre es perfekt, dachte ich.

Nachdem die Sonne untergegangen war, war es sehr kalt geworden. Es dürften kaum mehr als 3–4 °C gewesen sein, als wir uns auf die Nacht vorbereiteten. Das Team hatte sich auf die zwei Wohnmobile aufgeteilt. Melanie und ich schliefen in unserem Zelt ein.

3

Gegen 23:30 Uhr wurden Melanie und ich von ohrenbetäubendem Lärm geweckt. Offenbar war ein Flugzeug gelandet und schien nun direkt vor unserem Zelt den einzig möglichen Parkplatz gefunden zu haben. Die Propeller erzeugten mächtig Wind, aber zum Glück in die Richtung vom Zelt weg.

Ich äugte aus dem Zelteingang und konnte auf dem zwischenzeitlich hell erleuchteten Flugplatzvorfeld vor uns die dröhnenden Propeller einer Transall-Transportmaschine sehen. Verschiedene Servicefahrzeuge pendelten emsig zwischen Flugplatzgebäuden und dem Flugzeug hin und her. Wo waren nur all die Leute auf einmal hergekommen? Vor noch nicht einmal einer Stunde war der Flugplatz vollkommen verwaist gewesen. Das Flugzeug wurde bei laufenden Motoren umgeladen und betankt. Die Motoren springen wohl nicht mehr an, wenn die erst einmal ausgeschaltet sind, dachte ich sarkastisch.

Uns klingelten schon die Ohren vom Lärm, als das Flugzeug nach ungefähr einer halben Stunde plötzlich drehte, wieder zurück zur Piste rollte und donnernd mit Vollgas abhob. Das war genug Unterhaltungsprogramm für diese Nacht, dachten wir, und schliefen wieder ein.

Um 24:00 Uhr wurden wir wieder wach. Hatten wir zwischenzeitlich geschlafen? War das Flugzeug wieder gelandet? Wütend rüttelte Wind an unserem Zelt. Das Wetter schien sich zu ändern. Es kamen Sturmböen auf. Mir fiel ein, dass ich aufgrund des schönen Wetters während der Ankunft auf eine Sturmbespannung verzichtet hatte. Ich kroch daher aus dem Zelt, spannte die Seile der Sturmbespannung und vertäute im Schein meiner Taschenlampe das Zelt an zusätzlichen Erdnägeln. Todmüde schlüpfte ich zurück ins Zelt und wir schliefen wieder ein.

Gegen 01:00 Uhr wurden Melanie und ich von einem fremdartigen Geräusch halb wach. Schlaftrunken wie wir waren, hörte es sich an wie das dumpfe Trommeln afrikanischer Djembén aus der Ferne. Das Trommeln wurde heftiger. Als ich schließlich richtig wach wurde, bemerkte ich, dass es zu regnen begonnen hatte.

Dann goss es in Strömen. Wunderbar, dass es inzwischen Zelte gibt, die so schön dicht halten. Ich wollte gerade wieder einschlafen, als ich aufschreckte. Das Flugzeug! Plötzlich fiel mir siedend heiß ein, dass unser Tragschrauber ja auch draußen stand. Der hatte sich durch seine Dachluken und Türspalten leider als absolut nicht regendicht erwiesen. Es kam Hektik im Zelt auf, und wir quälten uns aus den Schlafsäcken und dem Zelt hinaus in das Unwetter der tiefschwarzen Nacht.

»Die Plane über der Tragschrauberkabine ist nicht wasserdicht. Wir müssen die Plastikfolie aus dem Wohnmobil von Iris und Karl-Heinz holen und darüberziehen!«, schrie Melanie in den Wind und verschwand durch den Regen in die Dunkelheit zum Wohnmobil ihrer Eltern. Völlig durchnässt kam sie mit der

Folienrolle zurück. In Sturm und peitschendem Regen zogen Melanie und ich umständlich die Kunststofffolie über das Flugzeug. Oder besser gesagt, wir versuchten es. Jedes Mal, wenn wir die Folie am Tragschrauber befestigt hatten, riss sie der Wind wieder weg.

»Wir müssen die Folie komplett um den Flieger wickeln!«, schrie ich durch den Sturm.

»... Mehr ziehen, sonst haftet die Folie nicht ...!«, schrie Melanie zurück.

Schließlich krochen wir triefend nass wieder in unser Zelt zurück. Trotz des laut prasselnden Regens waren wir gerade eingeschlafen, als wir wieder wach wurden. Dieses Mal hatten wir ein dumpf zupfendes Geräusch gehört, gefolgt von einem Rütteln an unserer Zeltwand. Vor dem Zelt stand unter einem Regenschirm Melanies Vater Karl-Heinz. Er hatte sich Sorgen gemacht und fragte sich, ob das Zelt bei dem Regen dicht hielt.

Gegen 02:00 Uhr wurden wir zum x-ten Mal wach. Wir hörten zunächst nur ein leises Summen. Schließlich wuchs das Summen zu einem ohrenbetäubenden Kreischen an. Es klang, als hätten sich vor unserem Zelt 20 Männer mit ihren Kreissägen versammelt. Erschrocken schälte ich mich wieder aus dem Schlafsack und öffnete den Reißverschluss des Zeltes. Was ich dort sah, ließ mir das Blut in den Adern stocken: zwei große, extrem helle Scheinwerfer direkt hinter dem Tragschrauber. Alles war in gleißend helles Licht getaucht. Ich konnte kaum etwas erkennen. Hinter dem Tragschrauber schien irgendwas Gigantisches zu stehen. Es wirkte wie ein Ufo, das dort gerade gelandet sein musste oder jetzt starten würde. Schließlich konnte ich vom Zelt aus erste Umrisse erkennen. Vielleicht zehn Meter hinter unserem kleinen Tragschrauber stand ein mindestens zwei Stockwerke hoher Düsenjet, der gerade seine Triebwerke anlaufen ließ.

Trotz Sturmbespannung geriet unser Zelt durch den von den Triebwerken erzeugten Wind in dramatische Seitenlage. Laut knatternd rüttelten Kunststofffolie und Schutzplane an unserem Tragschrauber. Sehen uns denn die Piloten nicht?, fragte ich mich verzweifelt. Ich betete, dass das Zelt nicht von den Triebwerken umgeworfen würde. Schließlich drehte der Düsenflieger bei und entfernte sich langsam in Richtung Piste. Wir waren hundemüde, standen aber noch so unter Strom, dass wir eine ganze Weile benötigten, bis wir schließlich im trommelnden Regen wieder einschlafen konnten.

4

Am nächsten Morgen war alles komplett durchweicht. Wir entschlossen uns dennoch, bereits um 07:00 Uhr das nasse Zelt abzubauen und einzupacken. Damit wollten wir uns unnötigen Ärger mit der Flugplatzleitung ersparen. Da wir am Vorabend nach der regulären Öffnungszeit des Flugplatzes gelandet waren, konnten wir natürlich auch nicht fragen, ob es erlaubt war, auf dem Gelände zu zelten. Und nach dieser Nacht sprachen einige Argumente dagegen.

Melanie und ich frühstückten und betankten das Flugzeug. Das Wetter schien sich gebessert zu haben. Die Wolken hingen zwar noch tief, aber zumindest regnete es nicht mehr. Wir beschlossen, dass wir heute die nächste Strecke angehen mit dem Tagesziel Orléans würden.

Doch zunächst wollten wir uns im Flugplatzgebäude von Valenciennes nach den aktuellen Wetternachrichten erkundigen. Melanie kam mit einem Feuerwehrmann ins Gespräch. Der hochgewachsene Mann mit modischem Kurzhaarschnitt trug einen dunkelblauen Feuerwehranzug mit der Aufschrift »Sapeur-Pompier«. Er machte einen sympathischen und zufriedenen Eindruck.

»Wollen Sie eine Tasse Kaffee?«, fragte er.

»Nein, danke«, erwiderte Melanie.

Ich schilderte dem Mann unser Vorhaben und bat ihn um die neuesten Wetternachrichten. Der Feuerwehrmann verschwand für einige Minuten und kam schließlich mit einem Internetausdruck der aktuellen Wetternachrichten zurück. Ich sah mir die Wetteranalyse an und war besorgt. Zu dem Feuerwehrmann sagte ich:

»Das sieht aber gar nicht gut aus. Die Wolkenuntergrenze liegt ja bei gerade einmal 300 Fuß Höhe, damit kommen wir nicht weit.« Der Feuerwehrmann zuckte mit den Achseln. Mit zuversichtlicher Miene meinte er jedoch:

»Das kann sich schnell ändern. Warten sie die nächste Wettermeldung in etwa 30 Minuten ab, vielleicht ist es dann besser.«

Wir saßen in den Sesseln des Eingangsbereichs und luden unsere Handys an den Steckdosen auf. Ein untersetzter Sechziger mit lichtem Haar kam auf uns zu und begrüßte uns herzlich. Er hatte mitbekommen, dass wir angekommen waren, und war sehr neugierig, mehr über unseren Tragschrauber und unsere Tour zu erfahren.

Schließlich begann der ältere Herr von sich zu erzählen: Er sei Gefängniswärter in der örtlichen Justizvollzugsanstalt gewesen. Er habe »seine« Gefangenen Porzellanfiguren bemalen lassen und diese erfolgreich verkauft. Zwischenzeitlich sei er pensioniert. Auf Melanies Frage nach seinem Kindheitstraum sagte er: Er habe immer mit einem Helikopter fliegen wollen. Das sei aber für seine finanziellen Verhältnisse zu teuer.

Er würde Melanie und mir aber gern erklären, wie er sich seinen Traum dennoch erfüllt habe. Wir sollten ihm doch folgen, fügte er mit geheimnisvoller Miene hinzu. Der Mann stürmte los und wir versuchten, mit ihm Schritt zu halten. Wir gingen in den hinteren Bereich der Flugzeughallen. Einige der Hangars waren offen. Dort standen gut erhaltene Flugzeuge aus den 1950er- und 1960er-Jahren.

Schließlich hielt er vor einem Hangar mit einem alten Hubschrauber.

»Sehen Sie!«, rief er. »Ich halte für einen reichen Mann diesen alten Hubschrauber instand.« Stolz erklärte er uns die Details des Hubschraubers und bestand darauf, dass Melanie und ich in der Kanzel Platz nahmen. Der Mann machte Fotos und freute sich über unser Interesse. Schließlich meinte er:

»Der Hubschrauber verbraucht 500 Liter Kerosin pro Betriebsstunde. Es gibt einen eigenen Tankwagen hierfür«, er deutete auf einen Transporter mit einem großen Fass im Laderaum. »Die Betriebsstunde kostet daher über € 1000. Da ich aber den Hubschrauber warte, muss ich auch Testflüge durchführen. Und das zum Glück nicht auf meine Kosten«, fügte er stolz grinsend hinzu.

Wir verabschiedeten uns und gingen wieder zum Flugplatzgebäude zurück. Als wir in den Empfangsbereich eintraten, kam der Feuerwehrmann mit einem Lächeln auf uns zu.

»Die Wolkenuntergrenze wird in ein bis zwei Stunden bereits bei fast 1000 Fuß liegen«, sagte er. Der Feuerwehrmann bot uns an, unseren Zielflugplatz bei Orléans anzurufen und gleich nach einem Einstellplatz im Hangar zu fragen. Wir freuten uns über die Hilfsbereitschaft und fragten ihn bei dieser Gelegenheit, was denn seine Kindheitsträume waren. Er überlegte kurz, nickte dann und zeigte auf die Aufschrift an seinem Anzug. »Feuerwehrmann, ich wollte schon immer Feuerwehrmann werden«, antwortete er strahlend.

Melanie und ich stiegen in unseren Tragschrauber ein und begannen mit der Flugvorbereitung. Ich ließ den Motor warm laufen und bat um Startgenehmigung. Schließlich rollten wir zum Rollhalt der Piste und beschleunigten den Rotor. Ich gab Vollgas, löste die Bremse und nahm Fahrt auf. Wir stiegen erst sehr langsam, um noch weiter zu beschleunigen, und gingen dann in einer weiten Linkskurve auf Reisekurs. Unter uns zog die Stadt Valenciennes vorbei. Von oben sah alles immer so aufgeräumt und überschaubar aus. Alles in Spielzeuggröße. Die kleinen Autos schienen wie von Geisterhand gesteuert durch die Straßen zu fahren. Die Häuser hatten die Größe von Streichholzschachteln. Der Flug verlief heute sehr ruhig. Das Wetter zeigte sich von seiner besten Seite. Der Himmel wirkte, als sei eine gigantische Herde von Schäfchenwolken aufgezogen, die langsam dicker wurden und sich träge vom Wind treiben ließen.

Als wir in die Nähe von unserem Zwischenziel Etrépagny kamen, versuchte Melanie, die Flugleitung anzufunken, doch es antwortete niemand. Schließlich schwenkte ich in die Platzrunde ein, als sich plötzlich doch noch eine Stimme auf Französisch meldete.

»In welcher Richtung fliegen Sie die Piste an?«, wollte die Stimme wissen. Sie schien allerdings nicht vom Tower zu kommen, sondern von einem anderen Piloten, der mit seinem Flächenflugzeug eine Durchstartübung machen wollte. Es dauerte einen Moment und wir sahen tatsächlich ein weißes Flugzeug auf den Flugplatz zufliegen. Melanie gab ihm die geplante Landerichtung durch. Der Pilot ließ uns zuerst landen und wartete in der Platzrunde kreisend auf seinen Moment.

Ich ging in den Endanflug über und landete auf einer Graspiste inmitten einer weitläufigen Hochebene. Die Landschaft erstreckte sich vom Platz aus in alle Richtungen endlos bis zum Horizont. Wir rollten auf der Grasbahn bis zu einer Blechhütte, die wohl so etwas wie der lokale Tower war. Nach dem Abstellen des Motors stiegen wir aus und gingen zur Hütte, um zu sehen, ob jemand vor Ort war. Aber das Gebäude war leer.

Melanie rief Iris an und meldete, dass wir sicher gelandet waren. Die beiden Wohnmobile waren noch ungefähr eine Stunde vom Platz entfernt. Daher legten wir uns auf die Wiese und genossen die Sonnenstrahlen, die nach dem schlechten Wetter der vergangenen Nacht die reinste Wohltat waren.

Verträumt blickte ich den emsig durch die Wiese fliegenden Hummeln nach. Was für Flugmanöver die beherrschen! Und tatsächlich: Mit spielerischer Leichtigkeit schienen die Hummeln in der Luft im rechten Winkel abbiegen zu können. Sie stiegen mal senkrecht in die Höhe, schienen jäh herunterzufallen, nur um exakt vor der anvisierten Blüte minutenlang brummend in der Luft stehen zu bleiben und sich am Blütennektar zu laben. Wie unglaublich plump ist dagegen doch unser eigenes Fliegen. Das beste und teuerste von Menschenhand entwickelte Flugzeug der Welt kann nicht annähernd solche Manöver fliegen wie diese kleinen Hummeln.

Zwischenzeitlich trafen die Wohnmobile ein. Ich betankte das Flugzeug. Schön, dass wir uns beim Fliegen immer abwechseln können, dachte ich, als Melanie zur zweiten Tagesetappe nach St. Denis de l'Hôtel in der Nähe von Orléans startete. Die Zahl der Himmelsschäfchen hatte nun deutlich zugenommen. Noch fanden alle ausreichend Platz, und die Sonne schien freundlich dazwischen. Das flache Land wurde von einer leicht hügeligen Landschaft abgelöst. Statt der städtischen Siedlungen sahen wir vermehrt verstreute Weiler. Immer öfter erspähten wir Schlösser. Die Felder waren durch dunkelgrüne Hecken oder kleine Steinmauern eingefasst. Nach etwa 90 Minuten Flugzeit erreichten wir St. Denis de l'Hôtel. Ich kündigte wie üblich per Funk unsere Landung an und erwartete schon gar keine Antwort mehr. Doch diesmal schien der Tower besetzt zu sein. Eine Frauenstimme antwortete mir zunächst auf Französisch und wechselte nach meiner ersten französischen Funkantwort in akzentfreies Englisch.

Der Tower informierte uns über die geöffnete Piste und die Windrichtung. Melanie setzte zur Landung an und wir staunten beim Aufsetzen über diesen Flugplatz: Er war einer der modernsten und bestausgestatteten Plätze, die wir bisher angesteuert hatten. Alles schien neu zu sein. Es gab eine ganze Reihe großer, neu gebauter Hallen. Piste und Rollwege waren tadellos geteert. Der Tower war noch keine fünf Jahre alt. Es gab sogar ein zentrales Abfertigungsgebäude mit Wartebereich, Sicherheitskontrollen und einer Kaffeelounge. Alles wirkte wie ein Großflughafen, nur eben im Liliputformat.

Nach der Landung rollten wir zu den Hallen. Dort kam ein freundlicher Mittvierziger, Philippe Pré, auf uns zu und stellte neugierig Fragen. Auf unsere Frage nach einem Hangarplatz öffnete er uns die Hallentore. Gemeinsam schoben wir den Tragschrauber in die Halle.

Auf diesem Flugplatz wurde Sicherheit offenkundig großgeschrieben. Alle Türen waren elektronisch gesichert und auf das Vorfeld kam man nur durch ein Drehkreuz, das sich über die Tastatureingabe einer Geheimzahl aktivieren ließ. Melanie und ich wurden von Philippe durch die Sicherheitsschleuse in das angrenzende Vereinsgebäude begleitet.

Schließlich beschlossen wir, in den Tower zu gehen, um bei der Flugleitung die Landegebühr zu bezahlen. Als wir in das Gebäude eintraten, öffnete sich geräuschlos eine Schiebetür. So musste es im Raumschiff Enterprise sein, wenn man die Kommandobrücke betrat. Anders als bei *Star Trek* mussten Melanie und ich nun allerdings auf einer schmalen Treppe in die erste Etage steigen, um zum Captain des Flughafens zu gelangen.

Melanie klopfte an die offene Bürotür und sah Monsieur Philippe Clément, den Chef des Flugplatzes, über seinen Schreibtisch gebeugt. Er lugte kurz über den Brillenrand und richtete sich in seinem Sessel auf. Als wir ihn begrüßten, rückte er seine verschmutzte Brille zurecht und antwortete mit knapp bemessener Freundlichkeit, die keinen Zweifel an seinem Arbeitspensum aufkommen ließ. Überall an der Wand hingen Luftbilder des Flugplatzes und Pläne zu den geplanten Erweiterungsstufen.

Ich fragte ihn nach seinen Kindheitsträumen. Nach kurzem Überlegen antwortete der Chef des Flugplatzes:

»Kindheitsträume? Ich habe nie Kindheitsträume gehabt. Ich lebe von Tag zu Tag. Träume habe ich schon«, sagte er, »aber mehr im Sinne von Plänen.«

Der voluminöse Chef deutete auf die Erweiterungen seines Flugplatzes. Dieser Mann lebte im und für seinen Flugplatz. Seine Frau kümmerte sich um die Finanzen. In Kürze sollte eine erweiterte Startbahn gebaut werden. Dann könnten dort auch Jumbos landen.

»Die Gemeinde verdient sehr viel Geld mit dem Flugplatz«, fügte er hinzu. Warum, verstanden wir sofort, als wir erfuhren, wie hoch die Gebühren für Landung, Hangar und den zum Flugplatz gehörenden Campingplatz sein würden. Das war bisher einsamer Rekord.

Wir bezahlten, gingen zurück ins Vereinsgebäude und plauderten mit den dort versammelten Männern. Als wir zum Campingplatz gehen wollten, sagte man uns, dass es dort keine Warteräume gäbe. Wir sollten doch lieber im Vereinsheim auf das Eintreffen der Wohnmobile warten.

Wir warteten noch weitere zehn Minuten, wollten dann aber wirklich zum Campingplatz aufbrechen. Wieder drängte man uns zum Bleiben. Man sagte uns, es wäre doch draußen kalt und es gäbe auf dem Campingplatz kein Restaurant oder dergleichen.

Es gruppierten sich immer mehr Männer um uns herum. Die Situation kam uns zunehmend unheimlich vor. Irgendetwas schien hier vor sich zu gehen. Alle schienen darüber Bescheid zu wissen. Nur wir nicht. Warum durften wir nicht zum Campingplatz? Warum standen jetzt alle um uns herum? Melanie rief Iris auf dem Mobiltelefon an. Aber die Wohnmobile waren noch gut eine Stunde von uns entfernt. Wir tauschten fragende Blicke aus und gingen langsam und unauffällig zu unserer auf dem Tisch liegenden Ausrüstung.

Für das Boden- und Filmteam war es gar nicht so einfach, die großen Wohnmobile durch die engen Gassen der französischen Dörfer zu manövrieren. Sie hatten bereits über sieben Stunden Autofahrt hinter sich gebracht. Gegen 11:00 Uhr waren sie am Morgen von Valenciennes aufgebrochen. Bei Amiens hatten sie Rast gemacht. In der alten Pilgerstadt am Jakobsweg soll der Überlieferung nach der heilige St. Martin im Winter von 338 n. Chr. seinen Mantel mit einem Bettler geteilt haben. Fast 1000 Jahre später wurde hier das größte Sakralgebäude Frankreichs erbaut, die Kathedrale von Amiens. Das Team fuhr mit den beiden Wohnmobilen weiter Richtung Paris und war gerade an der Stadt Orléans vorbeigefahren, als Melanie auf dem Handy anrief. Was sie berichtete, klang irgendwie seltsam. Die beiden waren eingekreist von Männern, die sie nicht zum Campingplatz gehen lassen wollten? Was ging denn da vor sich?

Es kamen immer mehr Vereinsmitglieder zusammen. Jean Pinet, ein älterer eleganter Herr mit dünnem Oberlippenbart, schien der Grand Seigneur der Truppe zu sein. Er hatte die vornehme und zugleich coole Ausstrahlung eines David Niven im besten Alter. Monsieur Pinet verschwand kurz hinter dem Bartresen des Vereinsheims und holte eine Kiste mit Champagnerflaschen hervor. Schließlich begannen zwei Vereinsmitglieder,

der Reihe nach Gläser auf dem Tresen aufzustellen und diese mit Champagner zu füllen.

Vielleicht feiert einer der Flieger heute seinen Geburtstag, dachte ich. Doch dann dämmerte es mir. Monsieur Pinet begann mit den Vereinsmitgliedern, auf unsere Ankunft anzustoßen. Man feierte tatsächlich die Ankunft unseres Tragschraubers. Das war also der Grund gewesen, warum man uns nicht gehen lassen wollte.

Melanie und ich stießen erleichtert und fröhlich mit den Vereinsmitgliedern an. Wir hatten außer Keksen den ganzen Tag nichts gegessen und waren nach mehreren Gläsern Champagner bereits in allerbester Stimmung, als das Team mit den Wohnmobilen sichtlich erledigt von der langen Autofahrt schließlich eintraf.

Nachdem sich jeder vom Team mit großem Hallo bei den versammelten Vereinsmitgliedern vorgestellt hatte, brachen wir gemeinsam zum Campingplatz auf. Karl-Heinz nutzte das trockene Wetter und warf den Grill an. Trotz der nur noch 5 °C saßen wir vergnügt bis spät in die Nacht zusammen und feierten.

5

Am nächsten Morgen schreckten wir gegen 05:00 Uhr von lautem Explosionskrachen auf. »Was war das?«, fragte Melanie. Es schien immer näher zu kommen. Wumm, Wumm, Wumm. Die Explosionen wurden lauter und folgten nun in immer kürzeren Abständen. Ich überlegte mir, was das nur sein könnte. Vielleicht ein Jäger? Aber warum ballerte er denn wie wild in der Gegend herum? Ich machte den Zelteingang auf. Dieses Mal hatten wir extra unser Zelt in sicherem Abstand zur Landepiste auf dem Campingplatz des Flugplatzes aufgeschlagen.

Im Zwielicht erkannte ich ein rotes Auto in der Ferne. Langsam fuhr es an der Piste entlang. Es sah aus, als werfe der Fahrer während der Fahrt Handgranaten aus dem offenen Autofenster in die Büsche.

Um die Vogelschwärme vom Flugplatz fernzuhalten, wurden hier offenbar jeden Morgen Knallkörper aus dem fahrenden Auto herausgeworfen. Die Vögel erschraken und blieben dem Flugplatz hoffentlich für eine Weile fern.

Ich hatte schon die dritte Telefonnummer gewählt, um irgendjemanden am Flugplatz unseres nächsten Bestimmungsortes, Châtelleraut, zu erreichen. Schließlich wählte ich noch eine vierte Nummer, die wir im Internet gefunden hatten, und hatte Silvio von Silvair am Apparat, einen Flugzeughändler mit Sitz am Flugplatz Châtelleraut Targé. Er bot uns via Telefon gleich einen Hangar und eine Campingmöglichkeit an.

Bei sonnigem Wetter starteten wir und genossen den Himmel über dem französischen Jakobsweg. Wir flogen entlang der Loire in Richtung der Innenstadt von Orléans, kreisten einige Male um die Turmkronen der Kathedrale und gingen schließlich auf Kurs Südwest.

Auf dem Flug nach Châtelleraut hatten wir den Eindruck, eine leichte Rundung der Erde am Verlauf des Horizontes erkennen zu können. Wenn man die gerade Instrumententafel als Lineal ansah und den dahinterliegenden Horizont anpeilte, war dieser eindeutig leicht gekrümmt.

Wir sahen, wie die Schatten der Wolken über die Felder wanderten. Es passierte uns immer wieder, dass wir plötzlich erschraken, wenn es um uns herum unvermittelt dunkel wurde. Wenn eine Wolke den Tragschrauber in Schatten tauchte, wirkte es, als schwebte über uns ein Raumschiff. Der Wind hatte erheblich zugenommen. In 1800 Fuß Höhe hatten wir fast 80 Stundenkilometer Gegenwind. Die angezeigte Luftgeschwindigkeit betrug 120 Stundenkilometer. Das bedeutete, dass wir nur mit ernüchternden 40 Stundenkilometern über Boden vorankamen. Ein frisiertes Mofa wäre heute schneller, dachte ich, als sich mit einem knackenden Geräusch die französische Flugsicherung per Funk meldete.

»Delta-Mike-Foxtrot-Whiskey-Tango, bitte nennen sie ihren Flugzeugtyp«, forderte eine Frauenstimme. Melanie und ich lachten. Wir kannten das Ritual bereits. Es war uns schon öfters passiert, dass sich die Flugsicherung unsere Reisegeschwindigkeit nicht recht erklären konnte.

»Sag doch einfach, wir sind ein Luftmoped«, schlug Melanie grinsend vor. Offenbar hinterließen wir mit unserem Tempo Einbrennspuren auf dem Radarbildschirm der Flugsicherung. Ich funkte zurück:

»Flugzeugtyp ist Tragschrauber.« Wahrscheinlich bogen die sich in der Flugsicherung jetzt vor Lachen über unser Tempo bei diesem Gegenwind.

Nach der Landung in Châtellerault rollten wir zu den großen Hallen am Vorfeld und parkten neben einem schwarzen Privathubschrauber. Ein groß gewachsener drahtiger Mann mit Glatzkopf kam zu unserem Tragschrauber und stellte sich uns temperamentvoll vor. Es war Silvio, und nicht nur sein Name klang italienisch, er selbst war durch und durch Italiener. Er lebte seit Jahren in Frankreich und verdiente sein Geld mit dem Verkauf von italienischen Flugzeugen in Frankreich.

»Reich wird man davon ja nicht«, sagte Silvio. »Aber ich habe schon als Kind von Flugzeugen geträumt und lange nach einem Weg gesucht, Familie, Fliegen und Beruf in Einklang zu bringen.« Silvio half uns dabei, den Tragschrauber in den Hangar zu schieben.

Wenig später traf auch das Team ein, und wir bezogen unser Nachtlager direkt neben dem Hangar. Als wir unser Zelt aufbauten, gesellten sich immer mehr neugierige Piloten zu uns. Melanie erzählte von unserem Vorhaben und erwähnte, dass wir auf diese Weise den Jakobsweg und seine Kulturschätze dokumentieren wollten.

»Ihr müsst euch unbedingt die Église St. Jacques ansehen«, meinte einer der Piloten. »Kommt, ich bringe euch hin. Fahrt einfach meinem Auto nach.« Melanie und ich freuten uns über die Hilfsbereitschaft, und das gesamte Team fuhr ihm in die Innenstadt von Châtellerault hinterher.

Ein Hauch von Geschichte war in dieser Stadt überall spürbar. Wir gingen zunächst einmal zur Tourismusinformation und erhielten dort unseren ersten offiziellen Jakobspilgerstempel. Vielleicht würden wir ja auch als fliegende Pilger eine Compostela erhalten, d. h. eine Urkunde, die uns die Beendigung des Jakobswegs bescheinigte.

Dann schlenderten wir weiter zur romanischen Kirche, die 2008 ihr tausendjähriges Jubiläum gefeiert hatte. Das Portal war von einer aus Holz geschnitzten Statue des heiligen Jakob bekrönt, das steinerne Tympanon über den Eingangstüren mit zahlreichen Jakobsmuscheln versehen.

6

Am nächsten Morgen war es bewölkt und die Wettervorhersage für heute sah Sichtweiten von mehr als acht Kilometer vor, das war akzeptabel. Wir waren früh im Hangar und machten die Checks am Flugzeug. Nachdem wir getankt und die Flugplatzgebühren abgerechnet hatten, flogen wir in Richtung St. Jean d'Angély.

Während des Fluges verschlechterte sich die Sicht. Es fing schließlich an zu regnen und wurde unangenehm nass, leider auch im Flugzeug. An den Türrahmen rann unaufhörlich Wasser herein. Durch die Dachluken tropfte es auf unsere Hosenbeine. Das Wasser sammelte sich im Fußraum. Melanie versuchte während des Fluges notdürftig, zumindest das an den Türritzen eindringende Wasser mit Putzlappen aufzusaugen.

Der Platz von St. Jean d'Angély war eine Graspiste auf einem Bergrücken inmitten von blühenden Rapsfeldern. Das Gelb des Rapses stand in starkem Kontrast zu den tiefdunklen Wolken am Himmel und schien dadurch nur noch intensiver zu leuchten. Wir landeten und rollten über die holprige Graspiste bis zum Hangar. Der Platz schien verwaist zu sein. Es hatte kurzzeitig aufgehört zu regnen. Wir zogen dennoch die Stretchfolie, die wir seit der ersten Regennacht nun stets dabeihatten, über die Türen und Fenster. Die Fußmatten hängten wir zum Abtropfen über die Seitenleitwerke.

Unterhalb des Platzes sahen wir im Tal ein kleines Dorf mit

einer aus den Häusern herausragenden Kirche. Das musste wohl St. Jean d'Angély sein. Nach ungefähr einer Stunde erreichte uns auch das Team mit den Wohnmobilen. Ich tankte den Flieger auf und wir starteten zum Flug nach Bordeaux. Es begann wieder zu regnen. Das Wasser lief uns weiter auf die ohnehin schon nassen Hosen. Auch die Scheiben begannen, innen zu beschlagen. Ich wischte die Fenster frei und wir fuhren eine Anhöhe hoch zum Startpunkt. Als wir dort angelangt waren, meinte ich zu Melanie:

»Warte, ich muss erst noch einmal die Scheiben wischen.«

Melanie antwortete: »Das ist Nebel.«

»Wie, Nebel?«, fragte ich. Und tatsächlich. Die Scheiben waren nicht beschlagen. Es hatte sich draußen leichter Nebel gebildet, und die Sicht verschlechterte sich. Ich kuppelte den Rotorantrieb ein und begann mit dem Vorrotieren. Zunächst schien alles wie gewohnt zu funktionieren. Dann gab es bei etwa 100 Umdrehungen pro Minute plötzlich einen lauten Knall, und der Motor war aus. Stille. Wir sahen uns verblüfft an.

»Was war das denn?«, fragte Melanie.

»Vermutlich haben die Keilriemen für den Rotor blockiert, oder sie sind abgerissen«, antwortete ich. Ich stieg aus, um nachzusehen, was passiert war. Es war nichts zu erkennen. Ich konnte nur Vermutungen anstellen. Möglicherweise waren die gepuderten Keilriemen nass geworden, durch die Nässe verklebt und dann blockiert. Genau das sollte das Pudern eigentlich verhindern, was in trockenem Zustand auch gut funktionierte.

Die Riemen machten einen lockeren Eindruck. Vielleicht waren sie überdehnt worden. Jedenfalls schien unsere Reise für heute beendet zu sein. Wir rollten den Tragschrauber im Regen zurück zum Hangar und riefen Iris an. Das Team war inzwischen schon in der nächsten Stadt, ungefähr eine halbe Autostunde entfernt. Melanie bat das Team, umzudrehen und die Ersatzriemen mitzubringen.

Wir warteten und warteten. Warum brauchte das Team nur so lange, um wieder zurückzukehren? Sollten wir noch einmal versuchen zu starten? Vielleicht waren die Riemen ja doch nicht überdehnt. Am Hangar ließ ich den Motor an und kuppelte den Rotor ein. Jetzt funktionierte es prima.

Ich rief Iris an und informierte sie darüber, dass der Rotorantrieb beim erneuten Test einwandfrei funktionierte. Ich schlug vor, dass das Team weiter nach Bordeaux fahren sollte, wenn ich nicht innerhalb der nächsten 20 Minuten noch einmal anrufen würde. So lange würden wir für einen erneuten Start benötigen.

Wir rollten also mit dem Tragschrauber wieder den Berg zum Startpunkt der Piste hinauf. Es regnete jetzt heftig und das Wasser tropfte beharrlich in die Kabine. Die Sicht hatte sich weiterhin verschlechtert. Am Startpunkt angelangt, machten wir uns klar zum Vorrotieren. Ich wischte die beschlagenen Scheiben und stellte mit Schrecken fest, dass die Sicht nun für einen Streckenflug nicht mehr ausreichte.

Wir diskutierten die Alternativen. Plan A hieß: hierbleiben. Bei Regen, ohne Schutz, ohne Wasser, ohne Strom. Die Wohnmobile hätten außerhalb des Flugplatzes parken müssen. Der Platz war von einem Zaun umgeben und niemand war vor Ort, um das Tor aufzuschließen. Diese Alternative schien bei dem gegebenen Wetter nicht angenehm, aber vernünftig zu sein. Plan B sah vor, eine Platzrunde zu drehen und sich dann, wenn es die Sicht erlaubte, in Richtung Bordeaux voranzutasten.

Die Sicht wurde wieder etwas besser, und ich konnte jetzt zumindest die ungefähr drei Kilometer entfernten Strommasten erkennen. Eigentlich war für heute ja eine Sicht von mindestens acht Kilometer vom Wetterdienst vorhergesagt worden.

Die Tropfen platschten weiter auf die nassen Hosenbeine.

»So funktioniert auch eine ziemlich wirksame Foltermethode«, bemerkte ich trocken. Alles war nass bis auf die Unterhose. Ich seufzte. Das war wohl der Jakobsweg. Eine weitere Prüfung.

Wir entschlossen uns zu einem Platzrundenflug, um die Lage zu erkunden. Der Start verlief dieses Mal problemlos. Wir stiegen schnell und sahen, dass die Sicht doch nicht ganz so schlecht zu sein schien, wie befürchtet. Wir wollten es also wagen und drehten auf Reisekurs ein.

»Warum fliegst du denn im Kreis?«, fragte Melanie.

»Ich fliege nicht im Kreis! Wieso im Kreis? Ich versuche, auf Kurs zu gehen«, antwortete ich, »irgendetwas scheint mit dem Navigationsgerät nicht zu stimmen.« Das auf dem Bildschirm abgebildete Flugzeug, das unsere Position und Flugrichtung auf der Karte symbolisierte, bewegte sich nicht. Keinen Millimeter. Na wunderbar! Wir hatten miserable Sicht und überdies war das Navigationssystem ausgefallen. Jetzt hieß es: Nerven bewahren.

Ich drehte weiter einige Kreise, doch es tat sich wieder nichts. Offenbar setzte die Nässe der Elektronik zu. Oder die schweren Regenwolken über uns störten den Satellitenempfang. Die Sicht wurde schlechter. Ohne Navigationsgerät würden wir bei schlechter Sicht gleich die Orientierung verlieren. Dann würden wir den Platz nicht mehr finden und eine riskante Landung in unbekanntem und dazu noch nassem Gelände wagen müssen. Das war keine gute Idee.

So konnten wir unmöglich weiterfliegen. Wir drehten noch einige Kreise. Noch hatten wir Sicht auf den Flugplatz von St. Jean d'Angély. Wir überlegten, was wir machen sollten. Ich meinte schließlich zu Melanie:

»Bei Software hilft in so einem Fall meist ein Neustart. Schalte das Navigationsgerät doch einmal aus und wieder an!«

Und tatsächlich, nach dem Hochfahren nahm das System wieder Kontakt mit den Satelliten auf und funktionierte. Erleichtert ging ich von den Vollkreisen wieder auf Zielkurs und nahm Fahrt auf. Die Atmosphäre war voller Energie und Wasser. Der Flug verlief sehr unruhig. Es begann, heftig zu regnen. Der Regen und nun auch Schnee und Graupel prasselten mit ohrenbetäubendem Lärm gegen die Windschutzscheibe. Ich fragte mich unwillkürlich, wie viel die Frontscheibe bei so einem Flug wohl aushalten würde.

Ungefähr 20 Kilometer nach dem Start von St. Jean d'Angély verschlechterte sich die Sicht rapide. Wir flogen auf eine Wand aus tiefschwarzen Wolken zu, die vollkommen undurchdringlich zu sein schien.

»Da kommen wir unmöglich durch«, rief ich Melanie zu. Kurz

berieten wir uns, ob wir die Wand umfliegen könnten. Die Wolkenmauer erstreckte sich über mehrere Kilometer, soweit wir das überhaupt beurteilen konnten bei den Sichtverhältnissen. Wenn wir die umfliegen wollten, konnte sich das Wetter dort dann auch verschlechtert haben. Sollten wir umkehren? Kurz spielte ich mit diesem Gedanken. Doch das Navigationsgerät zeigte an, dass wir nur noch zehn Minuten von einem unserer Ausweichflugplätze entfernt waren. Das Problem war – das Ziel lag genau in Richtung der schwarzen Wolkenwand aus heftigem Regen und tief hängenden Wolken. Wir flogen weiter, nahe an die Wand heran. Ich ging in immer tieferen Flug über, um die Bodensicht nicht zu verlieren. Gerade noch 300 Fuß hoch knatterten wir über eine Siedlung hinweg.

Jetzt wurde die Sicht noch schlechter. Wir konnten allenfalls noch wenige Hundert Meter weit sehen. Zeitweise hatten wir keine Bodensicht mehr.

»Wir müssen hier sofort runter«, rief ich. Melanie hielt Ausschau nach alternativen Außenplätzen für eine Sicherheitslandung. Während wir weiter in die Wand hineinflogen, wurde die Sicht etwas besser und wir erkannten schemenhaft den vor uns liegenden Flugplatz Saintes.

Wir wussten, dass der Platz in Saintes nicht ohne Tücken war. Er war in direkter Nachbarschaft zu einer Flugverbotszone, einem militärischen Sperrgebiet. Dort einzufliegen, würde für uns mit hoher Wahrscheinlichkeit einen höchst unerfreulichen Aufenthalt in einem französischen Gefängnis bedeuten. Ich funkte den Platz mehrfach an, aber erhielt wie üblich keine Antwort. Ich versuchte es immer wieder und teilte mit, dass wir in den Landeanflug übergehen würden.

Wir wussten, dass der militärische Teil des Flugplatzes aus einer Teerpiste bestand, die Graspisten jedoch zivil waren. Ich schwenkte in den Endanflug ein. Das Navigationsgerät zeigte an, dass wir in die militärische Sperrzone eingeflogen waren. Das kann nicht sein, dachte ich, vielleicht spinnt das System wieder. Wir steuerten eine Graspiste an, die war ja unproblematisch.

Wir landeten in strömendem Regen. Melanie rief Karl-Heinz

an. Sie teilte ihm mit, dass wir die geplante Route nach Bordeaux bei diesem Wetter nicht mehr schaffen würden und dass wir bei Saintes gezwungen waren, zu landen. Sie bat ihn, gemeinsam mit dem Team zum Flugplatz Saintes zu kommen.

Beim Telefonieren fiel mir auf, dass sich Melanie gegen einen Tankwagen lehnte. Seltsam, dachte ich, der ist ja olivgrün. Da hat das Militär wohl bei den zivilen Kollegen Parkplätze angemietet.

In einiger Entfernung erkannte ich ein Fliegerheim und dahinter offene Hallenbereiche mit in Anhängern verpackten Segelflugzeugen. Das beruhigte mich wieder etwas. Ich konnte mir einfach nicht vorstellen, dass das Militär Verwendung für Segelflugzeuge hatte.

Ich rannte durch den Regen zu den Segelfliegerhallen, um jemanden zu treffen, den wir nach einem Hangarplatz für die Nacht fragen könnten. Als ich dort ankam, erkannte ich die Beschriftung der Anhänger: »Französische Luftwaffe«. Elektrisiert sah ich mich um. Der etwa drei Meter hohe Zaun war mit Stacheldraht versehen. Dann sah ich ein ausrangiertes französisches Kampfflugzeug, eine Mirage auf einem Sockel.

Wir waren offenbar ausgerechnet mitten im militärischen Sperrgebiet gelandet. Ich schrie Melanie zu:

»Los, weg hier, wir müssen sofort starten!« So schnell wir konnten, rannten wir zurück zum Flugzeug. Wir versuchten, den Flieger wieder startbereit zu bekommen. Als ich gerade das Triebwerk einschalten wollte, kam ein olivgrüner Mannschaftswagen mit Blinklicht in hohem Tempo über die Wiese auf uns zugerast. Zu spät, das war Militärpolizei!

Karl-Heinz war leichenblass geworden, als er die Verbindung seines Mobiltelefons beendete. Sie fuhren gerade mit den Wohnmobilen auf der Autobahn A 10 Richtung Bordeaux.

»Es war Melanie«, meinte er zu Iris. »Die beiden sind in schlechtes Wetter geraten und mussten offenbar in Saintes notlanden.«

»Sagtest du Saintes? Hier ist die Ausfahrt Saintes!«, rief Iris. Mit einem heftigen Ruck riss Karl-Heinz das Lenkrad nach rechts und sie rasten über die Fahrbahnmarkierung mit 120 Stundenkilometern in die Ausfahrt

Saintes. Karl-Heinz bremste scharf und reduzierte noch rechtzeitig auf 60 Stundenkilometer, bevor sich die Kurve der Ausfahrt weiter verengte. Das zweite Wohnmobil mit dem Filmteam schaffte es nicht mehr rechtzeitig und raste an der Ausfahrt vorbei, weiter in Richtung Bordeaux.

Iris und Karl-Heinz folgten der Beschilderung in Richtung Saintes und sahen am Straßenrand schließlich ein Schild »Aérodrome Saintes«, das nach rechts wies. Sie bogen in eine schmale, geteerte Straße ein. Schließlich erreichten sie einen Parkplatz und die Flugplatzgebäude. Sie fuhren auf den Parkplatz. Dieser wurde offenbar auch als Campingplatz genutzt: Es fanden sich an den Standplätzen einige Stromanschlüsse sowie bereits parkende Wohnwagen. Die beiden stiegen aus und liefen zu den offenen Hallen. Aber dort war niemand. Weder der weiße Tragschrauber noch jemand vom Flugplatz war erreichbar.

»Wo stecken die beiden denn?«, fragte Iris. »Ich denke, die sind in Saintes gelandet? Gibt es in Saintes noch einen zweiten Flugplatz?« Die Verwirrung war nun vollständig. »Karl-Heinz?« Keine Antwort ... »Karl-Heinz«, rief Iris, »wo bist du?« Karl-Heinz war verschwunden.

Der olivgrüne Militärtransporter steuerte genau auf unseren Tragschrauber zu. Es war zu spät, den Zündschlüssel umzudrehen und weiterzufliegen. Dann sah ich sie, die orange Mütze eines unserer Teammitglieder. Und zwar auf dem Beifahrersitz des Fahrzeugs. Das war offenbar Karl-Heinz. Aber wie konnte das sein? Hatten sie ihn auch festgenommen?

Karl-Heinz hatte auf der zivilen Seite den Chef des Flugplatzes getroffen und ihm verdeutlicht, dass ein Tragschrauber gelandet sein musste. Der Chef wusste davon zwar nichts, aber er sagte, er hätte eine Idee, was passiert sein könnte. Er setzte sich kurzentschlossen auf eigenes Risiko in seinen ausgemusterten Militärtransporter und fuhr gemeinsam mit Karl-Heinz über die Wiesen in den militärischen Sperrbereich.

Die beiden hatten den Tragschrauber nach wenigen Minuten gesichtet und hielten direkt darauf zu. Karl-Heinz sprang aus dem noch fahrenden Kleinbus und rannte zum Tragschrauber.

Karl-Heinz erklärte Melanie und mir kurz die Situation und rief, wir sollten so schnell wie möglich entweder wieder starten und in den zivilen Bereich fliegen oder ihnen hinterherfahren.

Ich startete den Motor und wir folgten dem Mannschaftswagen. Wir überfuhren einen nur 20 Zentimeter breiten Kiesstreifen, der den Militär- vom Zivilflugplatz trennte. Gott sei Dank: Wir waren auf dem zivilen Flugplatz von Saintes angekommen. Der Chef des Zivilflugplatzes begrüßte uns trotz des Vorfalls sehr freundlich. Im Hangar bildete sich ein kleiner See unter dem vom Regen noch tropfenden Flugzeug.

An den Hangar schloss sich das Vereinsheim der Piloten an. In dessen Hauptraum befand sich im vorderen Bereich eine große runde Feuerstelle mit einer Rauchabzugskuppel darüber. Offenbar wurde diese regelmäßig genutzt, denn es roch im ganzen Raum nach kaltem Kaminrauch. Melanie und ich kamen mit den Piloten ins Gespräch. Der Vereinsvorsitzende, der uns aus dem militärischen Bereich gelotst hatte, schilderte den anderen mit dramatischen Gesten, wie er uns den Kopf gerettet hatte.

Unser Filmteam war bereits kurz vor Bordeaux, wo wir uns morgen treffen wollten. Wir machten aus der Not eine Tugend und nutzten unseren Zwangsaufenthalt für unser Filmprojekt mit unseren Kameras. Karl-Heinz, Iris, Melanie und ich fuhren gemeinsam mit dem Wohnmobil in die Innenstadt von Saintes.

Wir beschlossen, die alte Pilgerkirche St. Eutrope zu besichtigen, neben der sich auch eine Herberge für Jakobspilger befindet. Die Kirche stammt aus dem 11. und 12. Jahrhundert und wurde zu Ehren des heiligen Eutropius errichtet.

Gegen 22:00 Uhr fuhren wir zurück zum Flugplatz. Melanie und ich wollten durch den Eingangsbereich wieder nach draußen zum Zelt gehen. Verblüfft blieben wir im Foyer stehen. Was wir dort sahen, überraschte uns: In dem ungewöhnlichen Rundkamin mit seinem bis zur Decke reichenden gemauerten Abzug brannte ein Feuer. Prasselnd zehrten die Flammen an den kunstvoll aufgestellten trockenen Scheiten und warfen ein orangerot flackerndes Licht in den Raum. Es roch nach dem

Rauch des verbrennenden Holzes. Um die Feuerstelle herum saß eine Gruppe von Piloten. Alle hielten zwischen den Fingern ihrer ausgebreiteten Arme lange Fäden gespannt. Eine Selbstfindungsgruppe? Sollten aus den Fäden später Socken gestrickt werden? Aber mit diesen gestandenen Piloten als Teilnehmern? Das konnten wir uns einfach nicht vorstellen. Ich sprach die Männer an und fragte, was sie da taten. Es stellte sich heraus, dass sie keine Wollfäden, sondern Teigfäden in den Händen hielten. Sie hatten jeweils über beide Hände gespannt den Teig zu Fäden auseinandergezogen. Sie bereiteten offenbar handgemachte Nudeln für die Modellflugshow am nächsten Tag vor – eine besondere Spezialität.

7

Nichts wie weg vom Militärplatz. Das Wetter hatte sich gebessert. Zum ersten Mal auf unserer Reise hatten wir Rückenwind aus Nordost. Wir flogen mit fast 150 Stundenkilometern Bodengeschwindigkeit in Richtung Bordeaux.

Nach noch nicht einmal einer Dreiviertelstunde flogen wir an der Altstadt von Bordeaux vorbei. Wir setzten zur Landung auf dem etwas außerhalb gelegenen Flugplatz Bordeaux-Saucats an. Der Anflug musste über dicht geschlossenem, hochgewachsenem Tannenwald erfolgen, der erst kurz vor der Piste endete. Das bedeutete, wir mussten steil anfliegen und mit gefährlichen Abwinden durch den Wald rechnen. Die Landung verlief jedoch problemlos und wir rollten zu den Hallen.

Vor dem Hangar parkte ein Doppeldecker aus den 1940er-Jahren, der fast nur aus Motor und Flügeln zu bestehen schien. Fünf Piloten standen vor dem offenen Motorblock des Oldtimers und diskutierten leidenschaftlich. Der Besitzer des Doppeldeckers hatte einen mächtigen, nach oben gezwirbelten Schnurrbart. Er sah aus, als käme er direkt aus den Zeiten der Anfänge der Fliegerei.

Ich sprach ihn an und ließ mir den vor ihm stehenden Oldtimer erklären. Wir gingen zum Bungalow der Flugleitung und besprachen dort unsere weitere Flugplanung. Zunächst saß nur eine Frau in dem engen Raum des Bungalows. Nach und nach gesellte sich eine fröhliche Truppe von etwa zehn anderen Piloten dazu, die sich alle auch noch in den kleinen Raum schoben. Sie schienen gute Freunde zu sein, es wurde viel gescherzt.

Wir erhielten wertvolle Tipps zur weiteren Streckenplanung: dass wir vor der Pyrenäenüberquerung in Rion-des-Landes zur Zwischenlandung gehen sollten. Dort gäbe es zwar außer einer Halle nichts, aber alle anderen Flugplätze kämen als Zwischenstopp für die Pyrenäenüberquerung nicht infrage. Vor dem Gebirge seien nur ein Segelflieger- und ein Militärplatz. Beide seien für die anderen Flieger jedoch tabu.

Wir fuhren nach Bordeaux. Die Kombination aus bildschönem altem Baubestand, ausgedehnten Parks, quirligem Leben und französischem »Savoir vivre« gefiel uns sehr gut. Wir kehrten in einem Restaurant ein und ließen uns von der genussvollen französischen Küche verwöhnen. Während der verschiedenen Gänge war es draußen dunkel geworden. Wir spazierten durch die nächtliche Altstadt von Bordeaux und beschlossen, die Kirche von St. Michel zu besichtigen. Die Kirche war innen fast vollständig ohne Licht und wir tasteten uns langsam in das Innere voran.

Wir hatten Glück. In wenigen Minuten würde hier die Osternachtsmesse gefeiert werden. Wir wollten bleiben und mitfeiern. Vor dem Portal der Kirche wurde ein Feuer entfacht, und die Gemeinde versammelte sich. Nach und nach wurden am Osterfeuer die Kerzen entzündet und das »Licht Christi« in einer Prozession in die Kirche getragen.

Vorn rechts neben dem Altar stand im flackernden Feuerschein der Kerzen eine Statue des Apostels Jakobus mit seinem Pilgerstab, der Jakobsmuschel und dem Pilgerhut. Auf das Gesicht des heiligen Jakobs warfen die Kerzen ein unruhig wechselndes Licht, in dem es für wenige Sekunden so aussah, als würde Jakobus lächeln. Ich hielt die Kamera auf dieses magische Mienenspiel.

Am nächsten Morgen herrschte dichter Nebel. Mehr als ein Platzrundenflug war kaum möglich. Das Filmteam war schon vorgefahren nach St.-Jean-Pied-de-Port. Melanie und ich wollten einen Blick auf die größte Herausforderung werfen, die vor uns lag: die Pyrenäenüberquerung.

Am Rande des Gebirges wollten wir uns selbst einen Eindruck von der Höhe und den dort anstehenden Wolken verschaffen. Mit Iris und Karl-Heinz fuhren wir entlang der Küste, an Biarritz vorbei in Richtung St.-Jean-de-Luz. Das kleine urbaskische Fischerdorf mit gepflegter Altstadt lag direkt an den Pyrenäen in der Mitte einer lang gestreckten Bucht. Es wurde von einer außen liegenden Kaimauer gegen die Brandung der offenen See geschützt. Gleich hinter der inneren Kaimauer der Strandanlage reihten sich die mit ihren roten Fensterläden im typisch baskischen Stil gebauten Häuser aneinander.

Überall fanden sich hier Muschelhinweise auf den Jakobsweg. Es war die Nähe zu St.-Jean-Pied-de-Port zu spüren. Die alte Pilgerstadt war für viele Pilger der Startpunkt für den spanischen Jakobsweg. Um dorthin zu kommen, würden wir schon über die Pyrenäen fliegen müssen. Was wir in St.-Jean-de-Luz diesbezüglich vorfanden, war allerdings ebenso beeindruckend wie entmutigend. So weit wir sehen konnten, stießen die Wolken an die Pyrenäen an. Tief, dunkel und schwer stauten sie sich auf der Nordseite. Ein Durchkommen mit dem Flugzeug war ausgeschlossen. Und das Wetter schien auch in den kommenden Tagen nicht besser zu werden. Kurz vor Sonnenuntergang blitzte die Sonne noch einmal zwischen dem Meer und dem Wolkendach durch, als wolle sie uns Mut machen.

8

Am Morgen hatte sich das Wetter immer noch nicht wesentlich gebessert. Die Wolkenuntergrenze lag vielleicht bei 1000 Fuß Höhe über dem Boden. Viel zu wenig, um heute den Sprung über die Pyrenäen zu wagen. Wir wollten aber zumindest etwas näher an die Pyrenäen heran und so flogen wir nach Rion-des-Landes.

Rion-des-Landes war ein stark bewaldeter, sehr einsamer Landstrich. Aus der Luft sahen wir, dass offenbar ein Sturm Hunderttausende von Bäumen umgelegt hatte. Ganze Landstriche waren buchstäblich umgeworfen worden. Die Bäume lagen noch alle in eine Richtung, als hätte sie ein Riese mit einem großen Kamm gescheitelt und in eine Richtung gezogen.

Auch heute hatten wir Rückenwind. Statt der 80 Stundenkilometer der vergangenen Tage, kamen wir mit immerhin fast 140 Stundenkilometern voran. Statt der eingeplanten Stunde waren wir bereits in etwas mehr als 40 Minuten in Rion-des-Landes. Wir landeten auf der Graspiste und rollten zu den recht heruntergekommenen Blechhallen. Der Platz war menschenleer. Am Rand der Hallen erinnerte eine Gedenktafel an einen verstorbenen Piloten.

»Sehr alt ist er nicht geworden«, sagte Melanie.

Die Gegend wirkte ausgesprochen trist und unheimlich. Die Beklemmung wurde durch tief hängende Wolken verstärkt. Etwa 100 Meter vom Platz entfernt schien es eine Fabrik zu geben. Auf der anderen Seite des Platzes wurde in einem offenen Feuer stinkender Müll verbrannt. Schwarzer Rauch stieg auf. Es roch beißend nach Abgas. Am liebsten hätten wir diesen Platz so schnell wie möglich wieder verlassen. Wir warteten auf Iris und Karl-Heinz, damit wir den Flieger wieder betanken konnten. Telefonisch meldete sich Andy vom Kamerateam, das in St.-Jean-Pied-de-Port übernachtet hatte. Das Wetter war auch dort nicht gerade ermutigend. Das Filmteam war in dem Ort komplett in Nebel eingeschlossen. Praktisch keine Sicht. Da war Autofahren schon gefährlich, aber Fliegen, das war ganz und gar unmöglich.

Aber auf diesem Platz übernachten wollten wir auch nicht. Frustriert saßen wir vor dem Hangar und warteten. Da bog ein verrosteter Renault in die Einfahrt zum Flugplatz ein. Irgendwie hatten wir ein ungutes Gefühl. Ein etwa siebzigjähriger Mann und eine vermutlich zehn Jahre ältere Frau saßen im Auto und kamen auf uns zu gefahren. Das Auto hielt und der Mann stieg langsam aus. Die Frau blieb sitzen. Sie rührte sich nicht. Sie drehte nicht einmal den Kopf. Der Mann kam auf uns zu. Seine offenbar ölverschmierten Kleider waren lange nicht gewaschen worden.

Aber der Mann schien recht freundlich zu sein. Er hatte aus seinem Wohnzimmerfenster beobachtet, wie der kleine weiße Tragschrauber zu »seinem« Flugplatz geflogen und dort gelandet war. Nachdem er uns nicht wieder hatte starten sehen, beschloss er, zum Flugplatz zu fahren und dort nach dem Rechten zu sehen.

Die Frau blieb weiter mit bewegungsloser Miene im Auto sitzen. War sie vielleicht krank? Ich schilderte dem Mann, dass wir den Jakobsweg entlangfliegen und heute noch die Pyrenäen überqueren wollten. Der Mann setzte eine unheimliche, bedenkenvolle Miene auf. Seine Augen verfinsterten sich. Er schüttelte den Kopf und deutete auf die tief hängenden Wolken.

»Nein«, sagte er. »Nein, das wäre ja verrückt.«

Ein Durchkommen bei solchem Wetter war aus seiner Sicht völlig unmöglich. Er ging zum Heck seines Autos und öffnete langsam den Kofferraum. Ich legte die Pyrenäenkarte auf Drängen des Mannes zögerlich auf die schwarz verschmutzte Ablage des Autos, um ihm die geplante Route zu zeigen.

Wieder schüttelte der Mann den Kopf. Er kramte lange in seiner abgewetzten Ledertasche, bevor er einen Ausweis ans Tageslicht fingerte. Es war sein Pilotenschein von 1967. Er sagte, dass er selbst es noch nie gewagt hätte, mit seinen Flugzeugen die Pyrenäen zu überqueren. Seines Wissens hätte auch sonst niemand versucht, an der von Melanie und mir geplanten Stelle die Pyrenäen zu überfliegen. Schon gar nicht bei einem solch schlechten Wetter.

Mit besorgter Miene raunte er uns zu, dass das Wetter dort völlig unberechenbar sei. Die erforderlichen Flughöhen reichten bis auf 10 000 Fuß, ja in besonderen Höhenlagen sogar bis auf fast 12 000 Fuß Höhe über dem Meeresspiegel. Die Windverhältnisse machten das Bergfliegen zu einem riskanten Unterfangen. Die Wolken und der Wind hätten dort schon viele Flugzeuge heruntergeholt, unkte er.

In der Zwischenzeit war die Frau doch aus dem Auto ausgestiegen. Wie ferngesteuert lief sie um das Auto herum und stellte sich mit bewegungsloser Miene grußlos zu uns. Ohne etwas zu sagen, vermittelte sie den Eindruck, als würde sie gern weiterfahren. Jedenfalls wirkte sie ungehalten über den außerordentlichen Aufenthalt am Flugplatz.

Der Mann beschwor uns noch einmal, nicht weiterzufliegen.

Nervös lief ich im Kreis und dachte nach. Alles sprach gegen diesen Flug. Die Wetternachrichten deuteten für heute keine Besserung an. Im Gegenteil, in den kommenden zehn Tagen waren Dauerregen, schlechte Sicht und noch niedriger stehende Wolken vorhergesagt.

Das Kamerateam hatte die schlechte Sicht in den Bergen ebenfalls telefonisch bestätigt. Der erfahrene ältere Pilot riet uns dringend ab.

Wir kannten die Landschaft nicht. Wenn, dann wollten wir jedoch bei St.-Jean-Pied-de-Port in die Pyrenäen einfliegen und uns dann an der Straße neben einem Fluss orientieren. Wo es eine Straße in Kombination mit einem Fluss gab, so unsere Logik, da war zumindest keine überraschende Gebirgssackgasse ohne Ausweg.

Es war 14:00 Uhr und die Wolkendecke schien eher wieder tiefer zu sinken. Die Zeit arbeitete gegen uns. Wenn wir zu lange zögerten, würde aus diesem Flug heute sowieso nichts mehr werden. Noch nie waren wir uns so unsicher gewesen. Was passierte, wenn wir in eines der Pyrenäentäler einflogen und doch in eine Sackgasse gerieten? Wir könnten dann nur noch die Fahrt auf das Geringstmögliche reduzieren und versuchen, auf der Stelle mit dem Seitenruder zu drehen, um aus der Falle wieder herauszukommen. Aber was würden wir machen, wenn sich die Sicht hinter uns auch verschlechterte und der Rückweg abgeschnitten war? Dann wären wir in einer Falle, aus der es kein Entrinnen mehr gäbe. Dann müssten wir eine Landung in unbekanntem Gelände riskieren. Das war in den Bergen aber nicht nur gefährlich, sondern in felsigen Lagen auch schlicht nicht möglich.

Auf der anderen Seite hatte der Wind zwischenzeitlich nachgelassen. Das reduzierte zumindest die Wirkung der gefährlichen Lees, der oft tödlichen Abwinde im Gebirge. Und wenn wir auf dem Platz in Rion-des-Landes übernachten würden, würden wir wohl die nächsten fünf bis zehn Tage festsitzen. Dann müsste das Kamerateam ebenfalls umkehren, und bei den Begleitern lagen die Nerven durch das schlechte Wetter ohnehin schon blank. Und wollten wir wirklich zehn Tage ausgerechnet hier, in Rion-des-Landes, bleiben?

Wir beschlossen, es zu wagen. Das ältere Paar saß im Renault am Rande der Piste und wartete auf unseren Start. Melanie und ich rollten mit dem Tragschrauber zum Ende der Piste und begannen, den Rotor langsam zu beschleunigen. Ein letztes Mal sahen wir uns an. Dann nickten wir uns zu, und ich gab Vollgas.

Während wir langsam stiegen, schauten wir noch einmal auf den finsteren Tannenwald unter uns hinunter, auf den Platz zurück. Die Szene hatte etwas Unwirkliches wie aus einem grimmschen Märchen. Der Mann mit der ölverschmierten Kleidung und die ferngesteuert wirkende Frau, die uns unbedingt hatten aufhalten wollen. Mir schossen wieder Jakobswegszenen durch den Kopf. Szenen aus Paulo Coelhos Begegnungen mit dem Teufel und den diversen Versuchen des Teufels, den Pilger vom rechten Weg abzubringen. Ich dachte an die Prüfungen des Jakobswegs und daran, dass jeder Pilger auch seine Angst überwinden musste. Diesmal hatten auch wir Angst. Ich haderte mit mir. Waren diese Risiken noch gerechtfertigt?

Aber wir flogen auch in dem Bewusstsein los, ein kalkuliertes Risiko einzugehen. Wir hatten uns für verschiedene Szenarien, die eintreten konnten, auch entsprechende Alternativpläne ausgedacht. Außerdem waren wir an einem Punkt angelangt, an dem der Jakobsflug ohne den erforderlichen Mut scheitern würde.

Alles schien sich jedoch gegen uns verschworen zu haben. Die Sicht verschlechterte sich. Es fing an zu regnen. Langsam tauchten vor uns die tiefschwarzen Umrisse der Pyrenäen auf.

Die Gebirgskette baute sich wie eine Mauer vor uns auf. Je näher wir kamen, desto finsterer wirkte die Kulisse.

Ich meldete uns bei der Flugsicherung an und bat um Verkehrsinformation. Als ich der Flugsicherung unseren Zielflugplatz durchgab, herrschte zunächst minutenlang Stille. Dann kam die Rückfrage:

»Bitte bestätigen sie ihren Zielflugplatz.« Ich wiederholte unseren Zielflugplatz: »Navarra Lumbier.« Hatten die den Platz nicht verstanden?

Dann erkundigte sich die Flugsicherung nach der geplanten Route und der von uns gewünschten Flughöhe. Ich gab die Route durch und erbat die Flughöhe von 10 000 Fuß. Die Flugsicherung funkte zurück und gab verbindlich die maximale Höhe von 3000 Fuß vor. Ich fragte mich unwillkürlich, wie wir mit diesem Oberlimit der Flugsicherung überhaupt über die Pyrenäen kommen sollten. Wir würden mindestens 7000 Fuß Flughöhe benötigen.

Die Flugsicherung fragte noch einmal nach unserem Flugziel. Offenbar herrschte auf der anderen Seite des Funks Verwirrung über unser Vorhaben.

»Delta-Mike-Foxtrot-Whiskey-Tango, bitte bestätigen Sie, dass Sie Bodensicht haben«, funkte die Flugsicherung. Ich antwortete:

»Pyrenees Info, Delta-Mike-Foxtrot-Whiskey-Tango, positiv, wir haben Bodensicht.« Zwischenzeitlich waren wir in den ersten Talausschnitt eingeflogen, der uns zur Route nach Navarra Lumbier führen sollte.

Das Navigationsgerät meldete Kollisionsgefahr und zeigte auf dem Bildschirm gefährliches Gelände an, mit dicken roten Kreuzen genau vor uns. Es öffnete sich ein weites Tal, in dessen Mitte ein erster größerer Berg auftauchte. Wir beschlossen, den Berg nach rechts zu umfliegen.

Die Flugsicherung meldete sich wieder und fragte uns erneut, ob wir noch Bodensicht hätten. Ich bestätigte. Daraufhin hob die Flugsicherung die Flughöhenbegrenzung auf und bestätigte uns den Weiterflug nach eigenem Ermessen. Den Transponder sollten wir jedoch eingeschaltet lassen und die Frequenz beibehalten.

»Viel Glück!«, funkte die Flugsicherung. Viel Glück? Melanie und ich sahen uns an und schluckten.

Wir flogen weiter rechts herum um den ersten Berg. Unter uns tauchte der alte malerische Pilgerort St.-Jean-Pied-de-Port auf. Der Kurs führte uns leicht rechts vom Ort in ein Tal. Das Tal verengte sich schließlich zunehmend und wirkte bedrohlich wie ein Höllenschlund. Das Höhenniveau stieg schnell an. Wieder Kollisionswarnungen auf dem Navigationsgerät. Überall tauchten eindringliche rote Kreuze auf dem Bildschirm auf. Ich gab mehr Gas, um weiter an Höhe zu gewinnen. Obwohl wir nun bereits die Grenze der Steigfähigkeit erreicht hatten, schien uns der stark ansteigende Boden gefährlich schnell näher zu kommen.

Das Tal verengte sich immer mehr. Der Motor war fast am Limit. Der Himmel war weiter lückenlos bedeckt. Kurz überlegte ich, ob wir umkehren sollten. Rechts und links waren bereits mindestens 1000 Meter hohe Bergmassive. Ich gab bis zum Anschlag Vollgas. Die Motortemperatur stieg schnell. Der Motor lief in einem Drehzahlbereich, der nur kurzzeitig beim Start genutzt werden durfte.

Das Tal war nur noch wenige Hundert Meter breit, als uns vor Schreck fast der Atem wegblieb. Direkt vor uns tauchte eine massive, schneebedeckte Bergwand auf. Genau auf unserem Weg nach Navarra Lumbier. Wie sollten wir da nur drüberkommen? Der Motor heulte in höchster Drehzahl. So verbrauchte er 25 Liter Sprit pro Stunde. Wenn jetzt der Motor ausfiel, waren wir rettungslos verloren. Unter uns war nichts als schroffer Fels, keine Notlandemöglichkeiten. Ich schickte ein Stoßgebet zum Himmel.

Mein Blick glitt über das Instrumentenpult, über die dort befestigte Messingfigur des Schutzheiligen aller Reisenden, St. Christophorus. Den hatte uns mein Vater noch vor unserem Start geschenkt. »Jetzt brauchen wir dich, heiliger Christophorus«, betete ich.

In diesem Moment sah ich direkt über der vor uns stehenden Felswand eine Wolkenlücke und dahinter die Bergspitze frei von Wolken. Dort schien strahlender Sonnenschein zu sein. Offenbar stauten sich die Wolken nur auf der Nordseite der Pyrenäen. Wenigstens hatten wir so die Grundvoraussetzung für die Überquerung. Die Motortemperatur stieg weiter bedrohlich an. Die Rotordrehzahl war in der dünner werdenden Luft ebenfalls am Rande des roten Bereichs angekommen.

Ich versuchte, im Kopf zu überschlagen, ob wir bei der aktuellen Steigrate noch eine Chance hatten, über den vor uns liegenden Giganten zu kommen. Länger als vielleicht noch 120 Sekunden konnten wir die aktuelle Motordrehzahl nicht mehr beibehalten, sonst würde der Motor überhitzen. Dann müssten wir eine Kehrtwendung machen und umdrehen. Allerdings würde zwischenzeitlich der Sprit aufgrund des hohen Verbrauchs wohl nicht mehr bis nach Rion-des-Landes reichen.

Bei maximaler Leistung hatten wir schon zu viel verbraucht. Durch den hohen Benzinverbrauch waren wir mit unserem Tragschrauber allerdings auch schon um fast 30 Kilogramm leichter geworden. Das würde sich günstig auf die Steigrate auswirken. Aber würde es noch reichen? Wie gebannt starrte ich abwechselnd auf die schnell näher kommende Steilwand, auf die Anzeigen der Motordrehzahl, der Rotordrehzahl, der Höhe, der Motortemperatur und wieder zurück. Maximal noch zehn Sekunden. Der Motor dröhnte und schien sein Bestes zu geben. Die Kabine bebte unter der Belastung. Noch vielleicht acht Sekunden bis zum Fels. sieben Sekunden ...

Sechs Sekunden ... Die Kollisionswarnung drängte zum sofortigen Abbruch. Noch fünf Sekunden. Wir stiegen mit maximaler Steigrate. Noch drei Sekunden. Die vom Schnee überdeckten Felsbrocken schienen auf uns zuzurasen. Zwei Sekunden noch. Eine Sekunde.

9

Der Tragschrauber war in gleißend helles Licht getaucht. Das grelle Sonnenlicht wurde von den schneebedeckten Bergen des Pyrenäengebirges wie von gigantischen Spiegeln reflektiert. Wir griffen zu unseren Sonnenbrillen, um nicht geblendet zu werden. Was für ein fantastischer Anblick!

Über der strahlend weißen Gebirgskette erstreckte sich der fast wolkenfreie hellblaue Himmel. Wir jubelten. Wir waren in vielleicht gerade einmal 20 Metern Höhe über den Gebirgsgrat hinweggerast. Wir hatten den großen Sprung über die Pyrenäen geschafft. Gegen den Rat des erfahrenen Piloten in Frankreich, trotz des schlechten Wetters, trotz unserer Unsicherheit, trotz unserer Angst war es uns heute doch noch gelungen.

Ich drehte mich in meinem Sitz und warf einen Blick aus der Kabine zurück auf die Berggipfel, über die wir gerade geflogen waren. Auch von der sonnigen Rückseite aus wirkte der imposante Fels noch einschüchternd gefährlich. Was hätte nicht alles passieren können! Wenn wir gegen diese Felsen geflogen wären, hätten Schnee und Eis uns überdeckt und uns vermutlich erst viel später wieder aus unserem eisigen Grab freigegeben. Ich bekam eine Gänsehaut bei diesem Gedanken. Vor uns wurde die Berglandschaft wieder flacher. Ich reduzierte die Motordrehzahl, und der Tragschrauber begann zu sinken.

Allmählich fiel auch die Motortemperatur wieder auf ein normales Maß zurück. Wir flogen durch die Täler einer kargen Berglandschaft, wo der Frühling noch nicht mit zartem Grün erwacht war. Im Wetterbericht im Fernsehen hatte man das Phänomen »Bergfrühling« erklärt. Während in den milden Tallagen bereits die Natur aufgeblüht war, konnte man beobachten, wie das Frühjahr verspätet Tag um Tag, Meter um Meter langsam auch in den Höhenlagen Einzug hielt.

Das Navigationssystem zeigte an, dass unser Zielflugplatz Navarra Lumbier nur noch 15 Flugminuten entfernt war. Vor uns wurde das Tal immer weiter. Die Talsohle war bereits von der ersten Saat der Bauern begrünt und wirkte, als habe jemand im Kontrast zur kahlen Bergwelt einen grünen Teppich ausgerollt.

Das weite Tal wurde in Flugrichtung voraus durch eine Bergkette begrenzt und schien in eine Sackgasse zu laufen. Der Blick rechts aus dem Cockpitfenster fiel ebenfalls über eine Kette abgerundeter Berge, auf deren Gipfel eine endlos wirkende Reihe von Windrädern aufgestellt worden war. Melanie begann, mit dem Flugplatz in Navarra Lumbier zu funken. Wir hatten uns im Rahmen der Flugvorbereitung die spanischen Funkbegriffe notiert und mussten diese jetzt nur noch von den Notizen ablesen. Es antwortete jedoch niemand. Offenbar war die Präsenz auf den Flugplätzen in Spanien auch nicht wesentlich anders als in Frankreich.

Wir flogen immer weiter in die Sackgasse ein und konnten am Ende des Tals das Örtchen Navarra Lumbier sowie den kleinen Flugplatz davor erkennen.

»Schau mal«, rief Melanie, »da unten steht ein Wohnmobil an der Piste, sind das unsere Filmjungs?« Tatsächlich! Das Filmteam hatte offenbar mehr an den Erfolg unserer heutigen Mission geglaubt als wir selbst. Trotz des schlechten Wetters in St.-Jean-Pied-de-Port, trotz der schlechten Sicht, trotz der Unkenrufe. Wir überflogen die Piste im Tiefflug, um herauszufinden, aus welcher Richtung der Wind kam. Dann gingen wir flach in den Endanflug und landeten auf der Asphaltpiste von Navarra Lumbier. Melanie und ich drehten mit dem Tragschrauber und rollten auf der Piste zu den Hallen zurück. Dort wartete bereits das Team auf uns.

Melanie und ich klatschten uns gegenseitig in die Hände: Auf den gelungenen Pyrenäensprung! Ich öffnete die Tür, und warme Sommerluft strömte in den von der Höhenluft noch kühlen Tragschrauber. Wir stiegen aus und wurden mit großem Hallo vom versammelten Team begrüßt. Die Sonne lachte ungehindert vom Himmel. Auf der Südseite der Pyrenäen war praktisch keine Bewölkung mehr. Melanie und ich zogen unsere orangefarbenen Kapuzenpullover aus und setzten uns im Poloshirt auf den warmen Asphalt des Vorfeldes.

Am Flugplatz von Navarra Lumbier war außer uns keine Menschenseele. Irgendwie schien das ganze Tal verwaist und verlassen zu sein. Es herrschte eine geradezu gespenstische Ruhe. Keine Autos, keine Mopeds, keine Motorsägen. Nichts. Ungewöhnliche Stille. Melanie fragte, warum diese Stille so unheimlich sei. Sie horchte und horchte. Dann fiel es ihr auf. Es gab noch nicht einmal Vogelgezwitscher. Seltsam.

Es war bereits 16:30 Uhr. Wir überlegten, ob wir noch weiter nach San Torcuato in La Rioja fliegen sollten.

»Also, ich bin platt für heute«, meinte ich zu Melanie. »Wenn wir noch weiterfliegen, dann bitte ich dich darum, das Steuer zu übernehmen.«

»Wir sollten das gute Wetter nutzen!«, meinte Melanie. Wir beschlossen daher, weiterzufliegen. Nur langsam gewannen wir an Höhe. Melanie flog in einem Halbkreis zurück und über die Piste hinweg auf die Berge zu.

Ich versuchte, mit der Flugsicherung in Pamplona Funkkontakt aufzunehmen. Es hatte sich auf der bisherigen Reise stets bewährt, sich von der Flugsicherung durch die verschiedenen Verbotszonen führen zu lassen. So wollten wir es auch in Spanien halten. Es meldete sich jedoch niemand. Offenbar hatten wir im Talkessel keine Funkverbindung.

Die Berggipfel kamen schnell näher. Ich rief:

»Wir müssen noch deutlich an Höhe gewinnen, sonst kommen wir nicht aus dem Kessel heraus ...« Melanie flog in weiten Kreisen, um an Höhe zu gewinnen. Immer weiter schraubten wir uns in die Höhe. Dann schwenkte Melanie wieder nach links auf die Bergkette zu, in Richtung San Torcuato in La Rioja.

Ich funkte immer wieder die Flugsicherung in Pamplona an. Es meldete sich jedoch weiterhin niemand. Dann knackte es plötzlich im Funk und es meldete sich ein Jumbopilot einer Boeing 747, der über uns in 30 000 Fuß Höhe flog und unseren Funkspruch gehört hatte. Der Pilot fragte auf Englisch:

»Delta-Mike-Foxtrot-Whiskey-Tango, kann ich eine Nachricht an die Flugsicherung in Pamplona übermitteln?« Ich antwortete:

»Delta-Mike-Foxtrot-Whiskey-Tango, wir sind von Navarra Lumbier gestartet und fliegen nach San Torcuato in La Rioja. Wir sind etwa fünf Minuten westlich von Navarra in 3000 Fuß Flughöhe und erbitten Verkehrsinformation.« Der Pilot der Boeing bestätigte und es herrschte fünf Minuten lang Stille auf der anderen Seite. Schließlich meldete er sich wieder bei uns und bestätigte, dass die Flugsicherung in Pamplona unseren Tragschrauber aufgenommen hatte und sich bei Funkkontakt bei uns melden würde.

Wir gewannen weiter an Höhe. Direkt vor uns auf dem Weg lag der Bergrücken mit den Windrädern. Die Windräder durften nicht unterschätzt werden. Auch wenn der Tragschrauber bereits die Höhe der Berge erreicht hatte, war die Höhe für die Überwindung der Windräder noch längst nicht ausreichend. Melanie gab Vollgas und der Motor dröhnte unter der Last. Wir flogen mit maximaler Steigrate weiter auf den Bergrücken zu.

Nach ungefähr zehn Minuten hatten wir ausreichend Höhe. Wir sahen die Landschaft über die Gipfel hinweg. Die Berge erstreckten sich in gestaffelter Formation bis zum Horizont. Das warme Licht der Sonne verlieh den Bergen eine goldgelbe Farbe. Wir waren durch das schöne Wetter wie berauscht. Es war ein ständiger Kampf gewesen, eine permanente Auseinandersetzung mit dem schlechten Wetter, mit dem Regen, der Kälte und dem Nebel in Frankreich. Wie wohltuend waren jetzt die wärmenden Sonnenstrahlen des Frühsommers in Spanien.

Es war schon recht spät geworden. Vermutlich würden wir erst gegen 19:30 Uhr in San Torcuato ankommen. Melanie hatte Polin, dem englisch sprachigen Chef des Flugplatzes, unser Kommen schon per E-Mail im Vorfeld angekündigt. Das war aber bereits drei Wochen her. Wer weiß, ob sich noch jemand an diese Nachricht erinnern würde.

Die Sonne neigte sich zunehmend zum Horizont. Die Atmosphäre wurde diesig. Dadurch schien der Himmel die goldgelbe Farbe der Berge zu reflektieren. Wir flogen an Pamplona in Flugrichtung rechts vorbei und in Richtung Logroño weiter und ließen die bergige Landschaft hinter uns.

Andy und Robert sammelten die Kanister ein. Nach dem Start von Melanie und Andreas hatten es die zwei eilig, weiterzukommen. Vor ihnen lagen noch einmal 2,5–3 Stunden Autofahrt an den Pilgerstädten Pamplona, Puente La Reina und Logroño vorbei, über Santo Domingo de la Calzada bis nach San Torcuato (La Rioja). Die Straße folgte auf dieser Wegstrecke ziemlich exakt dem Jakobsweg.

Bei Pamplona nahmen sie die A 12, die das Filmteam bis nach San Torcuato führen würde. Kurz vor Puenta la Reina fuhren die zwei an der Ausfahrt nach Obanos vorbei. Um Obanos rankte sich die uralte Jakobsweglegende des Einsiedlers. Im Mittelalter soll der Herzogssohn Wilhelm mit seiner Schwester Felizia von Frankreich kommend nach Santiago de Compostela gepilgert sein. Auf dem Rückweg von Santiago de Compostela soll sich Felizia in der Nähe von Navarra davongestohlen haben. Sie hatte genug von der Dekadenz des höfischen Lebens und beschloss, ein einfaches Leben im Dienste des christlichen Glaubens zu führen. Sie fand Arbeit als einfache Magd und kümmerte sich fortan um die Armen der Gegend.

Ihr Vater war erzürnt darüber, dass Wilhelm es gewagt hatte, ohne seine Schwester zurückzukehren. Er schickte Wilhelm erneut nach Navarra, um seine Schwester nach Hause zu holen. Es gelang Wilhelm, seine Schwester zur Rede zu stellen. Er konnte sie trotz allen guten Zuredens aber nicht davon überzeugen, mit ihm zurückzugehen. Wilhelm verlor in einem Anfall rasender Wut die Kontrolle über sich. Im Affekt erstach er seine Schwester. Er wurde vor Verzweiflung über seine Tat schier wahnsinnig und wollte schon das Messer gegen sich selbst richten. Im letzten Moment besann er sich eines Besseren. Er beschloss, im Geiste seiner Schwester sein Leben künftig den Pilgern auf dem Jakobsweg zu widmen. Wilhelm wurde später als »San Guillermo« heiliggesprochen.

Unter uns glänzte der Rio Ebro in der Abendsonne. Der Fluss schlängelte sich durch die Landschaft, floss durch Ortschaften, unter Brücken hindurch und verschwand immer wieder im Schatten von Bäumen und Büschen. Dann und wann teilte sich der Fluss auf und umströmte linsenförmige Inseln und Sandbänke. Hinter diesen vereinigten sich die Flussarme wieder. An einigen Stellen verfing sich das Gewässer in Stauwehren. Dann stürzte das Wasser weiß schäumend hinab in ein flacheres

Kiesbett, nur um kurz darauf seine Kräfte wieder zu sammeln. Schmal und tief grub sich das Wasser dann in den Fels.

Über die Zeit hatte der so unscheinbar wirkende Fluss die Landschaft hier geformt und nach seinen Launen geprägt. In dem von ihm gegrabenen Tal hatte er in der Vergangenheit immer wieder sein Bett verlegt.

Im Mittelalter galt die Flussüberquerung in kleinen Booten noch als ebenso waghalsiges wie kostspieliges Unterfangen. Die Flößer verdienten ein Vermögen, wenn sie die Pilger in ihren löchrigen Kähnen auf die andere Seite schifften. Immer wieder waren Jakobspilger bei der Überquerung des Rio Ebro in seinen Fluten ertrunken. Der Fluss war in früheren Zeiten aber auch eine wichtige Wasserstelle für die Jakobspilger. Sein Wasser galt als besonders sauber und war trinkbar.

Melanie umflog die Innenstadt von Logroño. In Spanien muss man städtische Siedlungen umfliegen, nicht nur aus Lärmschutz-, sondern auch aus Sicherheitsgründen. Ich blickte versonnen aus dem rechten Cockpitfenster auf die an uns vorbeiziehenden Ausläufer der Pyrenäen. Die Bauern der Gegend hatten über die Jahrhunderte versucht, jeden Flecken der Erde urbar zu machen. Terrassenförmig hingen die Felder wie Halsbänder an den Berghängen.

Langsam neigte sich der Tag dem Ende zu. Die Sicht wurde zunehmend schlechter. In den Dörfern und Städten unter uns wurden die ersten Lichter angeschaltet. Melanie machte sich Sorgen, ob wir den Flugplatz in San Torcuato noch vor Einbruch der Dunkelheit finden würden. Der Flugplatz war ein echter Geheimtipp des spanischen Ultraleichtfliegerverbandes gewesen. Leider war er in unserem Navigationssystem nicht verzeichnet. Bei der Flugvorbereitung hatte Melanie die Koordinaten des Flugplatzes manuell in das Navigationssystem eintragen müssen.

Unter uns zogen die dunkler werdenden Felder vorbei. Die Sonne war hinter dem Horizont im Dunst verschwunden. Das Navigationsgerät zeigte jetzt fünf Minuten Entfernung zum Platz an.

»Kannst du schon irgendwas erkennen?«, fragte Melanie.

»Negativ«, antwortete ich. Der Flugplatz in San Torcuato lag mitten auf dem Land. Es gab weder größere Stadtansiedlungen noch auffällige Straßen, an denen man sich aus der Luft hätte orientieren können. Die reine Sichtnavigation konnten wir unter diesen Bedingungen glatt vergessen.

Nach dem langen Tag war zudem unser Konzentrationsvermögen an der Grenze angelangt. Immerhin waren wir am Morgen von Bordeaux aus gestartet. Wir waren zu unserem nicht nur gefährlichsten, sondern auch längsten Flugtag der bisherigen Reise aufgebrochen. Insgesamt waren wir heute bereits sechs Stunden geflogen. Noch während unseres Flugtrainings im Frühjahr waren wir bereits nach zwei Stunden völlig erledigt gewesen.

»Wo ist der Flugplatz?«, rief Melanie ungeduldig.

»Ich kann nichts sehen«, antwortete ich. »Laut Navigationsgerät müssten wir jetzt direkt über dem Platz sein.« Unter uns zogen die Felder vorbei. »Du musst tiefer gehen, damit ich mehr erkennen kann.« Melanie zog den Gashebel zurück und ging in den Sinkflug über.

Ich funkte den Flugplatz immer wieder auf der eingestellten Frequenz an. Aber es antwortete niemand. Wo war dieser verdammte Flugplatz nur? Ich suchte weiter fieberhaft die Landschaft nach Hallen, Tower oder Windsack ab. Aber es gab nicht das kleinste Anzeichen für einen Flugplatz.

Wir flogen über eine Plantage mit Olivenbäumen hinweg. Der Blick links aus dem Cockpit ging über lang gezogene Wiesen, die rechts und links durch ungefähr zwei Meter hohes Buschwerk begrenzt waren.

Jetzt mussten wir laut Navigationssystem über den Flugplatz hinweggeflogen sein. Jedenfalls entfernten wir uns wieder vom Ziel. Melanie flog einen weiten Linksbogen. Immer noch kein Funkkontakt. Kein Flugplatz. Nicht einmal das kleinste Anzeichen eines Flugplatzes. Und es wurde zunehmend dunkler.

Ich sah auf den Spritvorrat. Wir hatten noch ungefähr Sprit für 30 Minuten.

Andy und Robert fuhren weiter nach Logroño. Es liegt an den Ufern des Rio Ebro. Die Hauptstadt der autonomen Region La Rioja war im 1. Jahrhundert nach Christus von den Kelten gegründet worden. Ihre Bedeutung erlangte die erste Ansiedelung durch eine flache Stelle im Fluss, über die man den Rio Ebro ohne Zollzahlung und sicher überqueren konnte.

Die Römer bauten hier später eine Steinbrücke, und auch im Mittelalter machte eine große steinerne Brücke die Stadt zu einer wichtigen Pilgerstation auf dem Jakobsweg.

Es wurde zunehmend dunkel, und die Autos, die ihnen entgegenkamen, hatten immer häufiger die Scheinwerfer eingeschaltet. Robert drehte ebenfalls die Scheinwerfer ihres Wohnmobils an. Sie fuhren die N 120 in Richtung Santo Domingo de la Calzada. Die Stadt war eine weitere wichtige Station auf dem Jakobsweg. Dort soll sich das geheimnisvolle Hühnermirakel ereignet haben, eine uralte Legende, die sich die Jakobspilger bereits seit Jahrhunderten mündlich gegenseitig überlieferten. Morgen würden sie in die Stadt fahren, um dem Geheimnis auf den Grund zu gehen. Sie bogen rechts ab und fuhren in Richtung Hervias und Bañares nach San Torcuato.

Mir fiel plötzlich auf, dass wir die Funkfrequenz von San Torcuato (La Rioja) Flugplatz gleich bei Santo Domingo de la Calzada zwar eingestellt, aber nicht aktiviert hatten. Das war eindeutig ein Konzentrationsfehler. So konnte sich natürlich niemand melden. Ich aktivierte die Frequenz und funkte noch einmal den Flugplatz von San Torcuato an. Es antwortete sofort eine amerikanisch klingende Stimme:

»Wo seid ihr?«, fragte jemand vom Flugplatz San Torcuato. Ich funkte zurück:

»Wir suchen den Platz und müssten eigentlich direkt über euch sein.«

»Jetzt kann ich euch sehen«, erwiderte die Stimme vom Flugplatz. »Wir haben die Piste 35 geöffnet, meldet euch, wenn ihr im Anflug seid.«

Wo war dieser Flugplatz nur?

»Ich sehe da unten Hallen, das muss es sein!«, rief Melanie erleichtert. Und tatsächlich. Eines der von Buschwerk gesäumten lang gezogenen Wiesengrundstücke war offenbar die Landepiste. Zumindest konnten wir am Ende der Wiese Hallen von oben erkennen. Das waren bestimmt die Hangars.

Melanie ging in den Endanflug über. Ich meldete per Funk den Endanflug, und wir setzten sicher auf der holprigen Graspiste auf. Wir waren heute nicht nur über die Pyrenäen gekommen, sondern hatten es gleich noch bis zum berühmten Weinanbaugebiet La Rioja geschafft.

Wir rollten bis zu den rot-weiß gestreiften Hallen. Kaum hatte Melanie den Motor abgestellt, kamen zwei Männer auf uns zugelaufen. Einer der beiden wirkte in seinem weiten Jogginganzug und den Turnschuhen wie ein Amerikaner. Er begrüßte uns sogar in perfektem US-Englisch und stellte sich mit dem Namen Polin vor. Er hatte früher lange als Hubschrauberpilot in den USA gearbeitet. Dann beschloss er seinen Kindheitstraum zu verwirklichen und kehrte zurück in seinen Geburtsort San Torcuato. Er kratzte seine Ersparnisse zusammen und kaufte eine Wiese. Aus der Wiese wurde sein Flugplatz.

Als Melanie und ich den Parkplatz erreichten, bog gerade das Wohnmobil von Andy und Robert von der Landstraße in den Feldweg ein. Sie fuhren das letzte Stück durch den Olivenhain bis zum Flugplatz. Die zwei waren müde von der langen Autofahrt.

Melanie machte sie gerade mit Polin bekannt, als ein fröhlicher Mann mit kurzem rotbraunem Haar und Schnauzbart auf sie zukam, der aussah wie *Asterix, der Gallier.*

Der Mann stellte sich mit einem breiten Grinsen vor:

»Nennt mich Gabriel«, meinte er in perfektem Deutsch und lachte wiehernd. Wir waren verblüfft.

»Woher kannst du so gut Deutsch?«, fragte ihn Melanie. Gabriel lachte wiederum, strich sich über seinen roten Schnurrbart und meinte, er habe einige Zeit in Deutschland gelebt. Gabriel war Apotheker und arbeitete eigentlich in Bilbao. Da es aber dort an der Küste weit und breit keinen Flugplatz für Ultraleichtflieger gab, fuhr er an Feiertagen und an den Wochenenden nach San Torcuato, wo sein rotes Flugzeug im Hangar stand.

Melanie fragte Gabriel, ob er ein gutes Restaurant empfehlen könne. Er nickte und meinte, er würde uns hinbringen. Gabriel stieg in sein Auto und fuhr voraus nach Bañares. Melanie, Andy, Robert und ich folgten ihm im Wohnmobil. In Bañares hielt Gabriel vor einer heruntergekommen wirkenden Bierspelunke und ging an Müllcontainern vorbei ins Innere. Das ist bestimmt nur ein Zwischenstopp auf dem Weg zum Restaurant, dachte ich.

Wir blieben erst einmal im Wohnmobil sitzen und warteten darauf, dass Gabriel wieder herauskommen würde. Schließlich steckte Gabriel den Kopf aus der Türe der Spelunke und winkte uns heran. Wir gingen hinein und wollten gleich wieder umdrehen.

In der verrauchten Bar lehnten sich drei finstere Burschen an den Tresen. Ihre ausdruckslosen, ledrigen Gesichter waren vom Wetter gegerbt und von der Sonne gebräunt. Als wir eintraten, drehten sich die Gesichter zu uns, nahmen kurz grußlos von uns Notiz und widmeten sich wieder dem im Fernsehen laufenden Western. Der hinter dem Tresen stehende stiernackige Wirt wischte sich mit einer schmutzigen Schürze den Schweiß vom Gesicht. Die ganze Bar wirkte wie aus einem billigen Italowestern. Es schien besser zu sein, niemanden anzusprechen, wenn einem das Leben lieb war. Die Einrichtung, der Tresen, die Stühle, die Tische, ja sogar der Boden wirkten abgewetzt und heruntergekommen. Der Boden war übersät mit Zigarettenkippen, Flaschenkorken, Erdnussschalen und Hühnerknochen.

Gabriel stand an der Bar und unterhielt sich mit der Wirtin. Die beiden schienen sich seit Langem zu kennen. Gabriel sah unseren zweifelnden Blick und grinste:

»Nur keine Angst. In dieser Kneipe gibt es die beste Küche der Gegend.« Wenn man sich den Boden ansah, hatten die entweder heute bereits viele Gäste gehabt oder seit Wochen nicht mehr gewischt.

Dann ging er wieder zur Wirtin und schien intensiv mit ihr zu verhandeln. Was immer sie diskutierten, es war offenbar nicht einfach, zu einer Einigung zu gelangen. Aber schließlich kam Gabriel mit einem zufriedenen Gesichtsausdruck zu uns zurück.

»Ich habe einen Pauschalpreis für euch ausgehandelt. Was

immer ihr trinkt oder esst, die Summe wird nicht höher als 100 € sein«, sagte er.

Eigentlich wollte ich hier am liebsten nichts essen.

Dann verabschiedete sich Gabriel lächelnd von uns. Er selbst musste leider zu einer Verabredung und konnte nicht länger bleiben.

»Nur Vertrauen ... «, flüsterte Gabriel im Hinausgehen. Dann waren Melanie, Andy, Robert und ich auf uns gestellt. Wir folgten der Wirtin in das dunklere hintere Ende der Bierkneipe und sie öffnete die Türe. Melanie und ich betraten den hinteren Raum zuerst und konnten kaum glauben, was wir dort sahen.

Der Tragschrauber wurde immer kleiner und war kurz darauf zwischen den Wolken fast nicht mehr zu erkennen. Der Franzose mit der älteren Frau fuhr langsam zur Ausfahrt des Flugplatzes Rion-des-Landes.

Karl-Heinz blickte dem seltsamen Paar noch einmal kurz nach. Er fragte Iris:

»Meinst du, wir sollten hier lieber noch warten? Schau dir mal das Wetter an. Ich glaube nicht, dass die beiden es heute über die Pyrenäen schaffen. In ein bis zwei Stunden sind die wieder hier ...« Iris entgegnete:

»Ach was, das klappt schon. Lass uns doch nach Biarritz fahren, das liegt schon ein gutes Stück in Richtung unseres nächsten Treffpunktes. Wenn sie heute doch nicht bis nach Spanien gelangen, sind wir auch schnell wieder hier.«

»Einverstanden.«

Sie fuhren in südwestlicher Richtung auf der E 70. Es war recht wenig Verkehr und sie würden in etwa einer Stunde Biarritz erreichen. Bei Capbreton kam die Atlantikküste rechter Hand in Sicht. Unter der dichten Wolkendecke wirkte die See bleigrau.

Bei Bayonne hörten Karl-Heinz und Iris eine Polizeisirene von hinten näher kommen.

»Vielleicht ist ja vor uns ein Unfall passiert ...«, meinte Karl-Heinz. Der Streifenwagen der Gendarmerie überholte die beiden und bremste dann unerwartet vor ihnen. Ein Polizist hielt eine Kelle aus dem rechten Beifahrerfenster.

Melanie und ich blickten verblüfft in einen frisch renovierten weißen Saal, der so gar nicht zur vorderen Spelunke passen wollte. Am hinteren Ende des Saals prasselte ein Holzfeuer in einem steingemauerten Kamin. Es lag eine Duftmischung aus Rauch, Kräutern, Wurst, frischem Brot und Weinfässern in der Luft. Die Atmosphäre vermittelte gepflegt gemütliche Gastlichkeit. Das hätten wir nie im Leben hinter der Bierkneipe vermutet.

Das Mobiliar war aus dunklem, massivem Holz. Die langen Tische waren mit einer weißen Tischdecke bedeckt. Außer uns war niemand in diesem Saal.

Wir nahmen an der hintersten Tafel Platz. Wir trauten unseren Augen nicht, was nun alles aufgetischt wurde. Die Wirtin entkorkte mehrere Rotweinflaschen und stellte sie auf den Tisch. Dann brachte sie nach und nach Platten mit den Spezialitäten der Region La Rioja: Oliven, tiefschwarze Blutwurststücke, scharfe Chorizo-Wurst, in Knoblauch eingelegte Pilze und Zucchini. Schließlich kam der Hauptgang: Zarte Lammkoteletts mit Kräuterkartoffeln und mariniertem Spargel. Zum Abschluss wurden süße Tartas serviert, eine Dessertspezialität der Region.

Gegen Ende unseres opulenten Mahls kamen Iris und Karl-Heinz zur Eingangstüre herein. Karl-Heinz erzählte lebhaft von ihrem Intermezzo mit der französischen Polizei. Sie hatten die Höchstgeschwindigkeit überschritten und mussten € 98 bezahlen. Die Wirtin brachte frische Teller und servierte den beiden noch den Hauptgang in verkürzter Form.

Als alle reichlich satt waren, bezahlte Melanie die vereinbarten € 100. Unter dem Strich war es doch ein sehr günstiger Abend für sechs Personen. Die Wirtin und ihr Mann waren deutlich gesprächiger geworden als noch zu Beginn des Abends. Die Frau empfahl Melanie und mir den Besuch der Kathedrale von Santo Domingo de la Calzada. Das Team verließ das Edelrestaurant durch die Bierkneipe und wir fuhren mit den Wohnmobilen zum Flugplatz zurück.

Das Wetter sah leider auch in den kommenden Tagen alles

andere als vielversprechend aus. Es zog eine beeindruckende Regenfront heran, die laut Wetterbericht mindestens vier Tage andauern sollte.

10

Am nächsten Morgen öffnete ich den Eingang unseres Zeltes. Es war kurz nach 08:00 Uhr. Das Zelt war übersät von Wasserperlen. Der Himmel war bedeckt und das angekündigte schlechte Wetter war eingetroffen. Die Wolken hingen tief über der Landschaft des Jakobswegs. Bei der niedrigen Wolkendecke würden wir es nicht weiter über die bergige Landschaft nach Herrera de Pisuerga, unserem nächsten Ziel, schaffen.

Iris und Karl-Heinz mussten in einigen Tagen zurück nach Deutschland. Sie würden heute bereits nach Santiago de Compostela aufbrechen und verabschiedeten sich vom Rest des Teams.

Aufgrund des schlechten Wetters beschlossen wir, der Empfehlung der Wirtin von gestern zu folgen und nach Santo Domingo de la Calzada zu fahren. Als wir in das kleine Örtchen kamen, hielt Andy plötzlich abrupt auf dem rechten Seitenstreifen.

»Was ist denn los ...?«, fragte ich erschrocken.

»Schau mal da oben links auf der Ruine ...«, rief Andy aufgeregt. Das Team stieg aus dem Wohnmobil aus und ging einige Meter auf dem Gehweg in Richtung des Burgfrieds. Der viereckige Natursteinturm war aus großen Steinen der Gegend gemauert. Eine der Außenwände neigte sich in bedrohlicher Schieflage vornüber. Optisch wirkte die Mauer, als drohe sie jeden Moment einzustürzen.

Ich ließ den Blick nach oben wandern und rieb mir verwundert die Augen. Jede der vier Turmecken war bewohnt von je einer Storchenfamilie. Auf den Nestern staksten Jungvögel unsicher von einem Bein auf das andere und äugten neugierig auf die Straße herab. Im Minutenabstand schwebten die beeindruckend großen Elternvögel mit allerlei Storchenleckereien ein.

Wir ließen das Wohnmobil auf dem Parkstreifen stehen und

gingen in die Innenstadt von Santo Domingo de la Calzada. Um diese Stadt rankte sich die Legende vom Hühnermirakel, über das wir hier mehr erfahren wollten.

Der Erzählung nach soll eine Familie in einer Herberge für Jakobspilger übernachtet haben. Die Wirtstochter verliebte sich in den Sohn der Familie und versuchte, ihn zu verführen. Der Sohn verschmähte jedoch fromm und keusch ihr Angebot. Daraufhin wurde die Wirtstochter zornig und schmuggelte einen Silberbecher in das Gepäck des Sohns. Der Wirt bemerkte am nächsten Morgen den Verlust und verständigte die Polizei. Die fand natürlich den Silberbecher im Gepäck des jungen Mannes.

Der sprachlose Jüngling wurde kurzerhand zum Tode verurteilt und durch den Strang exekutiert. Die Eltern zogen zutiefst erschüttert weiter nach Santiago. Auf dem Rückweg kam das Elternpaar wieder an der Exekutionsstelle vorbei. Der Sohn war wie durch ein Wunder noch am Leben. Er rief ihnen zu, der heilige Jakobus persönlich habe ihm die Füße am Galgen gestützt. Hierdurch habe sich die Schlinge nicht zugezogen und er sei weiter am Leben geblieben.

Die Eltern liefen hocherfreut zum Richter, der gerade bei einem opulenten Mahl saß. Auf einer großen Platte auf dem Tisch vor ihm lagen ein gebratenes Huhn und ein Hahn. Als der Richter gehört hatte, was ihm die Eltern erzählten, lachte er schallend:

»Euer Sohn ist so lebendig wie das gebratene Federvieh hier vor mir.« Daraufhin erhoben sich die Hühner, flatterten auf und aus dem Fenster davon. Dem Sohn widerfuhr Gerechtigkeit. Die Wirtstochter hingegen wurde wegen des Mordversuches erhängt.

In der Kathedrale war das Grabmal Domingo Garcias. Er hatte das Städtchen Santo Domingo de la Calzada gegründet, widmete sein Leben der Förderung der Jakobspilger und wurde dafür später heiliggesprochen.

Melanie und ich schritten um die durch ein Eisengitter abgeschirmte Alabasterstatue von Santo Domingo herum. Melanie hielt plötzlich inne und packte mich am Arm.

»Hast du das gerade gehört …?«, fragte sie. »Das hörte sich an wie ein Gackern.«

»Ein Gackern …? Stimmt – ich höre es auch!«, murmelte ich verblüfft. Hühner! Dass sich Tauben in Kathedralen verirrten, kam ja vor. Aber Hühner?

Dann entdeckten wir in etwa drei Metern Höhe an einer Innenwand der Kathedrale einen hell erleuchteten Käfig. Er war reich mit vergoldeten Ornamenten verziert. In dem Käfig pickten ein Huhn und ein Hahn auf dem Boden herum. In diesem Moment richtete sich der Hahn auf. Sein roter Kamm schoss in die Höhe. Sein Hals schwoll an und er krähte mehrmals lauthals. Das Krähen wurde vom Echo der Gewände in der Kathedrale vielfach beantwortet. Bestimmt dachte der Hahn, die Kathedrale sei voller Konkurrenzhähne. Wieso wurden hier denn Hühner in einem goldenen Käfig verehrt?

»Das Hühnermirakel«, flüsterte Melanie. »Hier wird des Hühnermirakels von Santo Domingo de la Calzada gedacht.«

»Also, ich persönlich kenne kein anderes Huhn, das einen vergleichbar luxuriösen Stall hat …«, flüsterte ich Melanie zu.

»Das arme Huhn«, erwiderte Melanie. »Den ganzen Tag mit einem Hahn zusammen eingepfercht. Stell dir nur mal diesen Fortpflanzungsdruck vor. Ein Hahn benötigt üblicherweise einen ganzen Hennenschwarm, um einigermaßen ausgelastet zu sein …« In diesem heiligen Käfig musste es sehr irdisch zur Sache gehen.

11

Das Wetter hatte sich am nächsten Morgen nur leicht gebessert. Die Wolken zogen mit Regen beladen über die hügelige Landschaft des Jakobswegs hinweg. Ich war bereits im Hangar und checkte den Tragschrauber. Wir wollten heute unbedingt weiter nach Herrera de Pisuerga fliegen, unserem nächsten Etappenziel. Der Flugplatz dort war möglicherweise der gefährlichste unserer Reise. Wir hatten uns vorher die Satellitenbilder und Karten gründlich im Detail angesehen.

Herrera de Pisuerga hatte zwei Landebahnen, die wie ein X

angeordnet waren. Eine Bahn war extrem kurz und ging direkt in einen steil abfallenden Berghang über. Die andere Bahn war etwas länger, dafür schloss ein gefährlicher Tannenwald parallel direkt entlang der Landebahn an. Gefährlich wurde es bei Südwind. Wenn der Wind aus dieser Richtung über den Wald strich, entstanden nach unten gerichtete Wirbel. Das hatte hier bereits zahlreiche Flugzeuge zum Absturz gebracht. Aber offenbar war das für den Waldbesitzer noch längst kein Grund, seine Bäume am Pistenrand zu fällen.

Am Ende der etwas längeren Piste stieg ein Hügel steil an. Wenn man in diese Richtung starten wollte, musste man sich als Pilot schon sehr sicher sein, dass das Flugzeug schnell an Höhe gewann. Sonst flog man Nase voraus direkt in den Hügel.

Ich überflog den Platz in niedriger Höhe, um zu erkennen, woher der Wind kam. Wir mussten die kurze Landebahn nehmen. Nur diese lag einigermaßen im Wind. Für den kurzen Landeweg unseres Tragschraubers waren wir heute besonders dankbar: Nach dem Aufsetzen hatte der Tragschrauber vielleicht noch 20–30 Stundenkilometer Fahrt über dem Boden und blieb nach wenigen Metern stehen. Ich war heilfroh, dass dieser Flug so glücklich geendet hatte. Wir stiegen aus und stellten den Tragschrauber mit der Nase in den Wind, der eiskalt über die Anhöhe pfiff. In einer der offenen Hallen schraubten zwei Männer. Die beiden Brüder Ernesto und Carlos wischten sich ihre Hände an den blauen, ölverschmierten Overalls ab, um uns die Hand zu geben. Sie waren über unsere Ankunft mit einem Tragschrauber sehr erstaunt. So ein Ding war hier noch nie gelandet.

Der offene Hangar war zu niedrig für unseren Tragschrauber, also fragte Melanie, ob wir vielleicht in dem höheren Hangar parken dürften. Einer der Männer griff zum Mobiltelefon und rief Ricardo an. Ricardo war Dorfpolizist der Guardia Civil und Chef des Flugplatzes. Wir staunten nicht schlecht, als 15 Minuten später ein kleiner roter Seat auf den Flugplatz gefahren kam und Ricardo ausstieg. Der groß gewachsene Mann mit dem kurzen dunkelbraunen Haar und der charakteristischen Hakennase kam freundlich auf uns zu und schüttelte uns resolut die Hand.

»Beruflich möchte ich lieber nichts mit ihm zu tun haben ...«, flüsterte ich Melanie augenzwinkernd zu. Eigentlich war Ricardo krankgeschrieben. Eine Erkältung hatte ihn erwischt. Dementsprechend war er auch mit Schal bis zum Kinn eingepackt. Daher war er nicht bei der Arbeit und konnte bereits wenige Minuten nach dem Anruf auf dem Flugplatz sein. Er freute sich über unseren Besuch mit einem Tragschrauber und schloss uns den höheren Hangar auf. Er überreichte uns den Schlüssel für den Hangar. Den sollten wir ihm erst wieder bei unserem Abflug übergeben. Was für ein Vertrauensbeweis!

Ricardo bot an, uns ein wenig von Herrera de Pisuerga zu zeigen, bis unser Filmteam kommen würde. Auf dem Weg in die Innenstadt überfuhr er dabei zwei Stoppschilder, ohne erkennbar zu bremsen. Melanie sah mich bedeutungsvoll an. Er parkte vor dem Haupteingang der Stierkampfarena. Die hatte nur zur Stierkampfsaison im Sommer geöffnet.

»Bist du dir sicher, dass wir hier keinen Strafzettel bekommen?«, witzelte ich.

»Ich habe Freunde bei der Guardia Civil!«, erwiderte Ricardo augenzwinkernd und lud uns in eines der Cafés am Marktplatz ein.

»Ricardo, wir wollen möglichst bald weiter nach Asturias La Morgal an der Atlantikküste weiterfliegen«, sagte ich. »Welche Route empfiehlst du uns hierfür?« Er meinte:

»Zwischen Herrera de Pisuerga und dem Atlantik erreicht das Kantabrische Gebirge seine höchsten Gipfel von etwa 10000 Fuß Höhe. Der einzige Weg an die Küste geht durch El Puerto, das ›Tor zum Atlantik‹. Das ist ein Tal, durch das eine Autobahn führt. Ihr könnt immer an der Autobahn entlangfliegen. Aber ihr müsst aufpassen. An einigen Stellen sind Hochspannungsleitungen quer über das Tal gespannt. Aus der Luft sieht man diese Leitungen oft erst, wenn es zu spät ist. Ihr braucht für diesen Flug schönes Wetter, sonst ist es viel zu gefährlich«, fügte Ricardo hinzu. »So wie es derzeit aussieht, werdet ihr auf besseres Wetter warten müssen. Achtet beim Start in Herrera de Pisuerga auf den Wind. Bei Südwind gibt es sehr, sehr gefährliche Wirbel auf dem Flugplatz. Der Südwind heißt bei uns ›Hauch des Todes‹«, warnte er.

12

»Draußen ist es nebelig. Aber es sieht aus, als verschwände er in der nächsten halben Stunde.« Melanie sah mich zweifelnd an, ließ sich aber von meiner Zuversicht anstecken.

Es war 10:00 Uhr und der Nebel war immer noch so dicht, dass die Sicht kaum weiter als 50 Meter reichte. Andy zeigte mit dem Finger aus dem Fenster des Wohnmobils und scherzte:

»Ich habe dort drüben eine Stelle gesehen, an der der Nebel schon etwas dünner geworden ist.«

»Ja, gleich kommt die Sonne heraus und wir können losfliegen«, pflichtete ich ihm bei. Alle grinsten. Es wurde 11:00 Uhr. Ricardo hatte gesagt, dass »El Puerto« nur bei schönem Wetter fliegbar sei.

Um 12:00 Uhr beschlossen wir, mit dem Wohnmobil die Autobahn bis zu »El Puerto« zu fahren und zu sehen, wie das Wetter dort war. Der anfängliche Nebel wich tief hängenden Wolken, die an einigen Stellen direkt an den Bergen standen. Dort würde es für uns Sichtflieger kein Durchkommen mehr geben. »El Puerto« war die engste Stelle des Tales, das die Verbindung zur Atlantikküste darstellte. An der Talsohle schlängelte sich die vierspurige Autobahn wie ein Band durch die Landschaft und verschwand an zwei Stellen in Tunnelröhren.

»Da werden wir wohl über den Berg fliegen müssen«, sagte Melanie augenzwinkernd.

Ich sah sie nachdenklich an.

»Was meinst du?«, fragte ich, »sollen wir es heute wagen?«

Wir beschlossen, heute den Durchbruch zur Küste in Angriff zu nehmen.

Als wir wieder zum Flugplatz zurückkamen, hatte sich der

Nebel weitgehend verzogen. Wind war aufgekommen und blies mit etwa 40 Stundenkilometern den Nebel weg und als tief hängende Wolken vor sich her. Der Wind hatte die Sicht verbessert. Wunderbarer Wind, dachte ich, bis ich den Windsack sah. Er wies in Richtung Norden. Heiliger Strohsack. Das hieß, der Wind kam aus Süden. Südwind! »Der Hauch des Todes«, ausgerechnet jetzt. Davor hatte Ricardo mehrfach eindringlich gewarnt.

Das bedeutete, wir mussten auf der gefährlichen Piste neben dem Tannenwald starten, an deren Ende es steil den Hügel hochging. Wir berieten, was wir tun sollten. Ich meinte:

»Wir können auf der Piste schräg versetzt starten. Damit kommt der Wind wenigstens etwas mehr von vorn, statt nur von der Seite. Dann sollten wir alles, was wir nicht unbedingt benötigen, ins Wohnmobil umladen, damit wir leichter sind. Außerdem schlage ich vor, dass wir den Rotor auf höhere Drehzahl vorrotieren. Dadurch verkürzt sich der Startweg deutlich.«

Melanie nickte. Damit müsste es zu schaffen sein. Wir luden alles, was nicht absolut erforderlich war, ins Wohnmobil um. Anschließend stiegen wir in den Tragschrauber, und ich startete den Motor. Als der Motor die erforderliche Öltemperatur aufwies, rollten wir zum Ende der Piste und fuhren sogar noch einige Meter über die Piste hinaus auf die angrenzende Wiese.

»Je mehr Anlauf wir nehmen können, bevor wir in die Abwinde durch den Wald kommen, desto besser«, meinte ich, kuppelte den Rotor ein und beschleunigte ihn. Statt auf 200 Umdrehungen die Minute, ging ich bis an 250 Umdrehungen heran. Dann löste ich die Bremse, sah noch einmal zu Melanie und gab Vollgas.

Wir beschleunigten über die holperige Grasbahn und kamen immer näher an den Wald. Der Tragschrauber hob ab und flog etwa 30 Meter weit niedrig über die Piste, dann gerieten wir in den »Hauch des Todes«. Unerwartet krachte der Tragschrauber wieder auf die Piste. Das Herz schlug mir bis zum Hals. Aber mehr als Vollgas konnte ich nicht geben. Jetzt brauchten wir Glück.

Das Ende der Piste raste auf uns zu und damit auch der ansteigende Hügel.

»Wir müssen jetzt hoch, sonst schaffen wir es nicht über den Hügel!«, schrie Melanie.

»Die Abwinde drücken uns runter, ich kann nichts machen«, schrie ich zurück. Für einen Startabbruch war es bereits zu spät. Der Berganstieg kam immer näher. Wir konnten unmöglich vorher noch bremsen. Der Tragschrauber fuhr durch eine Bodenwelle und schanzte am anderen Ende wieder ein Stück in die Luft. Wir gewannen weiter an Fahrt. Wir rasten auf den Berganstieg zu. Gleich würden wir gegen den ersten ansteigenden Erdwall krachen. Wir waren erst ein oder zwei Meter hoch. Die Höhe reichte nie und nimmer.

Andy und Robert waren bereits eine halbe Stunde vor dem Start des Tragschraubers aufgebrochen. Ihre Route führte sie über Oviedo. Von dort war der erste Jakobspilger der Geschichte aufgebrochen. Im Jahre 812 nach Christus entdeckte man in Santiago de Compostela ein Grab, das man dem heiligen Jakobus zuschrieb. Der damalige König Alfons II. brach daraufhin zu einer ersten Pilgerreise von Oviedo nach Santiago auf. Er begründete damit den ersten Jakobsweg, den sogenannten Camino Primitivo (lat.: den ersten seiner Art). Der Camino Primitivo führte ein ganzes Stück an der Küste entlang, direkt an dem Küstenörtchen Ribadeo vorbei, unserem heutigen Tagesziel.

Kurz vor dem Ende der Piste entschied ich mich, die letzte sehr riskante Notfalloption zu nutzen, die wir uns als Ausweichmanöver für diesen Fall ausgedacht hatten. In einer kurzen, kräftigen Bewegung drückte ich den Steuerknüppel hart nach rechts und drehte den Tragschrauber wenige Meter vor dem ansteigenden Erdwall zur Seite weg. Ich wusste, dass wir damit zwar den Aufprall vermieden hatten, allerdings hatte die heftige Lenkbewegung auch zur Folge, dass wir nun durchsackten. Zum einen hatte ich damit den Tragschrauber aus dem Wind herausgelenkt. Dadurch verloren wir einen Teil der für den Flug so wichtigen Anströmung von vorn. Zum anderen verlor man bei

Kurvenflügen immer an Höhe. Diesen Effekt konnte man durch zusätzliches Gas ausgleichen. Wir gaben aber bereits Vollgas.

Der Tragschrauber verlor drastisch an Höhe. Wir sackten durch. Zum Glück fiel rechts der Piste, also unter uns, das Gelände ebenfalls stark ab. Nach einigen Metern fing sich der Tragschrauber wieder und wir gewannen an Höhe. Langsam nahm ich das Vollgas zurück und wischte mir die Stirn. Ich benötigte mindestens 20 Minuten, um mich von dem Schreck zu erholen. Das war dieses Mal verdammt knapp geworden.

Wir flogen weiter zur Atlantikküste und freuten uns. Nach diesem Moment hatten wir uns so gesehnt. Bei strahlendem Sonnenschein flogen wir an der Küste entlang nach Westen. Zu unserer Linken konnten wir die schneebedeckten Gipfel des Kantabrischen Gebirges in der Sonne sehen. Zur Rechten erstreckte sich die azurblaue Meeresküste des Atlantiks. Weiß brach sich die Brandung an der Felsküste unter uns.

Nach etwa zwei Stunden erreichten wir La Morgal, wo wir uns mit Andy und Robert für den Tankstopp verabredet hatten. Im Landeanflug meldete sich eine Stimme per Funk. Es war der Pilot eines gelben Hubschraubers der Feuerwehr, der im Begriff war, zu starten.

»Der Funk an diesem Platz ist heute nicht besetzt«, informierte uns der Feuerwehrmann aus dem Hubschrauber auf Englisch. »Einfach landen und zum Hangar rollen!«, funkte er fröhlich.

Wir landeten keine Minute zu früh. Rund um den Flugplatz waren bedrohlich schwarze Gewitterwolken aufgequollen. Wir konnten bereits die ersten weißen Schauervorhänge auf den Flugplatz zukommen sehen.

Wir rollten den langen Taxiway des Flughafens entlang bis zu den etwa 30 Meter hohen Flugzeughallen. Darin hätte sogar ein Zeppelin Platz.

»Hallo, ist da jemand?«, rief ich auf Spanisch in die Halle, als wir mit dem Tragschrauber hineingerollt waren. In der Halle standen bestimmt 30 Flugzeuge verschiedener Typen. Vom Motordrachen über größere Privatflugzeuge waren fast alle Gewichtsklassen der Privatfliegerei vertreten. Melanie entdeckte einen Mann, der gerade an einem der Flugzeuge schraubte. Sie kam ins Gespräch mit dem spanischen Fluglehrer Joaquín.

»Wir würden heute gern noch nach Ribadeo fliegen«, sagte sie. »Hast du eine Ahnung, ob die dort einen Hangar zum Einstellen haben?« Joaquín antwortete:

»Ihr müsst mit José-Luis von Ribadeo sprechen. Wartet, ich rufe ihn für euch an.« Joaquín zückte sein Mobiltelefon. Er telefonierte einige Minuten lebhaft und steckte schließlich das Handy wieder in seine Jackentasche. »José-Luis meinte, das Wetter in Ribadeo ist prima. Ihr könnt kommen. Er wartet so lange auf euch im Hangar. Den Tragschrauber könnt ihr auch dort unterstellen. Kein Problem!«

In diesem Moment gab es einen gewaltigen Knall. Wir zuckten zusammen. War das eine Explosion? Die Blechwände der Halle vibrierten.

»Mann, war das ein Schlag!«, murmelte ich. Was konnte das nur gewesen sein? Wir rannten zum Hallentor und schauten nach draußen. Pechschwarze Gewitterwolken waren direkt über uns. Einzelne Tropfen fielen auf den Asphalt. Schließlich ergoss sich sintflutartiger Starkregen auf den Flugplatz. Binnen weniger Minuten stand das komplette Vorfeld unter Wasser. So einen Regen hatten wir noch nie erlebt. Zum Glück waren wir jetzt gerade nicht in der Luft. Das wäre lebensgefährlich.

Joaquín war nun zum Tor gekommen und streckte neugierig den Kopf hinaus.

»Das ist ja ein Wetter«, sagte er. »Da könnt ihr aber euren Weiterflug nach Ribadeo glatt vergessen. Warum bleibt ihr nicht über Nacht? Wenn das Wetter es zulässt, könnt ihr morgen nach Ribadeo weiterfliegen.«

Andy und Robert fuhren weiter in Richtung Santander. Der Anblick des strahlend blauen Himmels und die fast türkisblaue See entschädigten etwas für den tagelangen Kampf mit dem schlechten Wetter. Ständiger Nebel, Graupel, Hagel und Starkregen hatten bei jedem Teammitglied die Nerven blank gelegt.

Die kurvige Autobahn A 8 in Richtung La Morgal bei Oviedo führte meist in Sichtweite an der See entlang. Mal ging es durch die Berge der Küstenlandschaft, dann wieder zurück zur See. Andy und Robert näherten sich dem Flugplatz von La Morgal. Andy sah die gigantische Gewitterfront, die über dem Flugplatz stand. Hoffentlich sind die beiden bereits gelandet, dachte er.

Sie bogen in die Zufahrt zum Flugplatz von La Morgal. Die Scheibenwischer flitzten auf höchster Stufe über die Windschutzscheibe. Dennoch musste Andy das letzte Stück bis zum Parkplatz im Schritttempo fahren. Vor lauter Regen war die Straße kaum noch zu erkennen. Andy hielt auf dem Parkplatz. Sie konnten vom Wohnmobil aus kurz das Vorfeld und die Hangars erkennen. An einem war das Tor weit aufgeschoben. Andy und Robert seufzten erleichtert, als sie sahen, dass der Tragschrauber in der Halle stand. Nach weiteren zehn Minuten Starkregen schien jemand den Hahn auf einen Schlag zugedreht zu haben. So plötzlich der Regen begonnen hatte, so unvermittelt war das Schauspiel beendet. Robert und Andy stiegen aus dem Wohnmobil und tappten durch das gurgelnd abfließende Regenwasser hinüber in die Flugzeughalle.

Der Feuerwehrhubschrauber, der kurz nach unserer Landung gestartet war, näherte sich knatternd wieder dem Flugplatz. Vor der Kulisse der dunkelblauen, fast schwarzen Wolken leuchtete die gelbe Lackierung wie eine Wespe. Der Hubschrauber ging in den Landeanflug über und setzte schließlich auf dem Landeplatz neben den großen Flugbenzintanks sanft auf. Der Pilot schaltete die Turbinen aus. Das Triebwerk lief noch einige Minuten heulend aus und blieb schließlich stehen.

Die Besatzung kletterte aus dem Hubschrauber. Ich sprach den Piloten, Miguel Ropero Rébora, an und erkundigte mich, wie er den Gewitterkessel beurteilte, in dem wir jetzt gefangen waren. Aus der Luft konnte man oft besser erkennen, ob es Lücken in der Gewitterfront gab, durch die man einen Durchflug riskieren konnte.

Miguel zuckte mit den Schultern.

»Es gibt einen schmalen Korridor in nordwestlicher Richtung. Aber ich kann euch nur empfehlen, eine Platzrunde zu fliegen und euch selbst ein Bild von der Lage zu machen. Außerdem ziehen heute zahlreiche Gewitterfronten im Abstand von 10–20 Kilometern wie Tsunamiwellen durch das Land. So ganz ungefährlich ist das nicht.

»Wie war denn euer Flug durchs Gewitter?«, fragte ich. Der Feuerwehrpilot antwortete:

»Wir konnten zum Glück um das Gewitter herumfliegen. Ein Mann ist in den Bergen zehn Meter in einen Spalt gestürzt. Wir konnten ihn nicht finden und mussten schließlich wieder umdrehen. Aber er ist zwischenzeitlich vom Boden aus geborgen worden. Er hatte nur einige Rippen gebrochen.«

Als ich mit Miguel zurück zum Tragschrauber ging, standen bereits vier weitere Feuerwehrmänner in ihrer Ausrüstung staunend davor. Sie stellten uns zahllose Fragen. Besonders beeindruckend fanden die Männer beim Tragschrauber die Kosten pro Betriebsstunde, die bei weniger als einem Zehntel ihres Helikopters lagen.

Ich beobachtete unentwegt die Entwicklung der Gewitterwolken. Miguel hatte gesagt, dass er in der Luft einen gewitterfreien Korridor in nordwestlicher Richtung gesehen hatte. Das war grundsätzlich in unserer Flugrichtung. Allerdings würden wir eine Kontrollzone westlich umfliegen müssen, die in nordwestlicher Richtung lag. Es war für unsere Gewichtsklasse verboten, in die Kontrollzone dieses großen Verkehrsflughafens einzufliegen.

Wenn wir in den Einflussbereich eines Gewitters geraten, müssen wir so schnell wie möglich irgendwo landen. Gewitter sind das Gefährlichste in der Fliegerei überhaupt. Selbst große Verkehrsflugzeuge der Airlines umfliegen Gewitter weiträumig. Die Gefahr der Gewitter geht nicht nur von den Blitzen aus. Gewitterwolken werden auch als saugende Wolken bezeichnet. Leichte Flugzeuge wie unser Tragschrauber können von diesen Wolken buchstäblich eingesaugt und unkontrolliert nach oben getragen werden. Wenn der Rotor diesen extremen Belastungen überhaupt standhält, wird in großen Höhen schnell die Luft so dünn, dass Piloten ohne Druckkabine entweder ersticken oder erfrieren. In Italien waren schon Drachenflieger in saugende

Wolken geraten. Sie wurden später Hunderte Kilometer entfernt tot geborgen. Die Drachenflieger waren mitten im Sommer bei –30 °C schockgefroren worden und hatten keine Überlebenschance.

Es hatten sich etwa zehn Mitglieder des Luftsportvereins von La Morgal vorm Hangar versammelt. Abwechselnd blickten sie sorgenvoll zum Himmel, dann wieder skeptisch auf unseren Tragschrauber.

»Na, die können einem ja Mut machen«, sagte ich zu Melanie. »Komm, wir schauen uns die aktuellen Bilder des Wetterradars an.« Wir gingen in das Vereinsheim und diskutierten mit Joaquín die aktuelle Lage.

»Ihr könnt ja mal losfliegen und sehen, wie weit ihr kommt«, sagte Joaquín. »Wenn es eng wird, dreht ihr einfach um und kehrt hierher zurück. Die Gewitterfronten kommen euch ja entgegen, das heißt, in umgekehrter Richtung müsste man im schlimmsten Falle einer Katastrophe entkommen können.«

Wir beschlossen, den Weiterflug zu wagen, und stiegen in den Tragschrauber. Ich ließ den Motor an. Es hatten sich immer mehr Schaulustige dazugesellt. Unter den Zuschauern war eine leidenschaftliche Diskussion darüber entbrannt, ob wir weiterfliegen sollten oder nicht. Während einige es befürworteten, lehnten die anderen das Vorhaben empört als viel zu gefährlich ab.

Wir bereiteten uns konzentriert auf den bevorstehenden Flug vor. Ich rollte den Tragschrauber bis zur Haltestelle der Startbahn und wartete weiter auf das Erreichen der erforderlichen Motortemperatur.

»Wir haben keine Zeit mehr, zu warten. Sieh mal, was da rechts auf uns zurollt«, sagte Melanie besorgt. »In fünf Minuten ist hier die Hölle los, und dann können wir nicht mehr starten!« Ich blickte auf die Motortemperaturanzeige.

»Wir haben erst 40 °C erreicht«, meinte ich. Melanie trommelte ungeduldig mit den Fingern auf die Hosenbeine.

»Schau doch einmal hier rüber!«, forderte sie mich auf. Ich blickte rechts aus dem Cockpitfenster. Bei dem, was ich da auf uns zukommen sah, bekam ich eine Gänsehaut. Wie eine dichte weiße Gardine zogen heftige Hagelschauer auf direktem Weg zu uns. Blitze zuckten und in zwei bis drei Kilometern Entfernung sah ich, wie sich Büsche und Bäume bereits dramatisch im Sturm der Gewitterböen bogen. Wir durften jetzt keine Zeit mehr verlieren.

»Wir müssen sofort hier weg!«, rief Melanie eindringlich.

Ich blickte unruhig auf die Temperaturanzeige, sie zeigte 45 °C an. Für den Start benötigten wir wenigstens 50 °C, um die erforderliche Motorleistung zu bekommen. Jetzt klatschten erste dicke, schwere Tropfen gegen die Windschutzscheibe.

»Wenn wir jetzt nicht von hier wegkommen, müssen wir abbrechen«, gab Melanie durch den Bordfunk. Jetzt bogen sich in nur noch 200 Metern Entfernung die Büsche in den herannahenden Gewitterböen.

Obwohl die erforderliche Temperatur noch nicht erreicht war, begann ich, den Rotor zu beschleunigen. Die Kabine bebte und der Rotor zog seine Kreise immer schneller. Ich gab mehr Gas und beschleunigte weiter. Erste Hagelkörner klackerten gegen die Kunststoffhülle der Kabine und die Windschutzscheibe. Die Situation war nun äußerst brenzlig. Die Gewitterböen hatten uns erreicht und fuhren mit Macht in den sich drehenden Rotor. Eine falsche Bewegung, eine falsche Rotorneigung und die Sturmböen würden den Tragschrauber am Boden umwerfen.

Die Rotordrehzahl hatte die erforderlichen 200 Umdrehungen erreicht. Ich löste die Bremse, riss den Steuerknüppel ganz nach hinten bis zum Anschlag und gab Vollgas. Aus dem Augenwinkel sah ich, dass die Temperaturanzeige in diesem Moment auf 50 °C umgesprungen war. Laut trommelte der Hagel gegen den kleinen Tragschrauber, als wolle er Löcher in die Außenverkleidung reißen.

Der Tragschrauber rollte immer schneller. Ohrenbetäubend krachten die größer werdenden Eiskörner auf die Windschutzscheibe und den Rotor. Jetzt rasten wir mit 80 Stundenkilometern über die Piste und hoben ab. Mit einem Schlag hörte der Hagel auf und wir flogen nun dicht vor dem Unwetter her. Melanie blickte zurück und sah das Gewitter folgen wie eine wütende Bestie, die uns unbedingt verschlingen wollte.

Wir gewannen schnell an Höhe und flogen in einem weiten Bogen in nordwestliche Richtung, auf unseren Reisekurs. Heftige Turbulenzen schüttelten den Tragschrauber, als wir die dem Unwetter vorauseilenden Gewitterböen durchflogen. Zumindest hatten wir jetzt keinen Hagel oder Regen mehr.

Der gewitterfreie Korridor war zum Glück noch erhalten. Allerdings bemerkte ich, dass sich die rettende Lücke immer weiter nach Norden verschob und damit schloss. Direkt in Richtung der Kontrollzone des Flughafens Asturias.

»Melanie, sieh mal, der Korridor geht zu«, sagte ich.

»Aus Richtung 11 Uhr kommen schwere Gewitter, da können wir nicht weiterfliegen«, bestätigte Melanie.

»In 12 Uhr liegt die Sperrzone von Asturias. Da dürfen wir auch nicht rein. Das heißt, links können wir nicht und rechts dürfen wir nicht«, rief ich und kratzte mich am Kinn.

»Umdrehen können wir auch nicht!«, ergänzte Melanie. »Das Gewitter von eben hat sich in La Morgal eingenistet und wartet schon auf uns.«

Wir saßen in der Falle.

Andy und Robert waren äußerst beunruhigt. Sie hatten unseren Start vom Boden aus gefilmt. Kurz nachdem wir abgehoben hatten, brach dann allerdings das Unwetter mit voller Wucht über den Flugplatz in La Morgal herein. Andy und Robert flüchteten sich in das Wohnmobil um weiterzufahren.

Immer wieder fuhren die beiden durch wellenartig aufkommenden Starkregen und Hagel. Diese Küstenregion Nordspaniens war berühmt für häufiges Regenwetter. Daher war die Landschaft ja auch für spanische Verhältnisse so ungewöhnlich grün. Zeitweise reduzierte Andy die Geschwindigkeit auf unter 60 Stundenkilometer. Das Regenwasser stand auf der Autobahn. Der Himmel war tiefschwarz mit Wolken verhangen. Sie zogen in wilden Fetzen über die Küstenlandschaft.

»Durch dieses Wetter kommen die beiden nie und nimmer«, sagte Robert sorgenvoll zu Andy.

»Ach was, das schaffen die schon«, meinte Andy und glaubte selbst nicht daran.

»Es gibt keinen Ausweg. Ich schlage vor, wir landen hier irgendwo«, rief Melanie.

»Doch! Einen gibt es«, antwortete ich grimmig. »Plötzlich funktionierte der Transponder nicht mehr.« Der Transponder sendet Kennzeichen, Flughöhe und Flugposition an die Flugsicherung beziehungsweise den nächstgelegenen Flughafen.

»Der Tragschrauber ist ohne Transponder auf dem Radarschirm des Flughafens Asturias und der Flugsicherung praktisch unsichtbar«, ergänzte ich. Ich wechselte auf die Funkfrequenz des Flughafens Asturias. »Wenn die sich gleich beschweren sollten, können wir das zumindest hören und, falls erforderlich, darauf reagieren.«

Dann drückte ich den Steuerknüppel nach rechts und wir flogen in die verbotene Kontrollzone des Verkehrsflughafens Asturias ein. Rechts unter uns konnten wir die Landebefeuerung und die lange, geteerte Landebahn des Flughafens sehen.

»Wenn die jetzt aus dem Fenster des Towers blicken, können die wahrscheinlich unser Kennzeichen mit dem bloßen Auge erkennen«, sagte Melanie besorgt.

»Aber die sehen ja auch die Gewitterfronten ...«, ergänzte ich. Am Flughafen schien kein Verkehr zu sein. Der Funk blieb ruhig. Es bemerkte oder störte sich niemand an unserem Ausweichmanöver durch die Kontrollzone.

Wir flogen weiter direkt an der Felsküste entlang. Wir hatten Glück im Unglück. Die schweren Gewitter bauten sich alle weiter landeinwärts auf. Wenn wir uns über dem Atlantik hielten, konnten wir den Gewittern ausweichen.

Ungefähr 30 Minuten vor Erreichen des Flugplatzes von Ribadeo sahen wir eine neue Gewitterfront anrollen. Die mächtigen Blumenkohlwolken näherten sich der Region, in der wir den Flugplatz von Ribadeo vermuteten.

»Ich glaube, wir müssen uns ins Zeug legen, wenn wir vor dem Gewitter noch dort landen wollen«, rief ich. Ich schob den

Gashebel nach vorn und drückte den Steuerknüppel auch etwas nach vorn. Der Tragschrauber beschleunigte. Ein Vibrieren ging durch die Kabine und wuchs zu einem Beben an. 130 Stundenkilometer. Ich beschleunigte weiter auf 140, dann 150 Stundenkilometer. Der Motor dröhnte. Der Steuerknüppel begann, unruhig zu oszillieren. Wir flogen mit fast 160 Stundenkilometern die Küste entlang. Es war ein nervenzerfetzender Wettlauf mit dem Wetter. So schnell waren wir mit diesem Tragschraubertypen bisher noch nie geflogen.

Zehn Minuten vor Erreichen des Flugplatzes meldete Melanie uns auf Spanisch beim Flugplatz in Ribadeo an. Aus unserer jetzigen Position wirkte es, als sei das mächtige Gewitter in Kürze direkt über dem Flugplatz von Ribadeo. Fünf Minuten vor Landung ging ich in den Sinkflug über. Ich zog den Gashebel zurück und reduzierte die Geschwindigkeit wieder auf 100 Stundenkilometer.

Der Flugplatz war nun in Sichtweite. Es war der mit Abstand schönste Flugplatz unserer bisherigen Reise. Er lag direkt zwischen dem Camino Primitivo und dem Atlantik. Die Piste verlief parallel zur etwa 200 Meter entfernten Felsküste. Der Flugplatz war für einen der reichsten Spanier gebaut worden. Er hatte in der Nähe von Ribadeo eine wunderschöne Villa direkt oberhalb der Atlantikküste. Wir setzten auf der Piste auf und rollten zur Mitte der Landebahn. Dann folgten wir der Beschreibung von Joaquín und fuhren mit dem Tragschrauber durch dichtes Buschwerk hindurch einen Feldweg zu einer Anhöhe hinauf.

Oben vor dem Hangar stand José Luis, der von Joaquín bereits telefonisch über unsere Ankunft informiert worden war, und winkte. Ich steuerte den Tragschrauber geradewegs in den offenen Hangar hinein, da begann es auch schon zu regnen. Wir hatten es gerade noch vor der nächsten Gewitterfront in die Sicherheit des Hangars geschafft.

José Luis hatte eine frappierende Ähnlichkeit mit dem französischen Schauspieler Jean Reno, der durch Filme wie *Léon, der Profi* oder *Die purpurnen Flüsse* bekannt geworden war. Er war zwar stets höflich, hilfsbereit und interessiert, aber gleichzeitig strahlte er die Ungeduld eines sehr intelligenten Menschen aus.

Ich sah mich in der Halle um. Sie war penibel sauber gehalten. Vom frisch lackierten Hallenboden hätte man bedenkenlos essen können. An den Wänden hing nach den Größen sortiertes Werkzeug. Die Einrichtung wies die Handschrift eines sehr systematischen, ordnungsliebenden und gründlichen Menschen auf.

Gemeinsam gingen wir nach draußen. José Luis schob das Tor zu und schloss ab.

»Euer Filmteam wird diesen Flugplatz nicht finden«, sagte José Luis. »Ich fahre euch zu einem Hotel am großen Kreisverkehr, da kommen die auf dem Weg nach Ribadeo automatisch vorbei.« Er öffnete den Kofferraum seines neuen 6er-BMW und half uns beim Verstauen unserer Taschen. Er ließ uns wie angekündigt am Kreisverkehr aussteigen. Wir bedankten uns für alles und verabschiedeten uns von ihm.

Der Regen hatte aufgehört. Es dauerte nicht lange, und das Wohnmobil mit Andy und Robert tauchte auf. Wir fielen uns in die Arme. Andy und Robert waren die Erleichterung, aber auch die Strapazen anzusehen, die dieser nervenaufreibende Tag mit sich gebracht hatte.

Nach etwa 20 Minuten erreichten wir einen Campingplatz direkt am Meer. Die Schranke war weit offen und Andy steuerte das Wohnmobil in die Einfahrt. Aus dem Rezeptionshäuschen stürmte der rundliche, siebzigjährige Campingplatzbesitzer Lugo. Er trug einen alten Wollpullover und eine Wollmütze. Er sah eigentlich mehr wie ein französischer Bauer als wie ein Platzwart aus.

Der Mann schien sich unbändig über unsere Ankunft zu freuen. Am liebsten hätte er uns wie heimkehrende Kinder geherzt.

»Hombre!«, rief er, »willkommen Leute, fahrt gleich herein!« Mit großer Geste bedeutete er dem Team, ihm zu folgen. Andy steuerte das Wohnmobil direkt an den Rand des Campingplatzes, der einen unverstellten Blick auf die etwa 100 Meter entfernt liegende Atlantikküste bot. Das war ja fantastisch. Ein Campingplatz direkt am Meer.

»Ausweise?«, rief Lugo. »Nein, nein, fühlt euch erst einmal zu Hause hier. Was die Übernachtung kostet? Hombre, wenig, viel zu wenig! Ihr zahlt einfach, wenn ihr wieder abreist.« Wir fühlten uns sofort wohl auf diesem Campingplatz.

13

Das Wetter am nächsten Tag hatte sich deutlich verbessert. Die Sonne schien, und vereinzelt zogen weiße Schäfchenwolken vorbei. Wir bedankten uns und verabschiedeten uns von José Luis, der uns den Hangar aufgeschlossen hatte. Dann startete Melanie den Motor und rollte den Tragschrauber zum Startpunkt der Piste.

Uns war feierlich zumute. Das war nun der Start für die letzte Etappe bis zu unserem Ziel Santiago de Compostela beziehungsweise dem in der Nähe gelegenen Flugplatz am See Fervenza.

Wir waren stolz darauf, dass wir den Weg schon so weit geschafft hatten. Was hatten wir nicht alles überstanden. Die Reise war sehr viel aufregender ausgefallen, als wir es uns bei der Planung erträumt hatten. Wir hatten sehr viel Glück gehabt, das stand fest.

Melanie freute sich besonders auf diesen letzten Flug. Das Wetter war perfekt und wir hatten die schöne Strecke, noch einmal über die Ausläufer des Kantabrischen Gebirges hinweg, nach Las Rozas bei Lugo vor uns.

Melanie beschleunigte den Rotor und wir starteten. Nach dem Abheben flogen wir eine weite Runde über die offene See und stiegen dann auf 2100 Fuß Höhe. Vor uns lagen Berge mit noch einmal bis zu 3300 Fuß. Bei dem heutigen Wetter war das aber kein Problem.

Eine Stimme meldete sich über Funk: »Hallo, ihr da in dem kleinen weißen Helikopter. Seid ihr auf Empfang?«

Ich antwortete: »Positiv, wer spricht da?«

»Ich bin neben euch!«, sagte die Stimme. Wie vom Donner gerührt fuhr ich in meinem Sitz herum und sah aus dem Seitenfenster. Und tatsächlich, neben uns flog ein weißes Amphibienflugzeug. Es hatte einen walfischförmigen Rumpf und konnte somit auch auf Wasser landen. Der Pilot flog dicht neben dem Tragschrauber und winkte. Wir winkten zurück.

»Wo kommt ihr her?«, fragte der Pilot des Amphibienflugzeugs. Ich schilderte ihm per Funk, dass wir von Deutschland aus bis nach Santiago de Compostela flogen. Der Pilot zog nach rechts auf uns zu und flog über uns hinweg. Dann stürzte er sich nach links wieder in Richtung Kantabrisches Gebirge hinab. Kurz darauf flog er wieder neugierig neben dem Tragschrauber her.

Melanie wollte ebenfalls über das Kantabrische Gebirge fliegen. Daher verringerte sich der Abstand zwischen dem Tragschrauber und den Berghängen immer mehr. Schließlich tauchte das Amphibienflugzeug unter uns hinweg. Der Pilot meldete sich noch einmal und wünschte uns einen guten Flug. Dann war er so plötzlich verschwunden, wie er aufgetaucht war.

Nach einem wunderbaren Flug setzten wir zur Landung auf den Flugplatz Lugo Rozas an. Melanie fuhr den Tragschrauber zum Hangar. Der Architekt der Hallen musste unter Größenwahn gelitten haben. Die gigantischen Hallen wurden begrenzt von jeweils zwei großen Wachtürmen. Der Baustil erinnerte befremdlich an neoklassizistische Prachtbauten aus dem Dritten Reich. Und tatsächlich wurde der Flugplatz im Zweiten Weltkrieg erbaut und spielte unter General Franco eine wichtige militärstrategische Rolle.

Der Flugplatz war damals für die fliegende militärische »Elite« gebaut worden. Es mangelte nicht an Entspannungsmöglichkeiten für die Piloten: Tennisplätze, eine Poolanlage, ein großes Restaurant. Vor dem Restaurant parkten Fahrzeuge von Porsche, Mercedes-Benz, BMW und Jaguar.

»Ob wir uns die Landung auf diesem Flugplatz leisten können?«, scherzte ich. Wir beschlossen, im Restaurant einen Espresso zu trinken, während wir auf die Ankunft des Teams zum Auftanken warteten.

Die Hangargebühr für eine Nacht stellte sich als exorbitant hoch heraus. Es war daher keine Frage, dass wir hier nur tanken und heute noch weiter nach Fervenza fliegen wollten. Um zum letzten Flugplatz am See Fervenza zu kommen, mussten wir durch die Kontrollzone rund um Santiago de Compostela. Die Gewichtsklasse des Tragschraubers darf in Spanien ja grundsätzlich nicht durch Kontrollzonen fliegen. Da diese Kontrollzone den Küstenbereich von Fisterra weiträumig absperrte, wurde eine Sonderregelung für den Durchflug von Ost nach West erlassen.

Piloten konnten sich vor dem Durchflug der Kontrollzone in westliche Richtung beim Tower in Santiago per Funk eine Sondergenehmigung einholen. Von dieser Regelung wollten wir heute Gebrauch machen, sodass wir nunmehr auf direktem Wege in Richtung Santiago de Compostela flogen.

Der Himmel war mit einer dicken gelblichen Wolkendecke verhangen. Die Sonne schaffte es gerade, durch die Wolken zu dringen. Wir waren noch etwa 20 Minuten von der Kontrollzone von Santiago de Compostela entfernt, als ich am Himmel eine sonderbare Erscheinung entdeckte. Wir flogen auf eine Wolkenformation zu, die wie ein gigantisches, lächelndes Gesicht aussah. Ich funkte den Tower von Santiago de Compostela an und erbat die erforderliche Durchfluggenehmigung. Der Tower gewährte die Genehmigung mit der Auflage, nicht unter 1000 Fuß Flughöhe zu gehen sowie zur Stadt Santiago de Compostela einen Mindestabstand von 10 Meilen einzuhalten.

Nach weiteren 30 Minuten Flugzeit sahen wir am Horizont einen lang gezogenen See. Er spiegelte das durch die Wolkendecke dringende restliche Sonnenlicht goldgelb zurück. Der See war umgeben von einer hügeligen Landschaft.

Melanie reduzierte das Gas und ließ den Tragschrauber aus der Reiseflughöhe langsam zum Landeanflug sinken. Die Landepiste war gar nicht so einfach aus der Luft zu erkennen. Sie bestand aus einem Wiesen-Schotter-Streifen direkt am Ufer des Sees. Der Landestreifen stieg erst deutlich an und wies dann ein Abwärtsgefälle auf. Zusätzlich war die Piste auch noch zum See hin quer geneigt.

Um sicher zu landen, überflog Melanie zunächst einen Bach,

der direkt vor Beginn der Piste verlief. Dann gab sie wieder etwas mehr Gas, um erst tief über das ansteigende Stück der Piste hinwegzufliegen. Schließlich nahm sie das Gas zurück, um möglichst flach auf der abfallenden Piste zu landen. Sie setzte mit beiden Hinterrädern auf der schiefen Piste sanft auf. Ich war begeistert von dieser fein abgestimmten Abschlusslandung und gratulierte Melanie.

Melanie rollte die sehr holperige Piste bis zum Ende entlang und bog dann nach links in Richtung der großen, türkisgrün gestrichenen Hallen. Auf dem Wiesenstück vor den Hallen waren zahlreiche Flugzeuge geparkt. Aus dem Hangar und von den Flugzeugen kamen neugierig einige Männer zusammen und bestaunten unseren Tragschrauber.

»Sieh mal, dort drüben, ein weißes Amphibienflugzeug«, sagte ich zu Melanie. »Ist das nicht das Flugzeug, mit dem wir heute Morgen beim Abflug von Ribadeo an der Atlantikküste gefunkt haben?«

»Stimmt!«, antwortete sie. »Das ist ja ein Zufall!«

Einer der umstehenden Männer sprach Melanie an. Es war Kiko. Der bullige Zweimeter-Spanier mit Glatze und Stiernacken war einer der beiden Geschäftsführer des hier ansässigen Freizeitbetriebs *NaturMaZ*. Er war Agent der spanischen GSG 9 und jahrelang zur Terrorbekämpfung im Ausland unterwegs gewesen. Jetzt hatte er sich mit dem Unternehmen hier selbstständig gemacht. Es gab nur wenige Freizeitsportarten, die er nicht anbot. Man konnte reiten, schwimmen, paddeln, boxen, Krafttraining machen, Bogen- und Paintballschießen, Karate lernen und praktizieren sowie natürlich auch mit allen möglichen Formen von Flugzeugen fliegen. Das Geschäft schien gut zu gehen, jedenfalls herrschte auf dem Gelände reges Treiben.

Kiko konnte nicht glauben, dass wir von Deutschland aus mit diesem Tragschrauber ausgerechnet bis nach Fervenza geflogen waren. Aber er war stolz darauf, dass wir seinen Flugplatz als das fliegerische Endziel der Reise gewählt hatten.

Der Flugplatz lag ungefähr 30 Autominuten von der nächstgrößeren Siedlung entfernt. Der See Fervenza war ein urtümliches Naturidyll. Es gab hier noch Wölfe in freier Wildbahn, die in Rudeln durch die bergige, karge Landschaft zogen. Die Wölfe machten abwechselnd Jagd auf das Wild, aber gern auch auf Schafe oder andere Weidetiere. Nachts, wenn der Flugplatz menschenverlassen war, schlichen die hungrigen Wölfe um die Hallen. Wir lauschten mit ausgesprochen gemischten Gefühlen den Erzählungen der lokalen Piloten von den regelmäßigen Begegnungen mit den Wölfen.

Ein Teil der Hallen war zu einem großen Pferdestall und einer Reithalle ausgebaut. Gleich neben den Pferdeställen befand sich der Zwinger mit zwei weißen englischen Bulldog-Kampfhunden. Die massig-muskulösen Hunde mit dem grimmigen Gesichtsausdruck reichten mir bis zum Bauch. Sie vermittelten einem bereits beim ersten Sichtkontakt das Gefühl von Lebensgefahr. Wenn die Hunde einen Fremden erspäht hatten, rannten sie laut bellend, furchterregend knurrend und zähnefletschend auf ihn zu. Wenn man dann unbeeindruckt stehen blieb, verloren die Hunde schnell wieder die Freude an ihrem martialischen Auftritt und trollten sich.

Wir bauten unser Zelt zwischen dem Seeufer und den Hallen auf. Es war schon dunkel, als Andy und Robert am See ankamen.

Wir schwärmten den beiden vom romantisch gelegenen Flugplatz vor. In dieser Nacht freilich konnten sie die fantastische Sicht über den See und die bergige Urlandschaft des Jakobswegs nach Kap Fisterra allerdings nicht mehr genießen.

Als Melanie und ich im Zelt lagen und die Taschenlampen ausgeschaltet hatten, hörten wir ein lang gezogenes, klagendes Heulen …

14

Der Morgen empfing uns mit dichtem Nebel. Die Sicht reichte gerade einmal zehn Meter weit. Nach dem Frühstück, gegen 09:00 Uhr, begann die Sonne allmählich erste Lücken in den zähen Nebel zu schmelzen. Es herrschte absolute Stille. In schneeweißen Fetzen zog der Nebel über den See. Das Wasser schien zu dampfen, als koche es. Die Sonne tauchte den sich erhebenden Dampf in goldgelbes Licht. Dampfschwaden verfingen sich in den Baumkronen des nahegelegenen Waldes.

Wir stiegen in das Wohnmobil, um nach Santiago de Compostela zu fahren. Der Schotterweg vom Flugplatz bis zur nächsten geteerten Straße war der offizielle Jakobsweg. Alle Hundert Meter fand sich das Symbol der gelben abstrahierten Jakobsmuschel auf blauem Hintergrund auf Steinen, Pfählen, Bäumen oder an Hauswänden von Bauernhöfen am Wegesrand.

Wir wollten auf keinen Fall die tägliche Pilgermesse in der Kathedrale von Santiago de Compostela um 12:00 Uhr verpassen. Es war daher Eile geboten.

Als wir in Santiago eintrafen, gerieten wir prompt in einen Stau. Um 11:55 Uhr sprangen Melanie und ich schließlich kurz entschlossen aus dem stehenden Wohnmobil und baten Andy und Robert darum, einen Parkplatz zu suchen und uns dann in die Kathedrale zu folgen. Wir rannten auf dem Kopfsteinpflaster durch die schmalen Gassen Santiagos. Die Glocken der Kathedrale schlugen Zwölf. Für den Beginn waren wir schon zu spät. Atemlos stiegen wir nun eine steile Gasse bergan.

Schließlich erreichten wir den großen Platz vor der mächtigen Kathedrale. Melanie und ich stürmten über den Platz, auf dem sich zahllose Jakobspilger mit ihren Rucksäcken tummelten. Wir stiegen die letzten Stufen hinauf zum großen Eingangsportal der Kathedrale. Schummriges Licht umfing uns im Innern. Die Kirchenbänke waren bereits bis auf den letzten Platz mit Jakobspilgern belegt, und die Messe war schon fortgeschritten. Wir gingen im Seitenschiff bis nach ganz vorn vor den Altar. Wir lehnten uns an den letzten der Seitenpfeiler vor dem Altarraum, wo bereits zahlreiche andere Pilger standen, die ebenfalls keinen Sitzplatz mehr ergattern konnten.

Die Kathedrale war die bisher prächtigste, die wir auf dem Jakobsweg erlebt hatten. Nicht nur war das Innere reich mit Ornamenten verziert, Altarraum und Seitenschiffe waren über und über mit Gold bedeckt.

Die Kirchengemeinde wirkte wie die Vereinigung der Weltbevölkerung. In den Reihen sangen asiatisch, indisch, europäisch, afrikanisch wirkende Pilger und blickten auf das Geschehen im Altarraum. Hinter dem Altar standen sieben Priester in weiß-gelben Gewändern. Vor dem Altar machten sich ebenfalls sieben im Kreis zusammenstehende Gottesdiener in weinroten Gewändern an etwas zu schaffen, das die Aufmerksamkeit aller Anwesenden erregte. Melanie fasste meinen Arm und flüsterte:

»Das ist der Botafumeiro. Der berühmte Weihrauchkessel wird eigentlich nur zu ganz besonderen Anlässen geschwenkt.«

Und tatsächlich, ein etwas über einen Meter hoher Weihrauchkessel stand dampfend in der Mitte der Männer und hing an einem fast armdicken Seil an der Decke der Kathedrale. Die Männer traten wie auf ein Zeichen gleichzeitig einen Schritt zurück und jeder von ihnen zog heftig an einem dünneren Seil, das sich mit dem dicken Seil verband. Der Kessel flog drei bis vier Meter jäh in die Höhe und bekam dabei einen leichten Pendelausschlag zur Seite. Er begann, langsam hin und her zu schwingen, parallel zum Seitenportal der Kathedrale. So abrupt der Kessel hochgerissen worden war, so plötzlich fiel er nun wieder herunter und drohte, auf dem Boden aufzuschlagen.

Im letzten Moment rissen die sieben Männer wieder an ihren Seilen, und der Kessel schwang erneut nach oben und immer mehr zu den Seiten aus.

Schließlich zischte der Kessel mit fast 60 Stundenkilometern über 50 Meter weit von einem Ende zum anderen Ende des Seitenportals der Kathedrale von Santiago de Compostela. Das Spektakel machte einen ausgesprochen gewagten Eindruck. Und tatsächlich war der Kessel in der Vergangenheit wohl nicht immer der vorgesehenen Flugbahn durch das Portal gefolgt.

Es war schon vorgekommen, dass der Kessel, losgelöst von der Bodenkontrolle, geradewegs durch das geschlossene Seitenfenster steuerte. Mit lautem Spektakel war er danach in hohem Bogen aus der Kathedrale hinausgeflogen. Von offizieller Seite wurde man jedoch nicht müde, zu betonen, dass – wie durch ein Wunder – dabei noch nie ein Mensch zu Schaden gekommen sei.

Das Brauchtum des Botafumeiro-Schwenkens war ursprünglich eingeführt worden, um den unsäglichen Schweißgeruch der Pilger zu übertünchen. In Zeiten funktionierender Sanitäranlagen war zumindest diese Notwendigkeit in den Hintergrund getreten.

In den Reihen der Gläubigen entdeckte ich einen Pilger, der wie ein Ebenbild des heiligen Jakobus wirkte. Er hatte sich optisch deutlich den Jakobusdarstellungen angenähert. Der Pilger trug einen weiten braunen Stoffumhang. Die obligatorische Jakobsmuschel hatte er an seinem Pilgerstab und ebenso an einer breiten Hutkrempe. Melanie sprach den Pilger an und fragte ihn nach den Hintergründen seiner Aufmachung. »Meine Kleidung soll meine spirituelle Einstellung zum Jakobspilgern zum Ausdruck bringen«, erklärte ihr der Pilger. Mit bedeutungsvoller Miene ging er schließlich gemessenen Schrittes über den Platz vor der Kathedrale.

Andy und Robert hatten einen Parkplatz für das Wohnmobil gefunden und waren uns in die Kathedrale gefolgt. Nach Beendigung des Gottesdienstes gingen wir durch die Kathedrale. Wir stiegen hinab in die Gewölbekammer, in der die Gebeine des heiligen Jakobus ruhen sollen. Durch ein metallenes Gitter konnte man einen silbernen Sarkophag und einen steinernen Schrein erkennen. Dort mussten die Reliquien ruhen. Wir stiegen über eine Treppe hinauf in einen über und über mit Gold bedeckten Bereich des Altarraums.

Man konnte hier hinter die große Statue des heiligen Jakobus treten und in die Kathedrale hinunterblicken. Es war gängiger Brauch der Pilger, diese Statue von hinten zu umarmen. Damit wollte man sicherstellen, dass einem der Segen des heiligen Jakobus auch in das durch die Pilgerreise erneuerte Leben und, wie in unserem Fall, auf die weitere Reise folgte.

Afrika

1

Die Linienmaschine setzte sanft auf der Piste des Flughafens O R Tambo im südafrikanischen Johannesburg auf. Der nach dem Widerstandskämpfer gegen die Apartheid benannte Flughafen war offenbar ganz neu gebaut. Melanie und ich holten unser Gepäck und gingen zum Zoll. Die Abwicklung war effizient organisiert. Die Zollbeamten waren durchwegs Schwarze. Die Stimmung unter den Beamten schien fröhlich, fast ausgelassen. Ich war an der Reihe. Einer winkte mich heran. Ein kurzer Blick, einige Stempel, einige nette Worte und wir waren durch mit unserer kompletten Filmausrüstung.

Wir hatten in Afrika aus Kostengründen auf die Begleitung durch das Filmteam verzichtet und würden unsere weitere Reise selbst filmen. Unseren europäischen Tragschrauber hatten wir nach unserem Flug durch Europa verkauft. Für unsere Abenteuer in Afrika, Australien, Neuseeland, den USA und Südamerika würden wir ein Modell mit stärkerem Motor benötigen, der in Deutschland aber noch nicht zugelassen war. Wir wollten daher in Südafrika einen lokalen Tragschrauber mit Turbomotor chartern und hatten hierzu bereits im Vorfeld mit dem Südafrikaner Braam Hechter Kontakt aufgenommen.

Ein groß gewachsener weißer Mann mit Stoppelhaar und Dreitagebart stand im Empfangsbereich und hielt ein Pappschild mit der Aufschrift »Melanie und Andreas Stütz« vor sich. Er trug einen BMW-Motorradanzug und in der Linken seinen Motorradhelm. Es war Braam. Der Südafrikaner mit deutschen Vorfahren sprach das vom Afrikaans eingefärbte Englisch. Braam lud uns in eines der Flughafencafés ein. Er zog ein Blatt Papier und einen Kugelschreiber aus seiner Motorradmontur. Schnell flitzte sein Stift über das Papier und füllte es mit Namen und Telefonnummern.

»Ich werde nächste Woche nach Deutschland fliegen«, sagte er. »Zunächst ruft ihr mal den Johan van Garderen an. Ihr werdet die südafrikanische Pilotenlizenz benötigen. Dazu müsst ihr bei Johan eine praktische Flugprüfung ablegen, einen Englischtest machen und eine Onlineprüfung in südafrikanischem Flugrecht bestehen. Dann wählt ihr die folgende Nummer, das ist der Johan von Ludwig. Der ist für die Vermietung des Tragschraubers verantwortlich und wird euch bei der Routenplanung unterstützen«, erläuterte Braam. Er schrieb weitere sieben Namen und Telefonnummern auf das Blatt und erklärte uns, welcher Ansprechpartner uns wobei würde helfen können.

»Ihr solltet besser ein Navigationssystem mieten, wenn ihr euren Mietwagen holt«, ergänzte er. »Es gibt speziell in Johannesburg Gegenden, in denen ihr euch nicht verfahren solltet.« Dann schüttelte er Melanie und mir die Hand, wünschte uns alles Gute und stapfte in seinen Motorradstiefeln davon.

Ich hatte im Vorfeld im Internet das billigste Fahrzeug reserviert. Es war ein kleiner roter Hyundai. Leider passten unsere Koffer und die Kamera nicht ganz in den Kofferraum. Die Hutablage ragte nun etwa zehn Zentimeter über der eigentlich vorgesehenen Position und lag auf unseren Koffern auf. Aber das war immer noch besser, als die Koffer im Innenraum zu haben. Wir wollten den Autoknackern, die es hier wie überall auf der Welt gab, auf gar keinen Fall einen Anreiz bieten.

Mit dem Kleinwagen fuhren wir vom Flughafen in das ungefähr eine Autostunde südwestlich von Johannesburg liegende Parys. Dort sollte unser Tragschrauber stehen, den wir für unser Afrika-Abenteuer chartern wollten.

Noch auf dem Flughafengelände bogen wir an einer Kreuzung ab, als uns plötzlich ein Fahrzeug mit Lichthupe auf unserer Spur entgegenkam. Im letzten Moment wechselte ich auf die linke Fahrspur. Verdammt, Linksverkehr! Ein Überbleibsel aus der Zeit, als Südafrika noch zum britischen Empire gehörte. Daran würden wir uns erst noch gewöhnen müssen.

Unser Navigationssystem führte uns zum Flugplatz von Parys. Außer uns schien aber niemand dort zu sein. Ich rief Johan van Garderen auf seiner Mobilnummer an, die uns Braam gegeben hatte.

»Ich hole euch gleich ab«, sagte Johan, als ich ihm geschildert hatte, dass wir mit unserem Mietwagen auf dem Flugplatz von Parys standen. Eine halbe Stunde später bog ein weißer Pick-up in die Schottereinfahrt des Flugplatzes ein.

Es war Johan van Garderen. Der groß gewachsene, stämmige, etwa 65-jährige Bure mit dem auffällig nach oben gezwirbelten Schnauzer stieg aus dem Fahrzeug und begrüßte uns herzlich. Wir sollten seinem Auto folgen, sagte er und zog an seiner Pfeife.

»Das ist zwar der Flugplatz von Parys, die Tragschrauber stehen aber auf einem privaten Flugfeld auf einer Farm ganz in der Nähe«, erklärte Johan.

Melanie und ich stiegen ins Auto und folgten dem weißen Pick-up. Schon bald bog er rechts in einen Schotterweg ein. Mit 80 Stundenkilometern fuhr der Geländewagen auf dem Schotterweg davon und zog eine große, rötliche Staubfahne hinter sich her.

Ich versuchte, mit unserem Kleinwagen das Tempo mitzuhalten, die Staubfahne raubte uns aber immer mehr die Sicht. Ich vergrößerte den Abstand, um wieder mehr vom Weg zu erkennen. Die Piste wurde zunehmend schlechter.

Rechts und links am Wegesrand wuchs eine Mischung aus trockenem Elefantengras und abgestorbenem Schilf etwa drei Meter in die Höhe.

Wir fuhren einen Hügel hinab und die Hanglage gab den Blick auf die weitläufige afrikanische Savannenlandschaft frei. Die goldene Farbe des trockenen Savannenbewuchses wurde nur dann und wann durch vereinzelte Schirmakazien unterbrochen. Die Nachmittagssonne tauchte die Landschaft in ein warmes Licht. Der Geländewagen vor uns bog rechts zu einem Gestüt ab. Schließlich erreichten wir die Halle des privaten Flugplatzes.

Johan wollte uns in der Runde der Pilotenkollegen bekannt machen. Er führte uns in den Hangar, in dem etwa 20 Tragschrauber verschiedener Fabrikate standen. Ein Tragschrauber hing an einer Kette, die an der Decke befestigt war. An diesem Kettenlift konnte man auch den Rotor zur Montage an den Tragschraubern absenken.

In der Mitte der Halle war ein Monteur über einen Motor gebeugt und sah erst auf, als wir fast neben ihm standen.

Es war Johan von Ludwig, der Geschäftsführer und Besitzer der Firma Wagtail, die den kleinen privaten Flugplatz betreibt. Trotz seines sehr deutschen Namens verstand Johan von Ludwig kein Wort Deutsch. Mit einem breiten Grinsen schüttelte er uns zur Begrüßung die Hand. Johan von Ludwig sagte, dass wir zunächst die südafrikanische Fluglizenz erwerben müssten. Dann würde er mit uns eine Tour erarbeiten. In Richtung der Startpiste waren die Hangartore weit geöffnet. Davor standen zahlreiche weitere Tragschrauber, die gerade erst von einem Einsatz zurückgekommen waren. Unter anderem stand dort auch der rote Tragschrauber, mit dem wir unsere Tour durch Afrika fliegen wollten.

Neugierig gingen wir nach draußen, um den Tragschrauber zu begutachten. Er schien in keinem besonders guten Zustand zu sein. Der Innenraum war stark verschmutzt. Im Fußraum lag Stroh. Die Scheiben waren ölig und wiesen tiefe Schrammen auf. Die Motorabdeckungen waren nicht montiert, sodass der Motorblock hässlich aus den Seiten lugte. Im Innenraum roch es penetrant nach Benzin. Nicht gerade gesund. Wir waren besorgt über den Gesamtzustand des Flugzeugs.

»Ich werde morgen den Tragschrauber Probe fliegen«, flüsterte ich Melanie zu. »Wenn ich mich dabei nicht absolut wohl fühle, brechen wir das Abenteuer an dieser Stelle lieber gleich wieder ab.« Melanie nickte mit dem Kopf. Ihr schien es ebenfalls nicht wohl bei dem Gedanken zu sein, dass wir mit diesem Flugzeug Tausende Kilometer durch abgelegene und gefährliche Regionen Afrikas fliegen würden.

»Wir machen morgen die praktische Flugprüfung, die theoretische Prüfung und den Englischtest«, sagte Johann van Garderen. »Wenn ihr das am Montag bei der zuständigen Behörde einreicht, könnt ihr noch am selben Tag die südafrikanische Fluglizenz bekommen. Dann könnt ihr auch schon mit euren Flügen beginnen.«

2

Am nächsten Tag begaben wir uns in das kleine einstöckige Vereinsheim und Johan van Garderen öffnete sein Notebook. Über Mobilfunk baute er eine Internetverbindung auf und meldete uns für die südafrikanische Pilotenlizenzprüfung an. Er kündigte feierlich an, dass ich heute die Prüfung im südafrikanischen Luftfahrtrecht zu bestehen habe. Mir war gar nicht wohl bei dem Gedanken. Ich räusperte mich.

»Johan«, begann ich, »ich weiß noch nicht einmal, ob ich die Prüfung im deutschen Luftfahrtrecht ohne Vorbereitung bestehen würde. Ich kenne mich beim besten Willen erst recht nicht mit den südafrikanischen Bestimmungen aus.« Johan musterte mich kurz versonnen und sagte schließlich:

»Ach was, das schaffst du schon ...«

Die Prüfung bestand aus 80 Fragen, die in 40 Minuten korrekt beantwortet werden mussten. Johan öffnete unverdrossen die Prüfungswebsite und meldete meine Prüfung an. Er drückte den Startbutton und die Uhr begann zu ticken.

Der hinter mir stehende Johan wirkte auf mich geradezu wie ein Wunder der Erleuchtung. Mit nur ganz wenig Unterstützung von seiner Seite konnte ich selbst die schwierigsten Fragen des südafrikanischen Luftfahrtrechts beantworten. Nach ungefähr einer halben Stunde war ich mit dem Multiple Choice-Test fertig. Johan empfahl mir, alles noch einmal gründlich durchzusehen.

Dann drückte er den Button »Prüfung einreichen«. Es dauerte einige Momente und das Ergebnis stand fest. Ich hatte meine erste Prüfung bestanden, auf die ich mich überhaupt nicht vorbereitet hatte. Immerhin hatte ich 80 % richtige Antworten erreicht. Bei 70% wäre ich leider durchgefallen. Den englischen

Sprachtest mussten Melanie und ich offenbar beim ersten Händeschütteln bestanden haben.

Im Anschluss an die Theorieprüfung gingen wir auf das Vorfeld zur praktischen Flugprüfung. Ich setzte mich auf den Pilotensitz des Tragschraubers und wollte die Türe schließen.

»Lass mich helfen«, sagte Johan, »die schließt am besten von außen.« Er drückte die Türe von außen zu und verriegelte sie. Auch nicht sonderlich vertrauenerweckend.

Dann wuchtete sich Johan auf den Kopilotensitz und schnallte sich an.

Der Tragschrauber verfügte nur über die allernötigste Ausstattung. Es gab keinen Transponder, kein Strobelight, kein Navigationssystem.

Ich startete den Motor und rollte mit Johan auf die Schotterpiste zu unserem Startpunkt. Der Tragschrauber quietschte bei jeder Bodenunebenheit bedenklich. Ich hatte beim Vorflugcheck festgestellt, dass sich der Rotorbolzen nicht drehen ließ. Er saß fest, als habe er sich festgefressen. Ich hatte in meiner Ausbildung noch gelernt, dass der Bolzen immer leicht zu drehen sein musste. Diese Regel galt, den Beteuerungen der hiesigen Piloten gemäß, nicht in Afrika. Wir quietschten also weiter zum Ende der Schotterpiste und ich drehte den Tragschrauber in Abflugrichtung.

Ich wartete ein wenig, bis die Öltemperatur auf 50 °C gestiegen war, dann startete ich mit dem Rotieren. Der Rotor setzte sich schwerfällig in Bewegung und drehte sich schließlich immer schneller. Bei etwas mehr als 200 Umdrehungen kuppelte ich den Motorantrieb aus, löste die Bremse und gab mehr Gas. Als wir bereits in Fahrt waren, erhöhte ich auf Vollgas. Ich spürte den Turboschub, als ich das Gas nach vorn drückte. Das hatten wir bei unserer ersten Etappe in Europa nicht gehabt. Die Turbounterstützung war in Südafrika bei der dünnen Luft auf bereits 2000 Meter Platzhöhe unbedingt erforderlich.

Wir hoben problemlos ab. Der Tragschrauber sprach auf jede leichte Bewegung des Steuerknüppels an. Es war kein stabiles Flugverhalten, sondern musste ständig korrigiert werden. Das konnte ja heiter werden, wenn wir hiermit über 5000 Kilometer zurücklegen wollten. Da wäre ich dann ständig am Rudern. Und dieser stechende Benzingeruch. Der würde uns auf Dauer die Sinne vernebeln.

Es ging heftig auf und ab. Der Tragschrauber war nur schwer auf einer konstanten Höhe zu halten. Die Geschwindigkeit schwankte dramatisch. In niedriger Höhe empfiehlt es sich, nicht langsamer als 80 Stundenkilometer zu fliegen. Das Problem war nur, dass die Geschwindigkeitsanzeige deutliche Werte unter 80 Stundenkilometer anzeigte, obwohl ich eigentlich die Rotorstellung nicht geändert hatte. Ich versuchte, zu korrigieren, um wieder mehr Fahrt aufzunehmen. Mit einem Schlag sprang die Nadel des Tachos auf 140 bis 160 Stundenkilometer. Vielleicht war etwas mit dem Fahrtmesser nicht in Ordnung. Die Kabine schüttelte sich heftig. Das Fluggefühl entsprach dem einer Fahrt mit einem schlecht gefederten Automobil über einen Schotterweg mit Schlaglöchern. Irgendwas stimmte mit dem Rotor nicht. Der Knüppel wackelte hin und her.

Trotz des unruhigen Fluges gelang es mir, von oben ein wenig die malerische Landschaft zu genießen. Parys lag mitten im Vredefort Krater. Das ist der größte nachgewiesene Meteoriteneinschlagskrater der Welt. Johan hatte uns anhand von Satellitenfotos die durch den Einschlag entstandenen Bodenwellen vor dem Flug gezeigt. Aus der Luft konnte ich den größeren Vredefort Ring erkennen.

Dass man bei Johannesburg Gold gefunden hatte, war einzig und allein dem Einschlag des Meteoriten zu verdanken. In einem weiter entfernten Ring des Einschlags wiederum konnte man Platin finden. Der Meteorit soll einen Durchmesser von zehn Kilometern gehabt haben und mit 200 000 Stundenkilometern eingeschlagen sein. Der Einschlag, so wird heute vermutet, fand vor zwei Milliarden Jahren statt. Wenn man heute sämtliche Atomwaffen der Erde in Vredefort zur Zündung brächte, wäre der Effekt dennoch nur ein Abglanz der Gewalt des historischen Einschlags. Der Meteorit hinterließ zunächst einen Krater von 40 Kilometer Tiefe und 100 Kilometer Durchmesser. Später stürzte diese Struktur ein und erweiterte sich dadurch. Über 300 Kilometer weit vom Einschlagspunkt entfernt lassen sich heute noch wertvolle Spuren der Katastrophe finden.

Wir drehten eine erweiterte Platzrunde und schwenkten dann in den Landeanflug ein. Ich musste dreimal landen, dann war Johan zufrieden.

»Ich habe nichts gesehen, was mir Angst gemacht hätte«, brummelte Johan in seinen steil nach oben gezwirbelten Schnauzbart.

»Ich schon«, erwiderte ich.

»Herzlichen Glückwunsch zur bestandenen Flugprüfung«, ergänzte er. Ich war heilfroh, dass ich wieder auf dem Boden war. Der Tragschrauber war eines der ersten Modelle und flog sich wie ein 40 Jahre altes Auto mit Spiel im Lenkrad und vertauschtem Brems- und Gaspedal.

»Ihr müsst unbedingt den Rotor überprüfen«, sagte ich zu Johan von Ludwig. »Die ganze Kabine wackelte und zitterte im Flug, irgendetwas stimmt nicht.« Johan van Garderen nickte. Der Gedanke war ihm wohl auch schon gekommen.

3

Wir hatten uns entschlossen, das Wochenende in Johannesburg zu verbringen. Viel hatten wir über die Kriminalität dort gehört, die die Stadt zu einer der gefährlichsten der Welt machte. Auf der anderen Seite war Johannesburg für Unternehmen aus aller Welt das faszinierende und pulsierende Tor zu den Märkten des afrikanischen Kontinents.

Auf der Fahrt nach Johannesburg führte uns die Straße an ausgedehnten Townships vorbei. Dort lebte nach wie vor der Großteil der schwarzen Bevölkerung in ärmlichen Verhältnissen. Die Häuser bestanden aus Wellblech.

Der Verkauf von Wellblech war die ideale Geschäftsidee für Afrika. Das Produkt war billig, wenig komplex und wurde von jedermann benötigt. Leider hatte das Wellblech die traditionellen, mit Reet gedeckten Rundhäuser fast vollständig verdrängt. Dabei wären die traditionellen Dächer eine wunderbare Möglichkeit gewesen, viele Arbeitsplätze zu schaffen. Das Reet wuchs praktisch überall und war umweltverträglich abbaubar. Es wurde für die Erstellung des Reetdaches kaum Energie benötigt, was von der Stahlblechherstellung nun gar nicht behauptet werden kann. Außerdem isolierten Reetdächer viel besser gegen die im Sommer unerträgliche Hitze. Die Menschen mussten zudem bei Regen das lautstarke Trommeln auf das Blech ertragen.

Wir erreichten nach 1,5 Stunden Autofahrt den reicheren Stadtteil Melville, in der Nähe der Universität. Melanie hatte dort die von unserem Reiseführer als »gut und günstig« empfohlene »Jugendherberge« *A Room with a view* für uns herausgesucht. Ich fuhr den Wagen durch eine großzügig angelegte Villengegend. Der Kontrast zwischen dem Leben der Weißen und dem Leben der Schwarzen konnte größer kaum sein. Die Häuser hier waren festungsähnlich gegen Einbruch gesichert. Zum Sicherungsstandard gehörten Alarmanlagen, Kameras, elektrische Zäune (!), Hunde, Stacheldraht, wenigstens zwei bis drei Meter hohe Mauern und Wachpersonal. Es herrschte eine Atmosphäre der Angst. Nach Sonnenuntergang traute sich kaum noch jemand auf die Straße. Und das hier war eine der besten und vor allem sichersten Gegenden Johannesburgs.

Dank unseres Navigationssystems fanden wir *A Room with a view* sofort. Als ich das Auto vor dem Tor parkte, traute ich meinen Augen kaum. Die sogenannte »Jugendherberge« war auf einer Anhöhe in Melville gebaut, mit wunderbarem Blick auf die Johannesburger Skyline. Sie glich jedoch eher einem italienischen Schloss. Jedes Detail schien direkt aus Italien importiert worden zu sein. Das ganze Gebäude war in unverputztem, ockerfarbenem Naturstein gemauert. Die Fenster wiesen Rundbögen auf. Das Gebäude bestand aus mehreren Trakten, die den Innenhof umschlossen. Um den Bau herum befanden sich Vogelvolieren mit Pfauen und weißen Tauben. Arkaden führten zu den einzelnen Gebäudekomplexen.

Ich drückte den Klingelknopf am Rande des schmiedeeisernen Tors vor der Einfahrt. Erst nach mehrmaligem Läuten erschien ein Dienstmädchen, das uns das Tor öffnete. Ich fuhr mit unserem Kleinwagen in den Hof des Anwesens und parkte dort.

Das Dienstmädchen begleitete uns zu unserem Zimmer im zweiten Stock. Eigentlich war es mehr ein Apartment. Es verfügte über eine Außenterrasse, die sich über mehrere Ebenen hin erstreckte. Der Blick von der Terrasse ging einerseits über die Dächer Johannesburgs, andererseits in den ruinenartig gestalteten Innenhof, in dem sich ein Pool befand. Mehrere Ölgemälde hingen in dem Apartment, die allesamt von der Besitzerin des Hauses selbst gemalt und handsigniert waren. Die Detailliebe, mit der das Gebäude eingerichtet worden war, zeugte von einem großen künstlerischen Geist.

Wir ließen unsere Koffer im Zimmer und gingen hinab in den großen Aufenthaltsraum des Hotelgebäudes. Wir wollten mit dem Mietwagen noch ein wenig die Innenstadt Johannesburgs erkunden und fuhren etwa 20 Minuten. Ich musste nur der Empfehlung des Navigationssystems folgen. Alles schien sehr einfach zu finden zu sein, doch dann fiel das Navigationssystem aus. Auf dem Bildschirm erschien die Anzeige: »Kein Satellitensignal«.

»Weißt du, wo wir hier sind?«, fragte ich Melanie. Sie blickte mich ebenso ratlos an.

Nach zehn Minuten weiterer Fahrt bog ich in eine Seitenstraße ein. Wir standen mit unserem Kleinwagen unvermittelt mitten im Gewühl eines Marktes, auf dem sich ausschließlich Schwarze tummelten.

Vor uns war kein Durchkommen mehr. Dort stauten sich die für Südafrika typischen weißen Kleinbusse. Hinter uns standen Taxis. Rechts und links war ebenfalls kein Fortkommen, da sich dahinter gleich die Marktstände auftürmten.

Inmitten dieses Gewühls saßen wir fest. An uns gingen schreiende Händler vorbei. Einige Passanten blieben erstaunt stehen und beobachteten, wie wir uns in unserem kleinen roten Auto wohl wieder aus dem Stau befreien würden. Vor einer solchen Situation hatte man uns im Vorfeld gewarnt.

Um uns herum herrschte heilloses Chaos. Die Busfahrer vor uns stritten lauthals mit einem Einweiser, der sie nicht auf den Halteplatz fahren lassen wollte. Auf dem Seitenstreifen saßen Schwarze auf Stühlen und ließen sich den Kopf rasieren.

Endlich ging es im Schritttempo weiter. Unser Navigationssystem fand immer noch kein Satellitensignal. Wir kamen unglücklicherweise in immer finsterere Gegenden. Die Häuser wurden von Minute zu Minute verwahrloster. Die meisten Fensterscheiben waren eingeworfen. Der Verputz bröckelte. An den Hauswänden lehnten dunkle Gestalten und beobachteten uns misstrauisch.

Ich sah eine Tankstelle und meinte zu Melanie:

»Ich halte dort vorn, dann können wir nach dem Weg zurück nach Melville fragen.« Ich fuhr links in die Tankstelle ein und blieb auf der Einfahrt stehen. Ein verwahrloster Weißer kam auf uns zu. Selten zuvor sah ich einen derart hasserfüllten Blick wie den, mit dem uns dieser Mann entgegensah. Er führte ganz offenkundig nichts Gutes im Schilde. Er lief immer schneller auf uns zu, sein Blick wurde immer bedrohlicher. Melanie rief entsetzt:

»Hier steig ich auf keinen Fall aus! Lass uns weiterfahren.« Ich legte den Rückwärtsgang ein und fuhr mit quietschenden Reifen zurück. Der weiße Mann war jetzt an der Beifahrertüre und wollte gerade an den Türgriff langen, als ich mit Vollgas aus der Tankstelleneinfahrt wieder herausfuhr. Zu dumm, vor kriminellen Weißen waren wir nicht gewarnt worden.

4

Nach einem außergewöhnlich guten Frühstück im *A Room with a view* machten wir uns auf den Weg nach Sandton. Dieser Stadtteil von Johannesburg war in den vergangenen Jahren zum wirtschaftlichen Zentrum der Stadt aufgestiegen. Nicht wenige Unternehmen siedelten dorthin um, auch wegen der hohen Kriminalität, weg von der Stadtmitte. In Sandton wurden zahlreiche neue, glitzernde Einkaufstempel errichtet, die im harten Kontrast zu den Armenvierteln der Stadt standen.

Die noch meist weißen Reichen Johannesburgs hatten sich damit abgefunden, dass der sorgenfrei entspannte Sonntagsspaziergang nur im bewachten Umfeld der Mega-Shopping-Malls möglich war. Der Gegensatz zwischen einem Leben in Luxus und Überfluss in den wohlhabenden Vierteln und der Armut in den Townships hatte ein geradezu bizarres Ausmaß angenommen. Mitten im Sandton City Center stand die sechs Meter hohe Bronzestatue von Nelson Mandela.

Wir fuhren weiter zum Rand Airport, ein Flughafen ausschließlich für die Allgemeine Luftfahrt. Dennoch befand sich dort auch die RAASA, die Privatfliegerorganisation in Südafrika, bei der wir unsere Lizenz erhalten sollten. Ich stellte alle erforderlichen Unterlagen zusammen und reichte diese mit der Bearbeitungsgebühr bei der Behörde ein. Die zuständige Sachbearbeiterin bat mich, in einer Stunde wiederzukommen und die Fluglizenz abzuholen. Melanie und ich gingen unterdessen ins *The Harvard Café*, das coole Flughafenrestaurant mit Blick auf die Landebahn. Am Wochenende gab es hier Liveauftritte von Jazzbands. Was für Gegensätze in einer Stadt.

Tatsächlich war pünktlich eine Stunde später die Fluglizenz erteilt. Ich konnte jetzt ganz offiziell in Südafrika Tragschrauber fliegen. Der ganze Prozess der Prüfungen und Umschreibung der deutschen Pilotenlizenz hatte gerade einmal zwei Arbeitstage gedauert.

5

Am nächsten Morgen fuhren wir mit unserem Mietwagen zum Flugplatz. Johan von Ludwig begrüßte uns freudestrahlend und bot uns an, einen Rundflug zu einer Kohlemine und einem Tierpark zu unternehmen. Wir wollten testen, ob er die starken Vibrationen des Rotors beseitigen konnte. Er wollte uns Wasserbüffel und auch Löwen zeigen. Johan schwang sich in einen zweiten Tragschrauber und ließ den Motor an. In der Luft würde er neben uns fliegen und uns führen.

Melanie und ich setzten uns in den roten Tragschrauber. Ich startete den Motor und wir fuhren zum Haltepunkt am Ende der Piste. Dann begann ich mit dem Vorrotieren. Ich zog den Knüppel zurück und gab Gas. Der Turbo schob mächtig durch und gleich, nachdem wir in der Luft waren, zog ich das Gas wieder zurück.

Ich versuchte, mit Johan Funkkontakt aufzunehmen. Er war so gut wie gar nicht zu verstehen. Immer wieder ging seine Stimme im Rauschen der Funkverbindung unter. Tatsächlich war der Flieger nach den Verbesserungen von Johan deutlich ruhiger geworden. Melanie hatte die große Kamera dabei und filmte aus dem Cockpit. Wir flogen über die Kohlemine. Dann ging der Flug über einen Wildpark mit einer Herde von Wasserbüffeln, Straußen und Zebras. Über das Gehege von Löwen flogen wir auch, jedoch ließen sich diese nicht blicken.

Immer wieder verlor ich den Sichtkontakt zu Johan, so auch jetzt.

»Melanie, hast du Johan im Blick?«, fragte ich.

»Negativ«, antwortete Melanie. Unser Navigationsgerät hatten wir ebenfalls nicht dabei. Wozu auch, schließlich hatten wir ja Johan als Begleitschutz. Ich hatte die Orientierung verloren. Normalerweise prägt man sich vor Flügen markante Merkmale der Landschaft ein und versucht, diese aus der Luft wiederzuerkennen. Das ist ohnehin oft nicht einfach. Hier draußen im afrikanischen Busch erschien dies ganz und gar unmöglich. Wohin ich blickte, nichts als fahles Elefantengras bis zum Horizont. Wenige Unterbrechungen durch Bäume, die aber wahrscheinlich in keiner Karte der Welt eingezeichnet waren.

»Weißt du noch, wo wir sind?«, fragte ich Melanie.

»Nein, ich war vollkommen mit Filmen beschäftigt, sehe leider auch nichts von Johan«, antwortete sie. Er schien auf einmal wie vom Erdboden verschluckt. Ich funkte Johan an, aber es kam keine Antwort. Ein kurzes Knacken, ein laut rauschender Ton, dann wieder Sendepause.

»Wir fliegen jetzt Kreise, bis wir wieder Sichtkontakt oder Orientierung haben«, funkte ich. Vielleicht würde Johan uns zumindest hören. Ich lenkte ein und wir flogen drei Kreise.

»Da ist er wieder«, rief Melanie und zeigte nach links aus dem Cockpitfenster.

Erleichtert drehte ich bei und wir flogen neben ihm weiter in eine Richtung, die uns offenbar zurück zum Flugfeld führte. Über Funk hörte ich im Rauschen etwas, das wie »Landet ihr zuerst« klang. Ich bestätigte und ging in den Landeanflug über. Die Verständigung über den Bordfunk unseres Tragschraubers war ausgesprochen schwierig. Wie würde das funktionieren, wenn wir durch Botswana und Namibia flogen?

Nach unserer Probetour diskutierten wir lange mit Johan über unseren Plan, durch das südliche Afrika zu fliegen.

»Es ist sehr gefährlich«, meinte Johan. »Ihr fliegt nicht nur durch sehr entlegene Regionen, in denen euch bei einem Unfall kein Mensch finden wird. Schlimmer noch, in einigen Gegenden wird kein Englisch gesprochen. Und die Menschen sind nicht überall gut auf Weiße zu sprechen. Schon gar nicht auf Weiße, die mit einem solchen Flugzeug einschweben. Dann bekommt ihr nicht überall Benzin. Und wenn ihr überhaupt an Benzin kommt, ist dieses oft mit Wasser gestreckt. Wenn ihr da nicht aufpasst, bleibt unterwegs einfach der Motor stehen und ihr macht mitten in der Wüste eine Bruchlandung.«

»Eigentlich könnt ihr nur Tagestouren von unserem Flugplatz aus unternehmen. Damit wäre der Bereich eingeschränkt, in dem wir bei einem Absturz oder einer Notlandung nach euch suchen müssten«, ergänzte Johan.

Melanie und ich fuhren in den vom Flugplatz nächstgelegenen Ort und gingen in ein Internetcafé. Mein Handy klingelte. Es war Johan von Ludwig.

»Andreas, es gibt eine Gruppe von Tragschrauberpiloten, die in Kürze eine 4000-Kilometer-Tour durch Südafrika, Botswana und Namibia fliegt. Die Route führt durch das Okavangodelta, die Kalahari und die Namibwüste«, rief er aufgeregt am Telefon. »Ich habe durch einen Zufall heute davon erfahren. Ihr könnt mit eurem Tragschrauber mitfliegen. Das ist sicherer als allein zu fliegen. Und mir wäre dabei auch wohler.«

Das hörte sich prima an. Die Teilnahmegebühren waren zwar recht hoch, aber alle unsere Probleme schienen sich mit dieser Tour in Nichts aufzulösen.

6

Ich rief Johan zurück und sagte unsere Teilnahme zu. Wir hatten nun noch etwas mehr als eine Woche Zeit, die wir für die Vorbereitungen nutzen wollten. Wir fuhren zurück nach Johannesburg, um dort noch einige Tage zu verbringen. In der kommenden Woche würden wir dann nach Parys zurückkehren, um ein Sondertraining für unsere Flugsafari zu absolvieren.

Melanie hatte in Johannesburg eine günstigere Unterkunft ausfindig gemacht. Die Pension nannte sich *iDube* und lag nicht weit von *A room with a view*. Die Übernachtung dort kostete nur ein Drittel. Die Besitzerin von *iDube* sagte:

»Nennt mich einfach Trish.« Sie war eine weiße Britin in den Fünfzigern und lebte fast schon ihr ganzes Leben in Südafrika. Wie viele weiße Südafrikaner, war sie ziemlich unzufrieden mit den Zukunftsperspektiven des Landes. Wegen der steigenden Kriminalität wollte sie in einigen Jahren zurück nach England.

Aber derzeit betrieb sie das *iDube*. Es war eigentlich eher eine Mehrparteienvilla mit großer Hofeinfahrt und einem mehrteiligen Gebäude. Der Bau dürfte aus den 1930er-Jahren stammen. Er war gesichert mit einer hohen Mauer, Elektrozäunen, Alarmanlagen und Jasper, dem noch jungen Schäferhundmischling. Der war sich allerdings seiner Verantwortung noch nicht recht bewusst, denn er begrüßte jeden Gast ausgesprochen freundlich.

Am nächsten Tag, einem Sonntag, wollten wir mit Ntombi, der Hausangestellten von Trish und im Nebenberuf Fremdenführerin, eine Führung durch Soweto machen. Ntombi hatte uns auch versprochen, uns zu einem Gospelgottesdienst mit ihrer Familie mitzunehmen.

Melanie, Ntombi und ich fuhren mit unserem Mietwagen nach Soweto. Bereits nach 25 Minuten erreichten wir das gigantische Wohngebiet, in dem heute nach Schätzungen etwa 3 Millionen Menschen leben sollen. 1,7 Millionen (!) davon sollen an Aids erkrankt sein. Die Arbeitslosenrate liegt offiziell bei 20 %, tatsächlich dürfte sie jedoch weit über 50 % ausmachen.

Nach Anweisung von Ntombi bog ich in eine Straße in Soweto ein. Ich bemerkte, wie uns die Blicke der schwarzen Bewohner des Viertels folgten. Es war uns ein wenig unheimlich zumute. Was hatten wir nicht alles gelesen, wie gefährlich die Townships seien. Selbst die Polizei habe die Lage längst nicht mehr im Griff. Das Leben in diesen Vierteln werde dominiert von organisierten Banden. Die Banden terrorisierten das Leben der nicht kriminellen Mehrheit der dort lebenden Menschen.

Ntombi erklärte, dass Soweto in drei Kategorien unterteilt werden könne: Die unterste Kategorie sei die der Neuankömmlinge in den notdürftig zusammengestellten Wellblechverschlägen. Die kamen meist aus anderen afrikanischen Staaten. Dann gab es die Bewohner der von der Regierung gebauten kostenlosen Gebäude. Aber es gab tatsächlich auch das wohlhabende Soweto. Das war die Gegend, in der erfolgreiche Schwarze, die sogenannten »Black Diamonds«, lebten.

Wir fuhren auf ein Gelände, das wie der Parkplatz einer Schule oder einer Universität wirkte. Es waren kaum noch Stellplätze frei. Überall strömten gut angezogene Schwarze in kleinen Gruppen herbei. Einige der wohlhabenderen Familien waren ebenfalls mit dem Auto gekommen und stiegen hier aus. Hinter dem Parkplatz befanden sich einige Hallen, die auf den ersten Blick wie Turnhallen aussahen.

Wir waren etwas spät dran. Der Gottesdienst hatte offenbar schon angefangen. Wir gingen an kleineren Gruppen von schwarzen Gläubigen vorbei. Überall wurden wir herzlich begrüßt, als wären wir alte Bekannte. Man schien sich über unseren Besuch zu freuen. Ntombi hatte zwischenzeitlich einige Bekannte getroffen und war gemeinsam mit diesen in einer der Hallen verschwunden.

Melanie und ich folgten Ntombi. Innen wirkte das Gebäude allerdings nicht wie eine Halle, sondern eher wie ein Vorlesungsraum in einer Universität. Die Sitzreihen fielen nach vorn hin ab. Unten, wo sich sonst die Tafel befand, waren zwei bis drei Meter hohe Lautsprecherboxen aufgebaut. Ein etwa 25-jähriger schwarzer Prediger mit der charismatischen Ausstrahlung eines Barack Obama stand vor den Boxen und brüllte in sein Mikrofon. Rechts und links standen zwei etwa gleichaltrige, vollschlanke schwarze Sängerinnen. Die Gospel-Ladies stimmten an.

Wofür benötigen die Lautsprecherverstärkung, fragte ich mich? Infernalischer Lärm machte sich breit. Die Sängerinnen und der Prediger begannen wippend in die Hände zu klatschen und zu singen. Der Rhythmus war moderner Popmusik nicht unähnlich.

Der Prediger lächelte, wie von Glück beseelt. Die sich rhythmisch zur Musik bewegenden Sängerinnen dagegen blieben ernst. Das war uns schon öfters bei den Afrikanerinnen aufgefallen. Sie hatten meist eine aufrechte Haltung, hielten den Kopf kerzengerade und lächelten selten von sich aus. Das verlieh ihnen den Ausdruck von Stolz, Unabhängigkeit und großer Würde.

In der rechten Ecke saß ein vielleicht 40-jähriger Schwarzer am Piano und hämmerte mit seinen Fingern in die Tasten. Mir klingelten die Ohren. Die Musik wurde immer lauter. Der Prediger riss unvermittelt die Hände in die Luft und schrie ins Mikrofon:

»Somebody say Amen!« Einige schrien:

»Amen!« Mit der Resonanz unzufrieden, schrie der Prediger wieder ins Mikrofon:

»Somebody say Amen!« Verzweifelt blickte ich mich um. Verdammt noch mal, jetzt sagt halt Amen, dachte ich. Noch immer unzufrieden, schrie der Prediger noch einmal:

»Somebody say Amen!«

In einem schrillen Pfeifen stellten die Boxen und die Mikrofone einen Resonanzkurzschluss her. Selbst den Mikrofonen war

1

2

3

1 Erholsamer Zwischenstopp in der Nähe von Etrépagny in der Normandie, Frankreich.

2 Gefangen im Gewitterkessel an der spanischen Atlantikküste.

3 Ungewöhnlich, aber gefährlich: Zeltaufbau direkt auf dem Flugplatz.

4

5

4 Geschafft! Die Pyrenäen haben wir erfolgreich überquert.

5 Am Ende des Jakobswegs: Landeanflug auf den Endflugplatz am See Fervenza.

6 Auf zu neuen Abenteuern! Nur mit dem Boot erreichen wir unsere Lodge im Okavango-Delta.

7 In Afrika fliegen wir im offenen Tragschrauber.

6

7

8

9

10

11

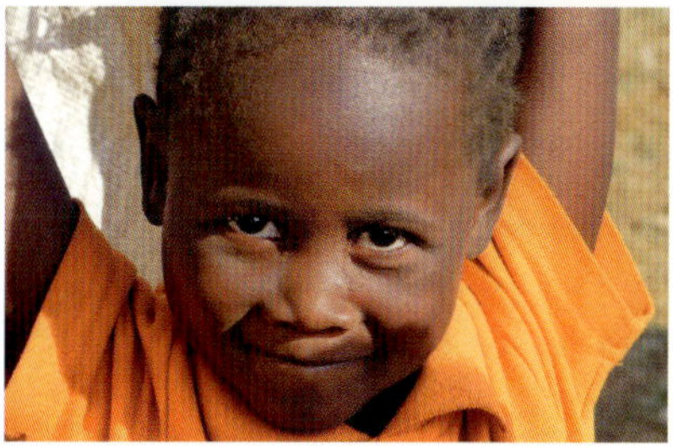

8 Den internationalen Zoll haben wir in der Oase Solitaire in der Nähe von Sossusvlei nicht gefunden. Dafür leckeren Apfelstrudel.

9 Flugvorbereitung bei Sonnenaufgang mitten in der Wüste in Namibia.

10 Zehn Tragschrauber in Afrika, verpackt für die Nacht.

11 Mädchen in einem von terre des hommes unterstützten Kindergarten in Südafrika.

12 Nachdem wir die australische Fluglizenz erhalten haben, starten wir aus dem Busch und erkunden die Ostküste.

13 Über der offenen See vor Neuseeland geraten wir in schwere Turbulenzen ...

14 ... und genießen umso mehr die Flüge mit klarer Sicht und Blick auf die fantastischen schwarzen Lavastrände.

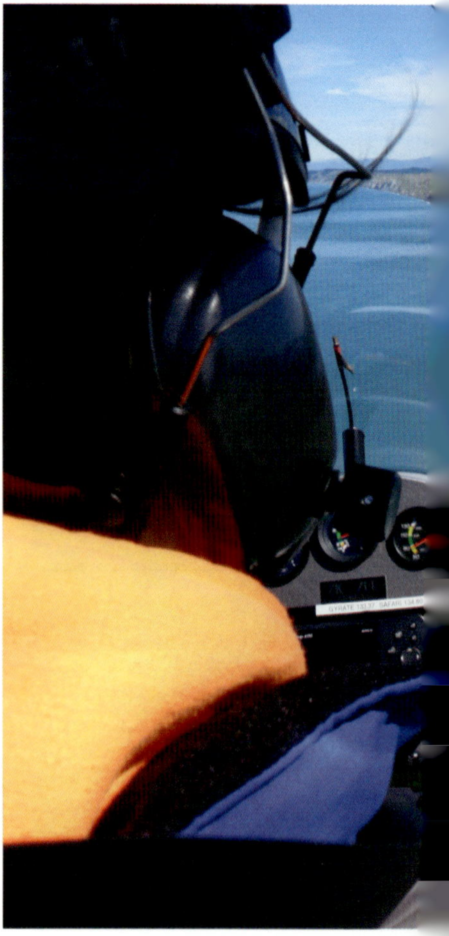

13

14

15

16

15 Flug in den »Weltuntergang« vor Neuseeland, wenig später verlieren wir den Kontakt zu zwei Tragschraubern unseres Verbandes.

16 Trotz Sonnenscheins müssen wir uns aufgrund der Höhe und des Flugwindes dick einmummeln.

es jetzt zu laut geworden. Der Prediger knüpfte sich den Hemdkragen auf.

Ich blickte mich nach rechts und links um. Alle schrien »Amen« so laut sie konnten, und rissen dabei beide Hände in die Luft. Der Prediger lächelte zufrieden.

»So gefällt das dem Herrn«, murmelte er. Auf jeden Fall scheint der Herr in Afrika schwerhörig zu sein.

Ich wurde angelächelt und lächelte zurück. Wir waren hier heute alle glücklich. Wir waren Brüder und Schwestern und hatten uns wenigstens für die Dauer des Gottesdienstes lieb.

Dann kehrte Ruhe ein. Die Boxen schienen noch nachzuklingen. Das war Elektronik am Limit. Ganz klar. Nur so konnte der Herr die Gebete erhören. Eigentlich waren die Boxen für Outdoor-Großkonzerte gedacht. Etwas überdimensioniert für diesen kleinen Vortragssaal. Aus dem Saal nebenan dröhnte ebenfalls lauter Gesang. Ein anderer Gottesdienst.

Jetzt wurden die neuen Gäste persönlich mit Namen begrüßt. Jeder Gast musste aufstehen, und die Gemeinde winkte ihm freundlich zu. Es wurde erwartet, dass der Gast zurückwinkte, was wir auch taten, als wir an der Reihe waren. Die Gläubigen in der Reihe hinter uns schüttelten Melanie und mir herzlich die Hand.

Vorn links bereitete sich ein unglaublich dicker, groß gewachsener Schwarzer auf seinen Einsatz vor. Er hatte eine Glatze, und seine Haut glänzte nass vor Schweiß. Der Kopf schien ohne Hals direkt auf seinen massigen Schultern zu ruhen. Der schwarze Anzug hielt den Körper wie eine Wurstpelle zusammen. Sein rechtes Handgelenk wurde von einer überdimensionierten goldenen Armbanduhr eingeschnürt. Der Ärmel seines Manschettenknopfhemdes passte nicht über die Uhr und war etwas hochgezogen.

Er ging in die Mitte zwischen die Boxen und ergriff ein Mikrofon. Mit unvorstellbarer Lautstärke fing er an, zu predigen. Von seinem Predigtstil hätte sich Idi Amin noch Anregungen holen können. Er sprang in die Luft und landete laut stampfend mit beiden Beinen auf dem Boden.

»Jesus liebt euch!«, schrie er mit wie von Schmerz verzerrtem Gesicht in das Mikrofon. »Jesus liebt euch, verdammt noch mal, er liebt euch alle! Warum liebt er euch? Weil ihr Kinder Gottes seid!«

Dann kam er erst richtig in Fahrt. Krachend schlug er mit der Faust auf den vor ihm stehenden Tisch, dass die Gläubigen in der ersten Reihe erschrocken zusammenzuckten.

»Jesus liebt euch, auch wenn ihr in der Scheiße sitzt. Er liebt euch, weil er euch schon geliebt hat, bevor ihr in der Scheiße ward«, schrie er weiter.

Alle wippten im Rhythmus der Predigt. Ich hatte fast das Gefühl, auf einem Rapperkonzert gelandet zu sein. Der charismatische junge Prediger fuhr dem Dicken immer wieder ins Wort und übersetzte in Xhosa, eine der Landessprachen der Schwarzen.

Plötzlich brüllte auch der Dicke:

»Somebody say Amen!« Die Gemeinde brüllte zurück:

»Amen«, und klatschte im Takt in die Hände.

»Somebody say Amen!« Trotz seiner Statur entwickelte der Prediger eine erstaunliche Beweglichkeit. Aufgeregt raste er jetzt von der einen Seite des Raumes zur anderen. Dann und wann sprang er in die Luft, um donnernd auf dem Boden aufzustampfen. Keine Frage, das war Einsatz, von dem auch Gott beeindruckt sein musste.

Dann, er sank dabei auf die Knie, hob er die Arme und schrie:

»Und wenn das Böse kommt ...«

Einzelne besonders begeisterte Gläubige schrien immer wieder zustimmend »Yeah, yeah« dazwischen.

»Und wenn der Teufel die Flut bringt ..., wenn das Wasser steigt ..., dann kommt Gott. Er zieht euch aus der Scheiße raus!«, schrie der Dicke. Er tat so, als zöge er unter unglaublichen Anstrengungen einen Gläubigen an den Haaren nach oben aus der Scheiße.

»Aber wenn das Böse kommt, könnt ihr ihm widerstehen. Ihr könnt selbst besser handeln!«, schrie der Prediger.

»Fragt euch, was ihr jeden Tag tut. Geht ihr in Nachtklubs?

Raucht ihr Dope? Trinkt ihr zu viel Alkohol? Verkehrt ihr mit den falschen Freunden? Was seht ihr euch im Fernsehen an? Was lest ihr?«

Dann verstummte er plötzlich. Verdutzt über die plötzliche Stille blickten die Gläubigen auf ihn. Hatte er seinen Text vergessen? Die Stille löste den Nachhall des Lärmes zuvor langsam auf. Von diesem Moment an begann der Gottesdienst, mir zu gefallen. Das war echte Lebenshilfe. Wie viel Alkohol wurde bei uns getrunken? Ich hatte noch nie einen Geistlichen erlebt, der in seiner Predigt konkret darauf eingegangen wäre.

»Ich weiß, das gehört nicht in einen Gottesdienst«, grunzte der Prediger und unterbrach die Ruhe wieder, »aber lasst nicht bei jeder Gelegenheit die Hose fallen.« Er rollte bedrohlich mit den Augen: »... Aids ist das Böse. Ihr könnt selbst etwas dagegen tun. Treue hilft gegen Aids am besten.«

Nach fast zwei Stunden war der Gottesdienst zu Ende. Ich auch. Die Prediger nass geschwitzt, wir halb taub mit einem Klingeln in den Ohren. Beim Herauslaufen mussten Melanie und ich viele Hände schütteln. Bestimmt waren wir durch diese Lärmtaufe zu wahren Christenmenschen geworden. Aber zugegeben: Ich war irritiert, wie intensiv und bleibend das Erlebnis dieses Gottesdienstes war.

Wie würde wohl das Publikum in anderen Ländern reagieren, wenn diese Prediger die gleiche Messe dort abhalten würden? Ich stellte mir im Geiste die gelegentlich akademisch abwartende, skeptische Stimmung einer europäischen Kirchengemeinde vor, in bizarrem Kontrast zu den hier vor der Gemeinde in wilder Ekstase tobenden Predigern.

Ntombi drängte uns zum Auto und dirigierte uns zu ihrem Haus. Sie lebte mit ihren Brüdern in einem der kleinen, kostenlosen Staatshäuser. Eine staubige Piste führte zu dem Häuschen. Keine 50 Meter weiter befanden sich Wellblechverschläge, in denen Menschen lebten. Ein Mann sah zu mir herüber, als ich ausstieg. Er hatte den intensiven, leicht wahnsinnigen Blick, den nur große Armut und Hunger erzeugen können.

Ntombi schob Melanie und mich durch den kleinen kahlen,

staubigen Vorgarten in ihre Hütte. Diese bestand aus drei kleinen Räumen, zwei Schlafzimmern und einer Wohnküche. Das Häuschen war einfach gemauert, verfügte über einfache Fensterverglasung und ein Wellblechdach.

»Wenn es dunkel wird, bleiben wir zu Hause. Dann regieren die Banden. Dann ist es draußen lebensgefährlich. Wir leiden sehr unter der Kriminalität. Aber was sollen wir tun?«, sagte sie.

Ntombi schickte einen ihrer Brüder zum Einkaufen weg. Nach zehn Minuten kam er wieder mit einer frisch gekühlten Flasche Cola. Das leistete sich die Familie nur bei besonderen Anlässen. Es wurden Plastikstühle um den abgewetzten Holztisch im größten Raum zusammengestellt und Cola ausgeschenkt. Einer der Brüder fragte mich:

»Wenn du Präsident von Deutschland wärst, was würdest du für Südafrika tun?« Ungeachtet der Tatsache, dass unser höchstes Amt eher repräsentative Aufgaben wahrnimmt, antwortete ich:

»Ich würde versuchen, faire Handelsbeziehungen zwischen der EU und Afrika zu erreichen. Damit könnten auch in Südafrika mehr Arbeitsplätze entstehen. Man muss den Menschen die Chance geben, sich selbst zu helfen und Geld für ihre Familie zu verdienen.«

Ntombi war aufgestanden. Wir gingen nach draußen. Einer ihrer Brüder begleitete uns. Ntombi führte uns diesmal zu Fuß in die noch ärmeren Viertel, in denen die Menschen nur noch in Wellblechverschlägen leben.

Ich fragte mich, wie diese Verschläge überhaupt zusammenhalten. Die Blechplatten schienen einfach wie ein Kartenhaus zusammengestellt zu sein. Man musste sich bücken, wenn man in diese hüfthohen Behausungen wollte. Ntombi deutete auf einen dieser Verschläge und meinte:

»Der Mann, der in dieser Behausung lebt, ist alkoholabhängig. Ich habe ihn schon länger nicht mehr draußen gesehen. Er hat alle Hoffnung verloren und dämmert jetzt in diesem Loch vor sich hin.«

Auf dem Boden zwischen den Quartieren lag Müll verstreut.

Es schien jedoch ausschließlich Müll zu sein, der sich nicht weiter verwerten ließ. Wir befanden uns hier in direkter Nachbarschaft des still gelegten Atommeilers. Die beiden bunten Türme des Kernkraftwerkes waren zu einem Wahrzeichen von Soweto geworden. An einigen Stellen waren Rohre im Boden freigelegt, aus denen Wasser ran. »Woher wohl dieses Wasser kommt«? fragte ich Melanie, »ob das Kernkraftwerk noch verstrahlt ist?«

An einem Auto hingen Gestalten herum, die uns mit finsteren Blicken beobachteten. Ich wäre auch nicht begeistert, wenn Touristen Armutsführungen durch mein Wohngebiet machen würden. Ntombis Bruder hatte die Typen ebenfalls wahrgenommen und drängte uns, zum Haus zurückzugehen.

Dort verabschiedeten Melanie und ich uns von Ntombi und ihren Brüdern und fuhren wieder in unsere Unterkunft im Nobelviertel Melville zurück. Dort saßen wir bis nach Sonnenuntergang bei einem Glas Rotwein am Pool und diskutierten über die krassen Gegensätze Johannesburgs zwischen Arm und Reich.

7

»Es gibt schlechte Nachrichten«, sagte Johan van Garderen, als wir ihn am Flugplatz vor dem Hangar antrafen. Melanie und ich erschraken.

»Was ist los?«, fragte Melanie.

»Wir waren am Wochenende auf einem Fliegertreffen in Bethlehem. Ich bin mit eurem Tragschrauber hingeflogen. Bei einer Flugschau dort, kurz nach dem Start, ich war schon in der Luft, merkte ich, wie der Fahrtwind an der rechten Türe rüttelte. In Sekunden wurde die Türe vom Rahmen gedrückt und es entstand ein zwei Zentimeter breiter Spalt«, erzählte Johan.

»Ja und dann?«, fragte ich atemlos.

»Ich wollte noch reflexartig nach der Türe greifen, da war sie schon weggeflogen. Sie ging direkt in den Propeller. Sowohl

Propeller als auch die Türe wurden in Stücke gerissen. Zum Glück konnte ich noch notlanden.«

Melanie und ich waren kreidebleich. Was hatte das zu bedeuten? War damit unsere geplante Tour gescheitert, bevor sie richtig begonnen hatte? Johann schüttelte den Kopf.

»Ich werde morgen früh mit dem Auto nach Bethlehem fahren. Dort werden wir den Tragschrauber reparieren und dann zurückfliegen. Ihr werdet auf eurer Tour aber wohl ohne Türen fliegen müssen.«

Ach du Schande, dachte ich. Auf unserem Weltflug in Europa waren wir einige Male ohne Türen geflogen. Dabei ließ sich der Tragschrauber nur wie ein Fahrrad mit platten Reifen steuern.

Wir verabredeten uns für 14:00 Uhr am nächsten Tag. Dann würden Melanie und ich zum Flugplatz kommen und den hoffentlich wieder reparierten Tragschrauber inspizieren.

Zur angegebenen Zeit fuhren Melanie und ich zum Flugplatz. Johan von Ludwig, der Besitzer des Flugplatzes, kam mir mit Sonnenbrille entgegen und ging mit einem kurz angebundenen Gruß an mir vorbei. Seltsam, dachte ich. Melanie und ich gingen in den Aufenthaltsraum für Piloten und machten es uns auf den Barhockern am Tresen gemütlich. Die Eingangstüre des Aufenthaltsraums schwang auf und Jan, ein stets zu Scherzen aufgelegter Gyrocopterpilot, kam herein.

»Wisst ihr schon das Neueste?«, fragte er in seiner für ihn typischen schnodderigen Art. »Johan van Garderen hatte vor zwei Stunden einen Unfall mit eurem Tragschrauber. Der Tragschrauber ist jetzt völlig zerstört. Wir werden noch die brauchbaren Instrumente ausbauen und den Rest der Schrottkiste verbrennen.«

Jan hatte die Eigenschaft, auch in ernster Gemütslage zu grinsen. Melanie und ich grinsten zurück. Manche Südafrikaner haben sich den eigenartigen Humor ihrer britischen Abstammung bewahrt.

»Jaja, sehr komisch ...«, sagte ich zu Jan. »Ist Johan van Garderen schon da?«

»Ihr glaubt mir nicht?«, murmelte Jan und ging zum Hangar

hinüber. Nach einigen Minuten kam Johan von Ludwig, begleitet von seiner Assistentin, in den Aufenthaltsraum.

»Der Tragschrauber ist kaputt und noch in Bethlehem«, sagte Johan, »Johan van Garderen kommt erst einmal mit dem Auto zurück.«

Melanie und ich waren perplex. Geschockt hörten wir die Worte von Johan, als kämen sie aus einer anderen Welt. Der Tragschrauber zerstört in Bethlehem? Das war das Ende unseres Weltflugs in Afrika. Ja sogar das Ziel unserer Weltreise mit Tragschrauber schien bereits bei der zweiten Reiseetappe zu Ende sein.

»Zuerst schien alles wie geplant zu laufen«, sagte Johan von Ludwig. »Johan van Garderen konnte den Propeller reparieren und die noch verbleibende Türe aushängen. Dann fuhr er mit dem Tragschrauber zum Start. Es herrschte bereits starker Wind. Beim Vorrotieren am Start fuhr eine kräftige Böe in den Rotor. Dadurch entstand kurzzeitig das sogenannte Blade Flapping. Blade Flapping bezeichnet das unkontrollierte Ausschlagen des Rotorblattes nach unten und oben. Der Rotor fuhr krachend in das Seitenleitwerk. Davon wird wohl nicht viel übrig geblieben sein. Johan ist zum Glück nichts passiert. Ich habe den Tragschrauber noch nicht gesehen, aber wie es aussieht, können wir den Schaden nicht mehr bis zum Beginn eurer Safari reparieren.«

Es herrschte betretene Stille.

Wir hatten Johan als jemanden kennengelernt, der bei jedem auftretenden Problem eine Lösung präsentierte. Allerdings sagte er auch erst etwas, wenn er eine Lösung parat hatte.

»Ich habe die Tragödie den anderen Piloten erzählt, die euch auf der Safari begleiten sollten«, fuhr er fort, »zwei Piloten haben sich bereit erklärt, euch in ihren Tragschraubern mitzunehmen. Die Tour gehört zu dem Schönsten, was man in Afrika erleben kann. Denkt darüber nach, ob ihr unter diesen Bedingungen daran teilnehmen wollt. Wenn ihr das wollt, müsstet ihr uns aber spätestens morgen früh Bescheid sagen.«

Ich konnte es nicht glauben. Es war, als hätten wir selbst den

Unfall gehabt. Es fühlte sich an wie der Moment kurz nach dem Unfall, wenn man langsam anfängt zu realisieren, was passiert ist, und in dem man seine eigenen Verletzungen abstrakt zur Kenntnis nimmt, ohne einen Schmerz zu spüren. Wir standen unter Schock. Wie ferngesteuert stiegen wir ins Auto und fuhren zum Hotel in Parys zurück. Wir kauften zwei kleine Flaschen Wein. Dann trollten wir uns zum ersten Wundenlecken ins Hotelzimmer und zogen die Vorhänge zu. Melanie schaltete den Fernseher an, und ich versuchte, mich durch Lesen abzulenken.

»Wenigstens ist Johan van Garderen nichts passiert. Sieh es doch mal so ...«, sagte Melanie, »so können wir uns voll auf das Filmen und Fotografieren konzentrieren und haben zwei Kameraperspektiven. Die Aufnahmen über dem Okavango und in den Wüsten werden bestimmt einmalig schön. Und mal ganz ehrlich: Vielleicht sollte es so sein.«

Ich wusste, sie hatte recht. Der Tragschrauber war ohnehin in einem fragwürdigen technischen Zustand gewesen. Was wäre gewesen, wenn uns die Türe mitten im Okavangosumpf weggeflogen wäre?

»Ich rufe Johan von Ludwig an und sage Bescheid, dass wir bei den solidarischen Pilotenkollegen mitfliegen werden«, sagte ich.

8

Wir beschlossen, trotzdem am nächsten Tag nach Bethlehem zu fahren und uns den Tragschrauber vor Ort anzusehen. Vielleicht war die Beschädigung doch nicht so schlimm. Melanie programmierte unser Navigationsgerät, und ich packte unsere Koffer ins Auto. Wenn der Tragschrauber tatsächlich fluguntauglich war, würden wir die noch verbleibenden Tage vor dem Start der Safari nutzen und mit dem Auto durch die Drakensberge nach Durban, an die Ostküste Südafrikas, fahren.

Melanie saß am Steuer und hielt an der nächsten Stoppstelle. Sie fuhr langsam mit dem Auto über die Kreuzung.

»Polizei!«, rief ich. Tatsächlich. Am Straßenrand stand ein

Streifenwagen. Ein beleibter schwarzer Polizist mit Sonnenbrille stand auf der Straße und hielt eine Hand in die Luft.

Melanie bremste und parkte den Wagen am linken Straßenrand. Wie in einem amerikanischen Spielfilm kam der Hüter des Gesetzes langsam, mit einer Hand an der Pistole, über die Straße auf uns zu. Er hatte etwas Furchteinflößendes. Mir stockte der Atem. Ich hatte im Vorfeld unserer Reise viel gelesen über Erfahrungen, die Reisende mit bestechlicher Polizei in Afrika gemacht hatten. Häufig hatte man die Wahl, den unterbezahlten Polizisten entweder gleich einen Schein zuzustecken oder mit auf das Revier zu kommen. Das hieß unter Umständen eine »Überzeugungsnacht« in der Zelle.

Der Polizist, immer noch eine Hand auf der Waffe, sah prüfend ins Auto und auf die Rückbank.

»Den Führerschein«, sagte er. Ich kramte aus unseren Pilotenunterlagen den Internationalen Führerschein hervor. Melanie hielt ihn aus dem Fenster. Der Polizist ließ sich Zeit beim Studieren der Papiere. Ich begann ihm zu erzählen, dass wir aus Deutschland kamen. Und dass wir eine Filmdokumentation über das südliche Afrika drehten. Ich vergaß auch nicht zu erwähnen, dass wir dabei einen besonderen Fokus auf Kindheitsträume legten und erklärte ihm unsere Zusammenarbeit mit der Kinderhilfsorganisation *terre des hommes*, die sich im südlichen Afrika intensiv für die Verbesserung der Lebenssituation benachteiligter Kinder einsetzt.

Unbeeindruckt gab er Melanie wortlos den Internationalen Führerschein zurück. Der Polizist verzog keine Miene. Er dachte eine ganze Weile lang nach. Dann sagte der Ordnungshüter:

»Fahren sie meinem Streifenwagen hinterher.« Er stieg in sein Fahrzeug, wendete und fuhr langsam die Straße entlang. Melanie und ich standen unter Adrenalin. Würden wir jetzt auf das Revier fahren? Hätten wir besser gleich Geld in den Führerschein gelegt? Stand uns eine »Überzeugungsnacht« in der Zelle bevor?

Der Polizist bog links in eine Straße ein, die in ein Wohngebiet führte. Melanie bog ebenfalls links ab und fuhr dem Fahrzeug weiter hinterher. Dann hielt der Streifenwagen vor einem

Wohnhaus am Straßenrand. Melanie parkte hinter dem Streifenwagen. Wir blieben sitzen, um abzuwarten, was als Nächstes passieren würde. Der Polizist stieg schwerfällig aus dem Auto und ging zur Eingangstüre des Hauses.

»Nach Gefängnis sieht das zumindest nicht aus«, sagte ich zu Melanie.

»Nach Polizeipräsidium auch nicht«, antwortete Melanie. Er läutete an der Türe und wartete. Eine weiße Frau öffnete. Melanie und ich entschieden uns, ebenfalls auszusteigen. Wir wunderten uns.

»Andrew, ist was passiert?«, fragte die Frau den Polizisten besorgt.

»Ich möchte dir die beiden hier vorstellen«, sagte Andrew. Zur Verblüffung aller wollte uns der Polizist mit Frau Dr. Almud Pollmeier bekannt machen, einer deutschen Ärztin, die in Parys eine Klinik für Aidskranke leitet. »Das sind zwei Deutsche, die einen Film drehen und sich für benachteiligte Kinder einsetzen. Ich dachte, ihr müsst euch kennenlernen«, meinte Andrew unschuldig lächelnd. Almud bat uns herein. Wir gingen ins Wohnzimmer zu dem deutschen Lebenspartner von Almud, Carsten Daus.

Die beiden freuten sich offenbar sehr über den unerwarteten Überraschungsbesuch. Wir nahmen auf dem Sofa Platz und tranken gemeinsam mit Andrew eine Tasse Kaffee. Unser Polizist Andrew trug immer noch seine dunkle Sonnenbrille. Er setzt diese nie ab. Während der Apartheid bekämpfte er das Regime und verlor dabei ein Auge. Nach der Apartheid wurde er Polizist. Aber er war in Parys viel mehr als nur Verkehrspolizist. Er kannte praktisch jeden und war ein begnadeter Netzwerker. Almud und Carsten setzten die Arbeit ihres erst kürzlich verstorbenen Onkels, Ludwig Balink, fort. Der katholische Pfarrer aus Deutschland hatte sich sein ganzes Leben lang für die Verbesserung der Lebenssituation der Schwarzen in Südafrika eingesetzt. Er war als Erster und bisher einziger Weißer von Nelson Mandela persönlich mit der höchsten Auszeichnung Südafrikas, der Friedensmedaille, geehrt worden.

»Wohin wollt ihr denn als Nächstes fahren?«, fragte uns Andrew.

»Wir fahren nach Bethlehem, um unseren verunglückten Flieger zu begutachten«, antwortete Melanie.

»Welche Route wollt ihr dafür nehmen?«

»Wissen wir noch nicht genau, das Navigationsgerät hat uns einen Vorschlag gemacht, der uns weit nach Norden führt«, sagte Melanie.

»Hm, bei dieser Route müsst ihr 80 Kilometer über einen schlechten Feldweg fahren«, sagte Andrew. »Es gibt eine viel bessere Strecke. Kommt, ich fahre voraus und zeige euch, wie ihr dahin kommt. Dann geht es nur noch geradeaus.«

»Passt auf die Vögel auf«, rief Carsten noch aus der Küche. »Die sitzen auf der Straße. Dann müsst ihr unbedingt hupen, die fliegen sonst nicht weg und werden einfach überfahren. Irgendwie haben sich die Vögel in Südafrika noch immer nicht an den Straßenverkehr gewöhnt.«

Wir verabschiedeten uns und stiegen ins Auto. Andrew zwängte sich in seinen Streifenwagen und fuhr voraus. Jetzt bekamen wir sogar eine Polizeieskorte. Wer hätte das gedacht. Und wir hatten uns schon im Gefängnis schmoren sehen. Andrew fuhr fast eine halbe (!) Stunde vor uns her. Wir waren schließlich an Vredefort vorbeigefahren, auf offener Landstraße in Richtung Bethlehem. Hier fuhr Andrew links auf den Seitenstreifen und zeigte in die Richtung, der wir folgen sollten. Im Rückspiegel sah ich noch, wie Andrew auf der Straße wendete und zurückfuhr. Das war ein prima Service gewesen.

»Vorsicht!«, schrie ich. Vor uns auf der Straße saßen einige Tauben. Ich sah sie erst im letzten Moment. Die Tauben reagierten überhaupt nicht auf unseren Wagen. Melanie bremste kurz scharf, dann gab es einen dumpfen Schlag und wir sahen nur noch ein wirres Bündel grauer Federn über die Windschutzscheibe nach hinten flitzen.

»Verdammt«, rief Melanie. Wir beschlossen, ab sofort bei jedem Vogelschwarm zu hupen, wie Carsten empfohlen hatte.

Nach etwa zwei Stunden Fahrt erreichten wir den Flugplatz in

Bethlehem. Es war immer noch recht stürmisches Wetter dort. Graue Wolken zogen über den Himmel. Der Wind pfiff um die Hallen am Flugplatz und erzeugte dabei durch das Wellblech der Hangarverkleidung ein unheimliches Jammern und Seufzen. Wir parkten das Auto und gingen zur nächstgelegenen Halle. Der Hangar war nach vorn hin offen und verfügte nicht über Tore. Und tatsächlich, dort stand der Pechvogel. Das Heulen und Stöhnen des Windes passte auf seltsame Weise zum erbärmlichen Zustand des Tragschraubers.

Der Propeller fehlte ganz. Das Seitenleitwerk war zertrümmert. Der Rotor hatte sich wie ein Rasiermesser durch das Kohlefasergewebe geschnitten. Er wies ebenfalls Beschädigungen auf. Die Türen fehlten beide. An einer Türaufhängung konnten wir erkennen, wo das Scharnier abgerissen war. Für unsere Tour war nichts mehr zu machen. Wenn man die Schäden überhaupt reparieren konnte, würde es sicherlich Wochen dauern.

Wir fuhren für einige Tage zu den knapp 11 000 Fuß hohen Drakensbergen und weiter an die Küste nach Durban. Der Organisator unserer Tragschraubersafari, Roelf Palm, schickte mir auf unserer Rückfahrt eine SMS mit den Kontaktdaten der beiden Piloten, bei denen wir mitfliegen würden.

Wir nahmen Kontakt auf mit Werner Schoemann und Len Gobey. Werner sprach trotz seines Namens kein Wort Deutsch, er war aus Pretoria. Len Gobey kam aus Durban und wollte erst morgen für den Start der Safari nach Johannesburg fliegen.

Für uns war es höchste Zeit, zurückzukehren. Der Start der Tour war für den nächsten Tag vom Johannesburger Vorort Springs aus geplant. Wir waren beide sehr aufgeregt.

9

Ich rieb mir die Augen und gähnte. Heute war es endlich so weit. Ich stand auf und zog das Rollo am Fenster unseres Hotels in Springs nach oben. Dichte Wolken zogen draußen über den Himmel, und sie zogen sehr schnell.

»Melanie«, rief ich, »wir können heute unmöglich starten. Schau dir mal das Wetter an. Die Palmen biegen sich. Melanie entgegnete:

»Lass uns dennoch zum Flugplatz fahren. Wir können ja schon einmal alles in den Flieger packen.«

Roelf, unser Flug-Gastgeber, hatte im Vorfeld bereits per E-Mail exakte Anweisungen gegeben, was wir in Vorbereitung unseres Tragschrauberabenteuers zu tun hatten. Unter anderem sollten wir bestätigen, dass wir unsere Malariaprophylaxe genommen hatten. Die würden wir in den Sümpfen des Okavango benötigen.

Ich war jedoch nur bis zum Öffnen der Packung und dem Lesen der Nebenwirkungsliste gekommen. Dagegen, so erschien es mir, muss eine Malariaerkrankung geradezu harmlos sein.

Wir beschlossen deshalb, auf eigenes Risiko lieber auf die Prophylaxe zu verzichten.

Mein Mobiltelefon klingelte. Es war Roelf. Roelf hatte eine unverwechselbare klare Aussprache. Er machte zwischen jedem Wort eine kurze Pause, was dem, was er sagte, besonderes Gewicht verlieh. Roelf sprach ein Englisch mit hörbarem Burenakzent. Er rollte das »R« und betonte das »T« auf eine Weise, die seiner Aussprache einen militärisch harten Charakter verlieh.

»Andreas«, fragte Roelf, »alles in Ordnung auf eurer Seite? Denkt bitte daran: Ihr könnt nur extrem wenig Gepäck mitnehmen«, unterstrich Roelf.

»Kein Problem, Roelf, wir haben nur zwei kleine Rucksäcke und eine große Kamera«, hörte ich mich sagen. Ich ertappte mich dabei, wie ich automatisch die eigenartige Aussprache von Roelf übernommen hatte. Diese Aussprache hatte den Vorteil, dass man sich bei schlechter Mobilfunk- oder Funkverbindung besser verstand.

Wir packten den Inhalt unserer Koffer um. Es gelang uns tatsächlich, unser nötigstes Gepäck in unseren kleinen Tagesrucksäcke unterzubringen. Wir fuhren zum Flugplatz. Als wir auf dem Flugplatz die Halle betraten, war ich erstaunt: Sie war voller Tragschrauber verschiedener Fabrikate. Es standen bestimmt

30 offene, tandemartige Tragschrauber hier, angefangen vom deutschen Hersteller AutoGyro, dem italienischen Magni über den spanischen ELA. Es gab sämtliche gängige Tragschrauber-Fabrikate vor Ort in einer Reihe aufgestellt.

Während ich noch über die vielen Tragschrauber staunte, kam ein knapp zwei Meter großer schlaksiger Mann um die Sechzig auf mich zu. Er trug einen Oberlippenbart und ähnelte in seinem Äußeren verblüffend Paul Hogan, dem Darsteller von *Crocodile Dundee*. Er trug einen verschwitzten Lederhut, den er bestimmt schon sein Leben lang besessen und getragen hatte.

»Bist du Andreas?«

»Ja«, antwortete ich.

»Ich bin Roelf Palm«, antwortete er. Wir schüttelten uns die Hände.

»Ihr werdet einen Fliegerkombi benötigen, zumindest für den Anfang, bis wir in Botswana sind. Dann wird es heiß werden. Ich gebe euch Kombis von mir«, sagte er und war schon wieder verschwunden. Roelf war sehr hilfsbereit und schien an alles zu denken. In den offenen Tragschraubertypen würden wir mit Anzügen und Helmen eine ganz andere Ausstattung benötigen als im geschlossenen Tragschrauber in Europa.

Nach und nach trafen andere Piloten im Hangar ein, die mit uns fliegen würden. Insgesamt zählte das Safariteam immerhin 16 Teilnehmer mit zehn Tragschraubern. Dieses Team am Boden und in der Luft zu koordinieren, würde für Roelf eine echte Herausforderung werden. Immerhin musste ja sichergestellt sein, dass niemand in der Luft mit einem anderen kollidierte, dass die Starts und Landungen sicher abgewickelt wurden sowie dass unterwegs niemand unbemerkt verloren ging.

Roelf war mit zwei Overalls und Helmen zurückgekehrt.

»Hier«, sagte er, »probiert die an. Die müssten euch passen. Kann ich mal euer Gepäck sehen?« Ich hatte die Rucksäcke und die Kamera an einer Stelle auf dem Boden im Hangar zusammengestellt. »Die Rucksäcke müsst ihr umpacken. Das ist nötig«, sagte Roelf unnachgiebig. »Ihr müsst die Sachen in die Tragschraubertaschen räumen. Die sind speziell dafür vorgesehen.«

Len Gobey, bei dem Melanie mitfliegen würde, traf aus Durban ein. Er hatte die eigentlich eher für Inder typische, recht sympathisch klingende melodische Sprache. Das kam vielleicht daher, dass in Durban ein hoher Anteil indisch-stämmiger Südafrikaner lebte. Len flog einen dunkelblau-weißen ELA-Tragschrauber. Er erklärte Melanie die nötigen Details für den Flieger und gab ihr spezielle Hartplastiktaschen, in die sie ihre Sachen packen sollte.

Mein Pilot, Werner Schoemann, war noch nicht eingetroffen. Er flog auch erst heute nach Springs und sollte eigentlich jeden Moment ankommen. Ich beschloss, mit der Kamera hinaus aufs Vorfeld zu gehen und die Ankunft von Werner zu filmen. Und tatsächlich – kaum war ich draußen, sah ich einen dunkelblauen MT-03 Tragschrauber von AutoGyro mit noch drehendem Rotor auf mich zukommen. Werner war ungeachtet des starken Windes sicher hergeflogen.

Nachdem er den Tragschrauber vor dem Hangar geparkt hatte, stieg Werner aus und stellte sich mir vor. Er hatte eine ähnlich militärische Aussprache wie Roelf Palm. Werner erwies sich als netter Kerl, der stets zu Scherzen aufgelegt war. Er wirkte nervös und rauchte eine Zigarette nach der anderen. Es lag bei allen eine deutlich wahrnehmbare Anspannung in der Luft.

Das in Kürze beginnende Abenteuer gehörte mit zu den größten Herausforderungen, denen man sich als Tragschrauberpilot hier stellen konnte. Eine kleine Panne unterwegs konnte in den abgelegenen, menschenleeren Gegenden leicht einen tödlichen Ausgang nehmen. Außerdem würden wir in gerade einmal zehn Tagen über 4000 Kilometer Entfernung zurücklegen. Auf dem Jakobsflug in Europa hatten wir in drei Wochen 3000 Kilometer zurückgelegt. Es würde also hier deutlich schneller zur Sache gehen. Allerdings erwarteten wir in Afrika auch nicht so viele wetterbedingte Wartezeiten.

In der Zwischenzeit waren noch weitere Tragschrauberpiloten eingetroffen. Henke Beyer und Ashley van Read flogen mit je einem gelben Tragschrauber. Henke begann gleich nach seiner Ankunft, seinen Tragschrauber zu betanken. Dabei löste sich der Benzinschlauch, der zum Motor führt. Bestimmt 30 Liter Sprit plätscherten auf den Hangarboden.

Mit dem Gummischaber versuchten Henke und einige Helfer, dem Benzin wieder Herr zu werden. Es stank erbärmlich nach Benzin, was einige jedoch nicht davon abhielt, in der Halle zu rauchen.

Roelf rief alle fünf von Springs startenden Mannschaften zu einer ersten Einweisung zusammen. Wir würden im Formationsflug gestaffelt fliegen. Roelf erklärte:

»Das heißt, dass nur der Staffelführer mit dem Tower funkt. Nach der Startfreigabe rollen dann alle Tragschrauber auf die Startbahn. Die Aufstellung ist jeweils ein Tragschrauber auf dem linken und einer auf dem rechten Bahnabschnitt, versetzt hintereinander. Zunächst beginnt der Erste in der Aufstellung mit dem Vorrotieren. Kurz vor dessen Start rotiert dann der Zweite. Wichtig ist dabei, dass die Tragschrauber genügend Abstand zueinander haben, damit die Rotoren sich nicht in die Quere kommen. Ein drehender Rotor hat derart viel Bewegungsenergie, dass bei einer wie auch immer gearteten Berührung verheerende Schäden entstünden.«

Für die Starts und den Flug wurde eine feste Reihenfolge der Tragschrauber vereinbart. Jeder Pilot musste sich nur merken, welchem anderen Tragschrauber er folgen sollte. Dadurch hielt sich die Komplexität bei der Reise in Grenzen. Werner und ich würden dem gelben Tragschrauber von Ashley folgen. Uns würde wiederum Henke folgen. Len und Melanie würden mit ihrem Tragschrauber Henke folgen und so weiter.

Der erste Flug ging über den Flugplatz »Kitty Hawk« bei Pretoria bis nach Mokopane in nordöstlicher Richtung. In Kitty Hawk, nach etwa einer Flugstunde, würden wir tanken und dann in Richtung Mokopane weiterfliegen. Bei dem Wind, den wir heute hatten, würde der Flug möglicherweise länger dauern, als erwartet. Es war also gut, dass genügend Benzinreserve eingeplant war.

Werner hatte unser Flugzeug noch vor dem Hangar geparkt. Wir zogen unsere Helme über, schlossen alle Taschen und stiegen in den Tragschrauber. Ich schnallte mich fest. Werner ließ den Motor an und wir warteten auf die anderen. Nach und nach starteten auch die anderen Piloten ihre Motoren. Fünf laufende Tragschraubermotoren nebeneinander waren fast so laut wie unser Gospelgottesdienst in Soweto. Der Tragschrauber mit Roelf rollte als Erster los. Die anderen reihten sich ein. Werner lenkte den Tragschrauber über das Vorfeld zur Startbahn und wir stellten uns in der vorher abgestimmten Formation auf.

Als Erster begann Roelf mit dem Vorrotieren, dann Ashley. Jetzt startete Werner den Prerotator. Langsam setzte sich der Rotor wummernd in Bewegung. Das Wummern wurde mit zunehmender Umdrehung zu einem Zischen. Dann starteten wir zur ersten Etappe unserer Safari. Werner zog den Knüppel weit nach hinten und traf mich dabei auch mit meinem hinteren Steuerknüppel unerwartet heftig zwischen die Beine. Ich biss mir auf die Zunge vor Schreck und rutschte im Sitz weiter nach hinten. Dann kuppelte er den Prerotator aus und gab Vollgas. Der Wind blies heftig in den Rotor. Werner kippte den Rotor mit dem Knüppel stärker gegen den Wind. Der Tragschrauber nahm Fahrt auf. Immer schneller flitzten die Mittelstreifen der Pistenmarkierung an uns vorbei. Der Bug des Tragschraubers begann sich zu heben. Werner drückte den Knüppel nach vorn, und wir hoben ab. Der Fahrtwind im offenen Tragschrauber riss knatternd an meinem Overall.

In einem flachen Winkel stiegen wir in den Himmel. Ich blickte nach hinten und sah, wie Len und Melanie gerade dabei waren, zu starten. Die vor uns gestarteten Tragschrauber flogen bereits in der Platzrunde. Es war vereinbart, dass die in der Luft befindlichen Tragschrauber so lange in der Platzrunde kreisen, bis alle gestartet waren. Die Starts verliefen problemlos, sodass wir bereits wenige Minuten später auf Reisekurs gehen konnten.

Unter uns erstreckte sich das ausgetrocknete Steppengras bis zum Horizont. Durch die dichte Bewölkung erschien es allerdings fast grau. Es war ziemlich kalt. Die geschlossene Kabine des Tragschraubers, den wir bisher geflogen waren, bot hier eindeutig besseren Schutz vor dem Wetter. Auf der anderen Seite war das Fliegen im offenen Tragschrauber viel direkter und intensiver. Ich konnte während des Flugs die Hände ausstrecken, konnte an der Seite direkt und ungehindert in die Tiefe blicken. Über mir war nichts als der sich drehende Rotor und der Himmel. Und die Stöße des Fahrtwindes machten die Luft spürbar. Es war ein ähnlicher Unterschied wie das Fahren mit dem Motorrad verglichen zum Fahren mit dem Auto. Das geschlossene Automobil vermittelte ein subjektiv-psychologisches Gefühl der Sicherheit. Auf dem Motorrad ist der Fahrer zum einen den Elementen, aber eben auch der Straße und dem Fahrgefühl viel enger verbunden. Ich zitterte und schwor mir, beim nächsten Zwischenstopp noch meinen zweiten Pullover unter den Overall zu ziehen.

Der starke Gegenwind kostete Sprit und Zeit. Wir erreichten den Zwischenstopp Kitty Hawk deutlich später als geplant. Wie abgesprochen, landeten wir in der vorbestimmten Reihenfolge. Das war gar nicht so einfach. Wichtig war zum einen, ausreichend weiten Abstand zum vorausfliegenden Tragschrauber einzuhalten. Die Gefahr, in einen bereits gelandeten Tragschrauber hineinzurasen, war recht groß. Schließlich hatte man in dieser Phase noch eine relativ hohe Geschwindigkeit, die nicht abrupt abgebremst werden durfte. Sonst kippte der schwere Rotor nach vorn. Außerdem war es wichtig, besonders weit am Ende der Piste aufzusetzen. Nur dann konnte der nachfolgende Tragschrauber auch noch landen. Wenn man zu früh aufsetzte, blieb dem Nachfolgenden nur noch, Vollgas zu geben und durchzustarten.

Wir flogen die Piste von Kitty Hawk tief an. Werner schwebte fast die gesamte Landebahn in vielleicht drei bis vier Metern Höhe weiter, bis zum Ende der Piste. Kurz nachdem der vorher gelandete Tragschrauber die Piste verlassen hatte, setzte auch Werner auf dem Teer auf. Wir rollten die nächste Taxiway heraus und fuhren bis zur Tankstelle, an der die anderen Tragschrauber bereits in einer Warteschlange standen.

Werner bremste den Rotor ab und fuhr bis dicht an die Vorausfahrenden heran. Wichtig war jetzt, die Rotorbremse gut fixiert zu haben. In einer ähnlichen Situation, so hatte Roelf vor unserem Start noch erzählt, war bei einem der parkenden Tragschrauber die Rotorbremse nicht fixiert gewesen. Durch den Wind hatte sich der Rotor etwas gedreht. Roelf war im letzten Moment noch zum Rotor gehechtet und hatte diesen zwar gestoppt, geriet dabei allerdings mit dem Oberarm in den sich noch drehenden Propeller. Er hatte Glück im Unglück und konnte im Krankenhaus wieder zusammengeflickt werden.

Ich vertrat mir mit Melanie etwas die Beine. Sie hatte den Flug ebenfalls genossen. Als wir wieder zur Tankstelle zurückkamen, waren alle Tragschrauber aufgetankt und startbereit.

Die Tragschrauber reihten sich in der vereinbarten Reihenfolge auf und starteten von Kitty Hawk. Der Wind hatte leider nicht abgenommen. Ich machte mir bei dem wolkenverhangenen Himmel auch langsam Sorgen um unsere Kameras. Wenn es regnen sollte, wäre die teure Elektronik gefährdet. Über die Bordsprechanlage fragte ich:

»Werner, was meinst du, bringen die Wolken Regen?«

Werner antwortete:

»Nicht in dieser Jahreszeit. Der Regen kommt erst ab Oktober. Außerhalb der Regenzeiten verdampft das Wasser meist, bevor es auf der Erde auftrifft.«

Der Flug neigte sich dem Ende zu. Werner reduzierte das Gas und ging in den Sinkflug über. Am großen Hangar warteten bereits die restlichen Tragschrauberbesatzungen mit ihren Maschinen. Ein Geländewagen stand bereit, um die nun vollständige Truppe zur *Hanwill Lodge* zu fahren, die einem Ehepaar gehörte, das ebenfalls an der Safari teilnehmen würde.

Jedes Gästezimmer dort bestand aus einem kleinen Häuschen. Wir trugen unsere Taschen in unser Häuschen und gingen zurück zum Empfangsgebäude. Dort brannte bereits ein großes Feuer in einem Außenkamin. Es war die Vorbereitung für ein sogenanntes Braai, dem Grillen unter freiem Himmel, eine der Lieblingsbeschäftigungen der Südafrikaner. Als das Feuer langsam in Glut überging, legte der Wirt einen Stahlrost in die gemauerte Halterung. Dann gabelte er dicke Scheiben mageren Rindfleischs auf den Rost. Rindfleisch gehört in Südafrika mit zu den ursprünglichsten Lebensmitteln. Die meisten Rinder leben das ganze Jahr draußen auf Weiden. Sie erhalten außer Gras, etwas Salz und Wasser nichts weiter zum Fressen. Kein Tiermehl, keine Antibiotika, keine Wachstumshormone.

Ich hatte erwartet, dass bei dem Braai wenigstens ein Bier getrunken würde. Aber weit gefehlt. Alle Piloten waren ernsthaft bemüht, ihre Flugtauglichkeit am nächsten Tag nicht zu gefährden. So ließ sich die Gesellschaft die saftigen Steaks bei Cola und Limonade schmecken. Roelf trommelte alle zwischenzeitlich 16 Teilnehmer zu einem »Briefing« für den kommenden Tag zusammen. Wir gingen in einen Konferenzraum und setzten uns. Roelf stand in der Mitte der halbkreisförmig aufgestellten Stühle an einem Flipchart. Er erläuterte die Verfahren bei Start und Landung sowie die Formationen während des Fluges für alle Piloten. Werner stellte immer wieder Fragen, die zwar nicht immer zu neuer Erkenntnis, stets aber zur allgemeinen Erheiterung beitrugen.

Gegen 22:00 Uhr gingen Melanie und ich durch die dunkle Nacht in unser kleines Häuschen. Die Zikaden zirpten lautstark. Wir hörten ein dunkles, kehliges Rufen einer Tierart, die wir noch nie woanders gehört hatten. Todmüde fielen wir ins Bett und wurden von den exotischen Klängen schon bald in den Schlaf gelullt.

10

Um 05:50 Uhr wurden wir geweckt. Bereits um 06:15 Uhr waren wir im Morgengrauen startbereit. Nach und nach ließen die Piloten die Motoren an. Jetzt waren wir in voller Safaribesatzung. Zehn Tragschraubermotoren liefen dröhnend warm. Langsam rollte der gelbe Tragschrauber von Roelf, mit den Zebrastreifen auf dem Seitenruder, auf das Vorfeld in Richtung Taxiway. Wie an der Perlenkette aufgereiht, gliederte sich Tragschrauber um Tragschrauber ein. Dann stoppte Roelf am Rollhalt der Piste und funkte mit dem bereits besetzten Turm. Nachdem wir die Startfreigabe erhalten hatten, kam plötzlich der unerwartete Stopp.

Ashleys gelber Tragschrauber hatte zwei platte Reifen. Ich seufzte. Wir wollten heute extra früh losfliegen, damit wir bei unserem Tagesziel in Botswana an einem sogenannten *Game drive*, also einer Fahrt mit dem Geländewagen durch den Wildpark, teilnehmen konnten. Dieses Tagesziel löste sich hiermit in Wohlgefallen auf.

Alle Tragschrauber fuhren zurück zum Hangar, parkten dort und stellten die Motoren ab. Stille. Werner und ich stiegen aus und gingen zu Ashleys Tragschrauber hinüber. Ashley hatte bereits ein Fahrwerk auf einen Ziegel gestellt, den er im Hangar gefunden hatte. Jetzt war er dabei, die platten Reifen abzuschrauben.

»Das waren schon wieder diese verdammten dreizackigen Dornen, die hier überall herumliegen«, schimpfte Ashley.

Mit einer Stunde Verspätung ging es endlich los. Wir rollten zur Piste und bereiteten uns auf den nur kurzen ersten Flug nach Polokwane vor. Früher hieß Polokwane Pietersburg. Nach dem Ende der Apartheid hatten sich schwarze Politiker beeilt, Städte umzubenennen. Es sollte möglichst alles getilgt werden, was noch an die Apartheid erinnerte. Im Gegensatz hierzu ließ sich die südafrikanische Bevölkerung von den offiziellen Namensänderungen wenig beeindrucken. So sprachen die meisten immer noch von Pietersburg. Polokwane hieß übrigens in der Nord-Sotho-Sprache »ein sicherer Ort«. 1984 hatte dieser Ort noch 79 000 Einwohner. In der Zwischenzeit ist die Stadt auf deutlich über 500 000 Einwohner angewachsen. Auch eine Folge der Politik der »offenen Grenzen« zu den befreundeten Nachbarländern Südafrikas.

Wir flogen nach Polokwane, da wir vor der Grenzüberwindung einen Flughafen mit Zollabfertigung benötigten. Das war zwar ein leichter Umweg, ließ sich jedoch nicht anders organisieren. Der Flughafen in Polokwane war in der Tat der größte internationale Flughafen in Grenznähe zu Botswana. Hier landen auch Jumbos. Entsprechend aufgeregt waren wir beim Anflug. Roelf hatte bereits die Landeerlaubnis per Funk eingeholt und reihte sich in die Platzrunde zur Landung ein.

Ein Tragschrauber nach dem anderen ging in den Endanflug auf die Piste über und landete. Ich erinnerte mich an die Worte von Roelf vor unserem Abflug in Johannesburg. Er hatte gesagt: »Es wird heiß werden.« Jetzt war es heiß. Kaum dass wir aufgesetzt hatten, stieg die Temperatur in meinem Overall durch die Sonne empfindlich an. Als Werner in der Nähe der Zapfsäulen geparkt und den Motor abgeschaltet hatte, lief mir schon der Schweiß herunter und ich hatte es eilig, aus den warmen Klamotten zu kommen.

Die Sonne brannte gnadenlos vom Himmel herunter. Ich hatte das zuvor noch nie als Problem angesehen. Die Sonneneinstrahlung war aber nicht nur durch die geografische Lage besonders intensiv. Wir befanden uns hier in Südafrika bereits am Boden stets in Höhenlagen von 3000 bis 6000 Fuß Höhe. Dann machte sich das Fehlen der europäischen Abgasemissionen bemerkbar. Die große Dunstglocke, die, aus dem All gut sichtbar, über Europa sozusagen eine kontinentale Sonnenbrille spannt, fehlt in Afrika weitgehend. Die Sonneneinstrahlung führt dazu, dass man unwillkürlich den Schatten aufsucht. Selbst wenn die Temperaturen früh morgens noch frisch waren, liefen einige Südafrikaner schon im Schatten ihrer aufgespannten Regenschirme spazieren.

Nachdem wir getankt hatten und alle Zollformalitäten erledigt waren, flogen wir weiter in Richtung Selebi-Phikwe. Unter uns zogen südafrikanische Landarbeitersiedlungen vorbei. Die Häuser standen weit auseinander. Dadurch wurde die Landschaft großflächig zersiedelt. Man baute hier nicht wie in Deutschland in engem Häuserverbund. Das lag vor allem an der Landverteilung der schwarzen Regierung. Da der Landbesitz der Weißen als historischer Diebstahl angesehen wurde, versprach der ANC bereits 1994, den Schwarzen Land zurückzugeben. 2006 kündigte die Regierung an, das Land künftig, gegebenenfalls auch durch Enteignung der Weißen, an die Schwarzen zu verteilen. Die Schwarzen, die ihr Land in Besitz nahmen, bauten sich auf ihren Landstücken Häuser, in die sie mit ihren Familien einzogen. Dadurch wurde die Landschaft großflächig zersiedelt.

Wir flogen über die Grenze hinweg nach Botswana ein. Siedlungen wurden immer seltener. Schließlich gab es nur noch unbewohnte Wildnis unter uns. Beim Anblick der weiten Landschaft wurde mir klar, warum hier immer die Rede vom Busch war. Tatsächlich fanden sich hier ausschließlich dornige Büsche und niedrig wüchsige buschige Bäume.

»Schau zu deiner Rechten«, rief Werner aufgeregt in den Bordfunk. Angestrengt blickte ich rechts aus dem Tragschrauber und suchte den Boden ab. Ich konnte erst nichts entdecken. Dann sah ich sie auch. Die perfekt getarnten Giraffen verrieten sich erst durch ihre Bewegung. Zwei trabten durch das Buschwerk. Ihre Bewegung vermittelte grazile Eleganz. Die etwa fünf Meter hohen Tiere schienen beim Rennen den Boden gar nicht zu berühren. Ihre langen Hälse wogten im Rhythmus ihrer Beine und blieben bei jeder Bewegung aufrecht.

Was für Lebewesen, mit ihren drei Meter langen Hälsen, die nur sieben Halswirbel aufweisen. Sie kommunizieren im nicht hörbaren Infraschallbereich auch über große Entfernungen hinweg in einer geheimen Sprache miteinander, die noch niemand hatte entschlüsseln können.

Nach etwas über einer Stunde Flugzeit erreichten wir den Flugplatz von Selebi-Phikwe. Wir setzten auf der Teerpiste auf und fuhren zum Tower, in dem sich auch der Zoll befand. Melanie und ich gingen in den Tower, um unsere Formulare für die Einreise nach Botswana abzugeben. Als wir in die Zollstation kamen, erwartete uns eine sehr ungewöhnliche Zollüberprüfung. Drei schwarzhäutige Zöllnerinnen in Uniform blickten uns neugierig an. Eine der Zöllnerinnen sprach Melanie an. Sie deutete auf mich und fragte:

»Bist du mit diesem Mann verheiratet?«

Melanie nickte mit dem Kopf. Die Zöllnerinnen tuschelten. Dann fragte eine andere der drei Damen Melanie:

»Bist du glücklich mit ihm?« Sie kicherte. Melanie nickte wiederum.

»Wie viele Kinder habt ihr?«, fragte nun die erste Beamtin. Melanie zuckte mit den Achseln und meinte:

»Noch keine. Wir wollen uns erst unseren Kindheitstraum erfüllen und eine Weltreise machen, bevor wir eigene Kinder haben!«

Die drei Zöllnerinnen waren sehr erstaunt. Bei ihnen hieß heiraten automatisch Kinder bekommen. Und das war ein großer Segen. Wenn man keine Kinder bekam, stand die Ehe nach ihrer Vorstellung unter keinem guten Stern. Aber dass ein Paar freiwillig noch keine Kinder bekommen wollte, war für sie ebenso unvorstellbar wie eine Weltreise – sie waren ihr ganzes Leben noch nie außerhalb des Ortes gewesen.

Nach diesem Tankzwischenstopp flogen wir weiter zu unserem Tagesziel: dem Privatflugplatz der *Grundy's Lodge*, zwischen Polokwane und Maun in nordwestlicher Richtung.

»Was ist denn das für ein Fluss?«, fragte ich in den Bordfunk. »Der scheint ja ganz gelbes Wasser zu haben …«

»Das ist ein Rivier …«, antwortete Werner. »Das sind ausgetrocknete Flussläufe, die nur bei Regen Wasser führen. Jetzt sind sie bis oben hin mit Sand gefüllt. Man könnte meinen, es fließt Sand anstelle von Wasser durch das Flussbett. Aber man darf sich nicht täuschen lassen. Wenn man etwas gräbt, stößt man im Sand schnell auf Wasser.

»Daher ist der Fluss auch durch den grünen Bewuchs gesäumt, und das, obwohl er eigentlich ausgetrocknet wirkt«, stellte ich fest.

Schließlich gingen wir in den Landeanflug. Unruhig rutschte Werner auf seinem Sitz hin und her. Das war ein langer Tag gewesen mit sechs Stunden permanenter Anspannung. Wir gingen in eine steile Linkskurve über und schwenkten in die Platzrunde ein. Vor uns waren die ersten Tragschrauber bereits auf der Piste des Grundy's-Privatflugplatzes gelandet.

Werner flog in niedriger Höhe die Piste bis zum Ende entlang, um Platz für die nachfolgenden Tragschrauber zu schaffen. Dann setzten wir auf und rollten mit drehendem Rotor auf dem Taxiway zum Hangar. Die Halle war bereits mit Flugzeugen besetzt und bot keinen Platz für die Tragschrauber. Wir parkten daher vor der Halle und packten die Tragschrauber für die Nacht in Schutzhüllen ein.

Mit einem Landrover fuhren wir zur Lodge. Der Weg ging durch unwegsames Buschland. Der Geländewagen arbeitete sich mühsam durch die tiefen Fahrrinnen des lehmigen Weges. Durch die perfekte Federung des Fahrwerks glich das Fahrgefühl einer Fahrt mit einem Boot bei Wellengang. Durchaus gewöhnungsbedürftig. Der Weg führte in einer Kurve durch dichtes Buschwerk, als der Fahrer plötzlich abrupt bremste. Da geschah das Unerwartete: Wir standen Auge in Auge mit einem gigantischen Löwen.

Widerwillig war der König der Tiere aufgestanden, er hatte auf dem Weg geruht. Jetzt blickte er uns intensiv an. Seine magisch-gelben Augen leuchteten im Abendlicht. Sein Gesicht war gezeichnet von tiefen Narben, die ihm erbitterte Kämpfe mit anderen Löwen eingebracht haben mussten. Er schüttelte seine mächtige Mähne, die fast bis zum Boden reichte, schritt erhaben und voller Stolz zum Rest eines Springbock-Kadavers. Den hatte er anscheinend kürzlich gerissen und verdaute ihn nun träge.

Der Fahrer warnte uns, auf keinen Fall auszusteigen. Der Löwe, der so friedlich wirkte, konnte die kurze Distanz bis zum Fahrzeug innerhalb von Sekunden mit wenigen Sätzen zurücklegen. So schnell hätte dann niemand mehr reagieren können. Oft genug geschahen so Unfälle mit unvorsichtigen Touristen. Der Fahrer ließ den Motor wieder an und wir fuhren langsam an dem gewaltigen Tier vorüber. Auf dem weiteren Weg zur Lodge kreuzten immer wieder Herden von Springböcken unseren Weg.

Das im Kolonialstil errichtete weitläufige weiße Gebäude der Lodge war erst kürzlich liebevoll restauriert worden. Wir betraten den afrikanisch eingerichteten Eingangsbereich und gingen in das bestimmt 200 Quadratmeter große, offene »Wohnzimmer«, das mit großen einladenden Sofas und Sesseln ausgestattet war.

An den Wänden hingen Jagdtrophäen von Rhinozeros, Warzenschwein und Zebra. Auf zwei Seiten hatte der »Raum« keine Wände, sondern gab den Blick auf einen großzügig angelegten Park frei. Der Park wurde kreisförmig von weiteren einstöckigen Gebäuden, ebenfalls im Kolonialstil, eingefasst, in denen sich jeweils die Zimmer befanden. Die Lodge gehörte einem weißen Ehepaar, beide in den Sechzigern. Sie waren die Nachfahren der ersten Weißen, die sich hier mit dem Wildpark eine Existenz aufgebaut hatten.

Wir fühlten uns um 100 Jahre zurückversetzt. Die schwarzen Bediensteten wirkten in ihren weißen Schürzen und den fast wie Trachten wirkenden Kleidern wie dem Film *Jenseits von Afrika* entsprungen. Melanie und ich gingen in das offene Wohnzimmer. Die anderen schienen mit dem Abendessen schon auf uns gewartet zu haben. Dieses sollte, so war uns gesagt worden, auf ganz besondere Weise afrikanisch sein. Wir ließen uns überraschen und gingen mit der Gruppe in das für uns ungewöhnliche Esszimmer: In einem großen Kreis waren Pfähle als eine Art Wand in den Sandboden gerammt worden. In der Mitte brannte ein großes Holzfeuer. Bestimmt zwei Meter hoch schlugen die Flammen aus den gespaltenen Holzscheiten empor. Rund um das Feuer waren, ebenfalls im Kreis angeordnet, Tische aufgestellt. Obschon vollständig im Freien, vermittelten die Atmosphäre und die Temperatur das lauschige Gefühl, in einem geschlossenen Raum zu sein.

Am Eingang dieses »Esszimmers« befanden sich eine lang gestreckte Bar sowie das Buffet mit den Speisen. Es gab Mealie Meal oder auch Mealie Pap. Dieses Gericht aus Maismehl fehlt im südlichen Afrika kaum bei einem Essen. Es ähnelt in der Konsistenz und dem Geschmack dem Kartoffelbrei, ist jedoch in der Farbe heller, fast weiß, und etwas fester. Weiterhin fanden sich im Angebot Butternusssuppe, Blaukraut und verschiedene Sorten von sogenanntem »Game«, also Fleisch vom Wild auf der Farm.

Nach dem Essen blickten wir versonnen abwechselnd in das Feuer und in den Nachthimmel. Der weiße Schleier der Milchstraße war deutlich sichtbar. Das Knacken des Feuers und die geheimnisvollen Klänge der afrikanischen Nacht verschmolzen zu einem wunderbaren Klangteppich.

11

Der Himmel war am nächsten Morgen dicht mit Wolken bedeckt. Es hatte vielleicht gerade einmal 10 °C und wir fröstelten auf der Fahrt mit dem Landrover zur Piste bereits am Boden. Zu allem Überfluss hatte der Wind ebenfalls wieder aufgefrischt.

Roelf trommelte alle Piloten zusammen und begann mit dem morgendlichen Briefing. Wir würden über die Makgadikgadi-Salzseen fliegen, in der Orapa-Diamantenmine landen und am Nachmittag durch das Okavangodelta fliegen.

Roelf betonte noch einmal die Mindestflughöhen, die zum Schutz der Tiere besonders im Okavangodelta galten.

Ich packte die Taschen in das Flugzeug und kletterte auf meinen Sitz. Das Eigentümerehepaar der Lodge war ebenfalls zum Start der Tragschrauber gekommen. Zwar war die Lodge das Ziel zahlreicher Flugsafaris, aber zehn Tragschrauber auf einmal, das war schon etwas Besonderes.

Wir starteten in der vereinbarten Reihenfolge nach Nordwesten. Die Wolken lösten sich schnell auf und die Sonne strahlte vom hellblauen Himmel. Werner steuerte auf direktem Wege die Orapa-Diamantenmine an. Die Mine wird von einem Joint Venture zwischen De Beers und Botswana ausgebeutet und fördert jährlich über drei Tonnen (!) reinste Diamanten. Seit die Mine entdeckt wurde, gilt Botswana als eines der reichsten Länder Afrikas. Schon von Weitem konnte ich die großen Abraumhalden der Mine erkennen. Ein wenig erinnerten sie an die Abraumhalden der Goldminen in Johannesburg. Wir landeten zum Zwischentanken am Rand der Mine.

Ein schwarzer Supervisor mit neongelber Warnweste bediente einen ungewöhnlich modernen Tankwagen. Melanie fragte ihn, was sein Kindheitstraum war. »Ich wollte immer Pilot werden«, sagte der Mann, »aber wegen meiner Lebensumstände hat das leider nie geklappt. Jetzt bin stolz darauf, Airport-Supervisor zu sein.« Neben ihm stand sein etwa dreijähriger Sohn. Er beugte sich zu ihm hinunter und fragte ihn: »Na, willst du auch einmal Pilot werden?« Der Bub blickte verlegen zu Boden, zog das T-Shirt bis zum Kinn und zeigte seinen Bauch. Dann nickte er mit dem Kopf.

Wir flogen weiter in Richtung Maun. Am Horizont kam eine weite Ebene in Sicht. Zunächst wirkte sie schlammig beige, dann wurde sie schneeweiß. Was wir sahen, war jedoch kein Schnee, es waren die Makgadikgadi Pans, die Salzseen. Werner ging in den Tiefflug über. In vielleicht zwei Metern Höhe schossen wir über das blendend weiße Salz. Es war, als würden wir mit dem Motorrad über den Salzsee fahren. Oder standen wir? Die Szene wirkte surreal, wie eine virtuelle, am Computer designte Animation. War das noch der Planet Erde? Ich hatte keinen Bezugspunkt mehr. Um uns herum rauschte nichts als weißer Boden vorbei, der sich in starkem Kontrast vom hellblauen Himmel abhob. Keine Bäume, keine Felsen, nur die weiße Salzebene bis zum Horizont. Nur der dröhnende Propeller und der Rotor sowie das Rütteln des Fahrtwindes an meinem Fliegeranzug bestätigten, dass wir uns tatsächlich in der Luft fortbewegten.

Werner ging in einem weiten Bogen in einen niedrigen Kurvenflug über. Der Horizont kippte nach links. Ich hatte das Gefühl, nur meine rechte Hand ausstrecken zu müssen, um den vorbeirasenden Salzboden zu berühren. Vor uns flüchteten Springböcke über die weiße Ebene. Wir flogen auf die in Sicht kommende Wasseroberfläche des Salzsees zu. Der See reflektierte die Sonne wie ein großer Spiegel. Die weiße Fläche, das Wasser und der strahlende wolkenlose Himmel darüber wirkten wie aus der Werbung für eine luxuriöse Ferienanlage.

In großen vernarbten Mustern war das Salz auskristallisiert. Auf über 16 000 Quadratkilometern trocknete der einst mächtige Binnensee in der nördlichen Kalahari immer weiter aus. Eine wesentliche Ursache für das Austrocknen war der unersättliche Wasserbedarf der Orapa-Mine.

Werner durchflog einen großen Kreis und ging wieder auf Reisekurs.

»Andreas, siehst du noch die anderen?«, fragte Werner. Ich suchte angestrengt den Horizont ab. Aber ich konnte keinen anderen Tragschrauber erkennen. Wir hatten sie durch unsere Kreisflugeskapaden verloren.

Melanie konnte schon von Weitem die große Teerpiste und den Kontrollturm des Flughafens Maun erkennen. Len flog über dem Salzsee im Gegensatz zu Werner extrem hoch. Von oben bekam man ein noch besseres Gefühl für die unglaubliche Weite der Landschaft. Melanie fühlte sich ein wenig, als würde ihr Kindheitstraum, Kosmonautin zu werden, in Erfüllung gehen. Aber es wurde in dieser Höhe langsam, aber sicher kalt. Melanie fröstelte.

Einer nach dem anderen ordneten sich die Tragschrauber für den Landeanflug ein. Der Flughafen lag direkt vor ihnen auf 2 Uhr. Melanie war erleichtert, dass sie gleich landen würden, als sich Len über den Bordfunk meldete:

»Melanie, kannst du den Flughafen schon erkennen?« Wie vom Donner gerührt blickte Melanie nach vorn.

»Nein, Werner, ich kann die anderen nicht mehr sehen ...«, antwortete ich. Werner versuchte mehrfach, die anderen anzufunken, aber es kam keine Antwort. »Funktioniert denn das Navigationssystem?«, fragte ich über den Interkom, unsere Bordsprechanlage, aber es kam keine Antwort zurück.

Ich begann, mir Sorgen zu machen. In dieser Landschaft gab es keinerlei Anhaltspunkte, an denen festgestellt werden konnte, wo wir waren. Wenn wir hier versehentlich in die falsche Richtung flogen, würde uns in spätestens zwei Stunden der Sprit ausgehen. Wir würden auf Nimmerwiedersehen irgendwo in der Salzwüste landen müssen.

Werner schwieg weiterhin hartnäckig. Angestrengt blickte ich in die Richtung, in der ich die anderen Flieger vermutete.

Ein Knacken im Funk verriet, dass wir wieder in Empfangsdistanz zu den anderen Tragschraubern kamen. Werner funkte mit Roelf auf Afrikaans. Ich verstand kein Wort. Offenbar versuchten die beiden zu analysieren, wo wir uns gerade befanden. Roelf stellte immer wieder Fragen, die Werner beantwortete. Ich hoffte inständig, dass die beiden die Situation im Griff hatten. Der Motor dröhnte, als Werner mehr Gas gab und zu steigen begann. Wollte er sich durch eine höhere Flughöhe einen besseren Überblick über unsere Position verschaffen?

Ich suchte weiter den Horizont nach den anderen Tragschraubern ab. Nach einer weiteren Viertelstunde sah ich neben uns wieder den Tragschrauber von Len und Melanie auftauchen. Werner flog auf direktem Weg die Piste an und landete auf dem Maun International Airport. Len kreiste merkwürdigerweise noch etwas um den Flughafen, bevor auch er zur Landung ansetzte. Es erforderte enorme Konzentration und Ausdauer, den ganzen Tag zu fliegen.

Werner fuhr nach der Landung den anderen hinterher zur Tankstelle.

Maun International Airport ist Stützpunkt der »fliegenden Ärzte« sowie ein wichtiger Verkehrsknoten für den Luftverkehr in Botswana. Auf dem Vorfeld standen bestimmt 50 Flugzeuge vom Typ Cessna, aber auch viele andere Typen. Es war ein ständiges Starten und Landen.

Als Nächstes sollte der bisherige Höhepunkt dieser Reise folgen: Der Flug durch das Okavangodelta. Kaum waren wir in der Luft, veränderte sich die Landschaft dramatisch. Vom staubigen Ocker der ausgetrockneten Steppenlandschaft wandelte sich die Vegetation in ein sattes, nasses Grün. Mit Bäumen bewachsen, näherte sich das Okavangodelta. Die Sumpfoase inmitten der Kalahari erstreckt sich über 20 000 Quadratkilometer und bietet Wildtieren ein willkommenes, riesiges Rückzugsgebiet.

Am Rande des Okavangodeltas war es laut Roelf noch erlaubt, tief zu fliegen. Das nutzten die Tragschrauberpiloten. In vielleicht fünf Metern Höhe, knapp über der glitzernden Wasseroberfläche des Sumpfes, flogen wir in rasantem Tempo an grünen Bäumen vorbei. Ich blickte links aus dem Tragschrauber und sah eine Elefantenherde im Wasser stehen, die erstaunt nach oben blickte. Wir flogen in schnellem Wechsel Links- und Rechtskurven. Der Flug entwickelte sich mehr und mehr zu einer Achterbahnfahrt.

Unter uns wogte das lange Sumpfgras im Wind. Das Wild hatte in den Graslandschaften Spuren wie in einem Spinnennetz hinterlassen. Zu meiner Rechten sah ich eine Herde Wasserbüffel knietief durch das Wasser waten. Ich fühlte mich unwohl in dieser niedrigen Flughöhe. Hier wimmelte es von Krokodilen, Schlangen, Löwen, Elefanten, Wasserbüffeln und sogar Flusspferden. Unter uns war die größte noch weitgehend unversehrte Wildnis der Welt.

Wir flogen in einer der steilsten Rechtskurven, die ich bisher erlebt hatte, an einer Baumreihe entlang. Ich blickte nach rechts ins Wasser hinunter und sah, wie sich die Sonne und unser Tragschrauber im Wasser spiegelten. Vögel schienen unter uns mitzufliegen.

Der Tragschrauber richtete sich wieder gerade. Wir flogen mit etwa 160 Stundenkilometern. Durch die rechts und links vorbeizischenden Büsche und Bäume wirkte das Tempo noch schneller. Ganz so rasant hatte ich mir diesen Flug eigentlich nicht vorgestellt.

Jetzt sausten Werner und ich auf zwei etwa 16 Meter auseinanderstehende Bäume zu. Sie waren ausschließlich an den Kronen bewachsen und sahen ein wenig wie aufgespannte Sonnenschirme aus. Wir waren vielleicht noch 50 Meter von den Bäumen entfernt. Mit Entsetzen sah ich die Bäume auf uns zu rasen.

»Gib Gas!«, schrie ich in den Bordfunk. Ich spürte, wie ich reflexartig zum Steuerknüppel greifen wollte, um den Tragschrauber in die Höhe zu reißen, um über die Bäume noch hinwegfliegen zu können. Im letzten Moment wollte ich nach hinten ziehen und griff ins Leere. Ich hatte hinten keinen Steuerknüppel mehr. Werner hatte ihn nach dem ersten Tag ausgebaut. Ich konnte nichts mehr tun.

Melanie genoss in Lens Tragschrauber den Flug über das Okavangodelta. Die immergrün bewachsene herrliche Landschaft erstreckte sich bis an den Horizont. Melanie konnte kaum glauben, was sie auf einer Insel im Sumpf sah: eine Elefantenfamilie. Offenbar hatte es gerade Nachwuchs gegeben. Zwei Elefantenjunge drängten sich dicht an die Mutter. Melanie war überglücklich bei dem Anblick. Es waren die ersten wild lebenden Elefanten, die sie gesehen hatte. Ganz in der Nähe sah Melanie etwas Weißes, Längliches aus dem Grün blitzen. Waren das etwa Elefantenknochen und Elefantenschädel? Tatsächlich, sie traute ihren Augen kaum. Da unten befand sich offenbar ein Elefantenfriedhof, ein Ort, an den sich die Tiere zum Sterben zurückzogen. Denn die zarten Grünpflanzen im Sumpf waren für die alten, oft zahnlosen Tiere einfacher zu fressen.

Links unter dem Tragschrauber konnte sie beobachten, wie ein Rudel Warzenschweine mit seinen antennenartig aufgestellten Schwänzchen rannte. Es sah lustig aus, wie die Tiere mit ihren spiralförmig gedrehten Hauern, der grimmigen Miene und den kurzen Beinen aufgeregt im Schweinsgalopp durch das etwas höher liegende trockene Areal liefen.

Melanie und Len flogen über offenes Wasser. Drei Elefanten hatten ordentlich Schlamm aufgewirbelt und das sonst dunkle, fast schwarze Wasser wie Milchkaffee eingefärbt. Ein Schwarm großer weißer Vögel stieg auf und flog über die Elefanten hinweg. Melanie fühlte die warme Luft des Okavango und es schien, als wären die badenden Elefanten zum Greifen nahe. So hatte sich Melanie Afrika aus der Luft vorgestellt, und es war doch wie ein unwirklicher Traum.

Aus dem Wasser erhoben sich kleine Anhöhen wie Inseln. Sie waren weiß gefärbt. Das lag daran, dass sich hier um die Wurzeln der Pflanzen Salzablagerungen gebildet hatten. Diese färbten den sonst rötlichen afrikanischen Boden der Inseln weiß, als wäre er aus Kalk. Die Inseln waren fast nur durch die Bauaktivitäten der Termiten entstanden. Diese bauten millionenfach ihre turmartigen Bauten. Sie verklebten den roten, lehmigen Baustoff Erde mit ihrem Speichel zu teilweise mehrere Meter hohen Türmen. Durch die Sonne wurde das Material betonhart gebrannt. Dieser Baustoff löste sich selbst bei starkem Regen nicht mehr auf. Die Einheimischen brachen zum Bau ihrer traditionellen Hütten Termitenbauten auf und zerklopften das Gestein. Wenn es dann mit Lehm, Dung und Stroh *vermischt und mit Wasser angerührt wurde, ergab dies ein sehr beständiges Baumaterial.*

Reflexartig krallten sich meine Fingernägel in den Sitz. Alle Muskeln waren angespannt. Ich bereitete mich auf den bevorstehenden Crash vor. Wir hatten aus meiner Sicht keine Chance mehr, über die Bäume hinwegzukommen. Auch für ein seitliches Ausweichen war es jetzt zu spät. 30 Meter noch, dann würden wir direkt in die Bäume rasen. 20, jetzt 10 Meter. Die Szene verlief wie in Zeitlupe. Bruchteile von Sekunden lang schien die Zeit fast angehalten zu sein. Meter um Meter näherten wir uns den Bäumen. Fünf Meter. Gleich würde der Rotor in einen der Baumstämme fahren. Dann hörte ich nur noch ein Zischen und die Bäume flitzten an uns vorbei.

Wir flogen zwischen den Bäumen hindurch und auf der anderen Seite wieder heraus. Werner gab Gas und zog den Tragschrauber wieder in die Höhe. Er war offenbar selbst erschrocken und hatte den Abstand der Bäume unterschätzt.

»Bist du wahnsinnig«, schrie ich in den Bordfunk. Werner schwieg betreten und stieg weiter in höhere und damit sichere Flughöhen auf. Ein eiskalter Schauer war mir über den Rücken gelaufen, obwohl es selbst in der Luft warm war.

Nach insgesamt mehr als sieben Flugstunden erreichten wir den Flugplatz von Shakawe. Nach der Landung putzten und checkten wir gemeinsam die Tragschrauber. Was für ein Tag. Wir würden Monate benötigen, um diese einmaligen, aber auch sehr aufregenden Erlebnisse zu verarbeiten.

Wir luden das Gepäck von den Fliegern in eines der wartenden Autos, das uns zum Ufer des Kavangoflusses fuhr. An einer Anlegestelle warteten zwei Motorboote, die uns auf dem Fluss zur flussaufwärts gelegenen *Drosky Lodge* bringen würden.

Am Außenborder unseres Bootes saß ein einheimischer Schwarzer, der gleichzeitig Wildführer war. Melanie und ich nahmen im Bug des Bootes Platz. Das sanfte Schaukeln, die ruhige Abendstimmung sowie die angenehme Temperatur von etwas über 20 °C trugen dazu bei, dass wir anfingen, uns von dem anstrengenden Tag zu erholen. Es war fantastisch. Langsam fiel die Anspannung von uns ab. Wir hatten das Gefühl, angekommen zu sein, in einem Boot auf dem Kavangofluss, mitten im wilden Okavangodelta.

Vor uns teilte der Bug das Flusswasser in zwei aufschäumende Wellen. Das Licht wurde durch die noch am Horizont stehende Sonne immer weiter auf eine angenehme Abendstimmung abgedimmt.

Am rechten Ufer sah ich auf einem lehmigen Ufervorsprung bewegungslos ein Krokodil lauern. Die durch das Boot verursachte Welle bewegte auch den Grünbewuchs in Ufernähe. Das Schilf und das Gras schienen selbst zu schwimmen und gingen im Rhythmus der Wellen mit dem Wasser auf und ab.

Exotische Vogelstimmen drangen zu uns herüber und verstärkten das tief gehende Erlebnis des wilden Afrikas. Der Bootsführer hatte den Motor abgestellt. Wir trieben jedoch weiter in Richtung des linken Ufers. Im Schilf lag eine armlange Echse in der Sonne. Ihre giftgrün schillernde Haut erwies sich im Schilf als perfekte Tarnung. Nur der geübte Blick unseres Wildführers hatte sie aufgespürt. Wir fühlten den Respekt und die Ehrfurcht, die er der Natur entgegenbrachte.

Der Rumpf des Bootes schob sich knirschend in das Schilf. Wir saßen direkt auf dem Bug und wichen etwas zurück. Mir war bei dem Gedanken an die Schlangen und Echsen im Dickicht nicht besonders wohl. Ich wollte nicht unbedingt nähere Bekanntschaft mit den Reptilien schließen.

Das Dickicht war an vielen Stellen überzogen von den großen weißen Netzen der Vogelspinne. Das waren nicht die in unseren europäischen Gefilden üblichen, fast unsichtbaren Gespinste. Diese weißen Netze waren weithin gut sichtbar und ich fragte mich, wie Vögel und Insekten von diesen Netzen überhaupt überrascht werden konnten. Sie mussten die Gefahr doch eigentlich sehen können.

Unser Bootsführer ließ den Motor wieder an und wir tuckerten weiter den Strom aufwärts, als plötzlich keine zehn Meter vor uns der Kopf eines Flusspferdes auftauchte. Nervös steuerte unser Führer das Boot ganz an den rechten Rand des Flusses. Er hielt respektvoll Abstand, und das nicht ohne Grund. Jedes Jahr sterben in Afrika mehr Menschen durch Flusspferdangriffe als durch Angriffe aller anderen Tierarten zusammengenommen. Tagsüber lassen sich die Tiere faul im Fluss treiben. Die intensive Sonne würde sonst ihre Haut verbrennen. Abends kommen die Nilpferde aus dem Fluss und weiden jeden Tag bis zu 40 Kilo Gras. Die Tiere werden so schwer wie ein Kleinlaster. Sie können bis zu einer halben Stunde die Luft anhalten. Während sie schlafen, funktioniert das Auftauchen und Luftholen automatisch, ohne dass sie dabei erwachen würden. Jetzt sahen wir den massigen Kopf und Rücken auftauchen. Wenn man nur den nass glänzenden Rücken ansah, konnte man das Tier leicht für einen Wal halten. Und tatsächlich sind Flusspferde ja nicht mit dem Pferd, sondern eher mit den Walen verwandt. Lautlos tauchte der Körper wieder ab.

Der Wildführer hielt weiter Abstand zu dem Tier. Er hatte den Motor abgestellt, wollte das Tier auf keinen Fall provozieren.

»Siehst du es noch?«, flüsterte ich zu Melanie. Melanie zeigte auf die sich an einer Stelle kräuselnde Oberfläche des Flusswassers.

»Dort drüben taucht es«, gab sie leise zurück. Es herrschte eine gespenstische Stille. Selbst die Vögel schienen für einen Moment ihren Gesang eingestellt zu haben. Lediglich die Zikaden zirpten unverdrossen und monoton weiter.

»Da drüben sind sie wieder aufgetaucht«, rief einer der anderen Bootsinsassen. Tatsächlich, es waren zwei Flusspferde. Sie hatten sich vom Boot entfernt. Jetzt waren sie fast 30 Meter vom Boot weg.

Der Bootsführer startete den Motor wieder und wir fuhren weiter den Fluss aufwärts. Melanie und ich waren begeistert von der Tierwelt.

»Schau mal, da drüben auf dem Baum am Ufer sitzt ein Weißkopfseeadler«, meinte Melanie. Das Wappentier der Vereinigten Staaten blickte majestätisch über den Fluss hinweg und ließ sich nicht von unserem Motorboot stören. Der Bootsführer wies mit der linken Hand auf einen weiteren Baum.

»Da sitzt die extrem selten gewordene *Pels Fishing Owl* oben in der Baumkrone. Könnt ihr die erkennen?« Und tatsächlich. Aus der Entfernung sah die Eule wie ein verrotteter Baumstumpf mit zwei großen, schwarzen runden Augen aus. Fasziniert blickte ich hoch in das Geäst.

Ich hatte den Eindruck, dass sich die Tierwelt am Flussufer in der Abendstunde eingefunden hatte, um sich von der besten Seite zu präsentieren. Es war die reinste Augenweide. So viele exotische Wildtierarten, teilweise von unbeschreiblicher Schönheit, hatte ich noch nie gesehen.

Direkt neben unserem Boot saß im Ufergebüsch ein kleiner Malachiteisvogel. Der Vogel hatte einen orange leuchtenden Schnabel, ein gelbes Brustgefieder, grell leuchtende lila Flügel und einen hellblau gefiederten Kopf. Vor den blattlosen schlammgrauen Ästen des Ufergestrüpps wirkte der Vogel geradezu kitschig und unnatürlich bunt.

Die Sonne war zu einem glutroten Feuerball geworden. Wie eine Fackel wirkte ihr Widerschein auf der Wasseroberfläche. Im Vordergrund wogte das Schilfgras im Rhythmus der Wellen. Die Szene wirkte so inszeniert wie berauschend. Es wäre das perfekte Motiv für ein Kalenderbild. Und schon hörte ich Melanie auf den Auslöser unserer Fotokamera drücken.

Kaum war die Sonne untergegangen, dauerte es nicht lange und die Nacht zog auf. Das Boot steuerte geradewegs auf die *Drosky Lodge* zu. Mit einem dumpfen Schlag rammte das Boot die Anlegestelle. Wir griffen nach unseren Taschen und stiegen aus dem schwankenden Boot auf den Steg.

Die Lodge bestand aus einer Siedlung traditioneller afrikanischer Hütten mit Reetdächern direkt am Flussufer. Es war inzwischen tiefschwarze Nacht geworden. Der Anlegesteg und die Wege waren mit Fackeln bestückt und warfen ein geheimnisvolles, flackerndes Licht auf die Palmen und Farngewächse. Das Hauptgebäude ruhte auf Stelzen und wurde nur von einem nach allen Seiten hin offenen Reetdach überdeckt. Wie ein Steg auf dem Fluss wirkte das Gebäude auch von innen.

Wir trugen unser Gepäck in die uns zugewiesene Hütte. Die zimmergroße Behausung war mehrfach gegen Moskitos geschützt. Im Inneren standen Sprühdosen bereit mit der Aufschrift »Silent Night«. Was für ein Produktname: »Stille Nacht«! Die Fenster waren zweifach mit Moskitonetzen geschützt, und über dem Bett hing ebenfalls ein Moskitonetz. Das schien hier offenbar ein Problem zu sein. Ich versprühte prophylaktisch eine halbe Flasche »Silent Night«, versuchte, so wenig wie möglich dabei zu atmen. Melanie schaltete den Ventilator ein, und wir verließen den Raum fluchtartig in Richtung Abendessen. Das Okavangodelta war schließlich Malariagebiet. Wir hatten die Tabletten nicht genommen und wollten kein weiteres Risiko eingehen.

Doch den Mücken schien es ohnehin zu kühl zu sein. Jedenfalls hatten wir heute Abend unsere Ruhe vor den Biestern, und das, obwohl das Abendessen im nach allen Richtungen hin offenen Haupthaus am Flussufer stattfand.

12

Am nächsten Morgen ließ der Bootsführer den Motor an und wir rauschten mit Höchstgeschwindigkeit durch die noch kühle Morgenluft des Kavangoflusses.

Wir würden heute an der Grenze von Angola entlang nach Rundu fliegen. Der vergleichsweise kurze Flug würde uns zur *Kavango River Lodge* führen, in der wir übernachten wollten.

Wir starteten in Shakawe und Werner flog noch eine Weile tief über die Wasseroberfläche des Kavangoflusses. In zwei Metern Flughöhe glich der Flug der rasanten Bootsfahrt von heute Morgen, nur ohne Wellenteilung nach links und rechts.

In steilen Kurven folgten wir dem mäandernden Verlauf des Flusses. Links und rechts flitzten die Bäume des Uferbewuchses an uns vorbei. Vereinzelt sahen wir schwarze Fischer auf ihren

Einbäumen stehen und winken. Sie manövrierten die Einbäume teils mit selbst gebauten Rudern, teils mit Stangen, mit denen sie in den Flussgrund stocherten und die Boote voranschoben.

Wir flogen über eine Familie von Flusspferden hinweg. Zunächst blickten die Tiere einigermaßen neugierig und erstaunt aus dem Wasser auf den sich nähernden Tragschrauber. Als wir dann fast über ihnen waren, kam erstaunliche Bewegungsdynamik auf. In einem großen Sprung, den ich den tonnenschweren Kolossen nie zugetraut hätte, wuchteten sich die Flusspferde erst zur Seite, um dann im aufschäumenden Wasser spurlos abzutauchen.

»Wir sind in Angola«, funkte Werner. Ich blickte mich um. Wir flogen rechts des Kavangoflusses. »Jetzt müssen wir aufpassen, dass wir nicht abgeschossen werden«, witzelte er. Werner war, wie die meisten anderen teilnehmenden Piloten, im Angolakrieg gewesen.

Unter uns zogen die auf dem roten Lehmboden erbauten traditionellen afrikanischen *Tukul*, die Rundhäuser, vorbei. Die Menschen lebten hier anscheinend in einfachsten Verhältnissen. Ich konnte am angolanischen Kavangoufer die bunten Kleider der Afrikanerinnen erkennen. Sie saßen in der Hocke und wuschen ihre Wäsche in den Fluten des Flusses. Die gewaschene, aber noch nasse Wäsche legten sie in bunte Plastikschüsseln. Mir war zuvor schon aufgefallen, dass viele Menschen im südlichen Afrika Badeschlappen aus Kunststoff trugen. Die traditionelle Herstellung von Kleidung, Schuhen und Geschirr war fast vollständig zum Erliegen gekommen.

Wir flogen weiter nach Angola hinein. Unter uns zogen Grasflächen vorbei, die mit einem dichten Muster von Tier-Trampelpfaden durchzogen waren. Im Gegensatz zum saftigen Grün des Sumpfdeltas war diese Landschaft wieder trocken und staubig. Aus der Höhe wirkte der Boden wie frisch gegerbtes Leder. Die durch den Wildwechsel entstandenen Pfad-Muster schienen sich wie die Falten einer Haut durch die Landschaft zu ziehen. Die ockerrote Farbe des Lehmbodens verstärkte diesen Effekt noch. Len und Melanie flogen neben uns.

Melanie war es bereits kurz nach dem Start übel geworden. Der Wind verursachte heftige Turbulenzen und rüttelte am sonst so ruhig fliegenden Tragschrauber. Dann war es so weit. Das Frühstück suchte sich unwillkürlich den Weg nach draußen. Melanies Tüte war zu allem Unglück nicht dicht. Sie zog eine zweite aus der Kameratasche, die war jedoch ebenfalls nicht dicht. Die dritte Tüte war zwar dicht, aber sie kam zu spät. Was nicht vom Fahrtwind weggeblasen wurde, verteilte sich über den Rücksitz nach hinten fliegend.

Zurück auf der namibischen Seite, gingen die Tragschrauber in den Landeanflug auf Rundu. Der namibische Militärflugplatz lag direkt an der angolanischen Grenze und rief bei den Piloten ungute Erinnerungen wach. Hier waren sie lange Zeit stationiert gewesen, in ihrem Kampf gegen den vorrückenden, bedrohlichen Sozialismus sowjetisch-kubanischer Prägung.

Melanie konnte die Landung kaum noch erwarten. Sie war froh, den Boden unter den Füßen zu spüren.

»Ich dachte, ich halte durch«, entschuldigte sie sich bei Len. Sie half Len, die Sitze sauber zu machen.

»Zum Glück sind wir im offenen Tragschrauber unterwegs«, scherzte Len.

Ein hellblauer S-Klasse-Mercedes aus den 1970er-Jahren wartete am Rand des Flugplatzes auf uns, um uns zur *Kavango River Lodge* zu bringen. Das Auto war, obwohl bereits seit über 30 Jahren in Betrieb, in perfektem Zustand. Wie in einer Sänfte fuhren wir zur Lodge.

Die Lodge lag auf einer Anhöhe und gewährte einen fantastischen Blick ins Okavangodelta. Unten im Tal schlängelte sich der Kavango. An den Ufern hatten sich kleine Lagunen gebildet. An einer standen sieben schwarze Männer und Frauen bis zu den Hüften im Wasser im Kreis und hielten ein Netz in den Händen. Immer dichter gingen sie aufeinander zu und zogen das Netz langsam zusammen. Als sie alle in der Mitte vereint standen, zogen sie das Netz an die Wasseroberfläche. Einige wenige Fische zappelten im Netz. Das war wohl das Abendessen.

Rianna, eine der beiden mitfliegenden Ehefrauen, die mit uns bereits zur Lodge gefahren war, erzählte uns von einer Freundin, die vor einem Jahr, etwa zur gleichen Zeit, ebenfalls in der *Kavango River Lodge* für eine Nacht eingecheckt hatte. Gleich bei der Ankunft war sie von einem Moskito gestochen worden und kurz darauf schwer an Malaria erkrankt. Melanie und ich blickten uns entsetzt an. Nachdem wir an der Lodge angekommen waren, bezogen wir unser Zimmer, schlossen die Fenster und die Tür, schalteten die Klimaanlage an, verzichteten auf Gesellschaft und Abendessen und verließen das Zimmer bis zur Abreise am nächsten Morgen nicht mehr.

13

Draußen war noch finstere Nacht. Als ich die Türe zum Verlassen des Zimmers öffnete, wirbelte eine schwarze Wolke aus Tausenden von Insekten auf, die sich auf der warmen Hauswand für die Nacht niedergelassen hatten. Gut, dass wir die Fenster geschlossen hatten, dachte ich, und versuchte mit der freien Hand den Schwarm von mir fernzuhalten.

Wir hatten etwa sieben Stunden Flug vor uns. Die besondere Herausforderung bestand darin, auf einem kurzen Kiesweg auf der *Kanona Hunting Farm*, unserem heutigen Zielflugplatz, zu landen. Nicht nur war die Piste dort mit etwas über 450 Metern Länge die bisher kürzeste. Die Piste war dicht mit Bäumen eingewachsen. Die Piloten mussten also extrem exakt möglichst steil einfliegen und wenn möglich, gleich am Anfang der Piste aufsetzen.

Es machte sich allgemeine Nervosität breit. So viel wie an diesem Morgen war auf der bisherigen Route noch nicht geraucht worden.

Nach unserem Start in Rundu flogen wir über zahlreiche kleine Dörfer hinweg. Nackte Kinder rannten aus den Strohhütten und winkten uns zu. Hühner flatterten aufgeregt in alle Richtungen davon, weil wir doch recht tief über die Hütten hinwegdonnerten.

Wir flogen eine Straße entlang, die bis zum Horizont schnurgerade verlief. Werner ging tiefer und wir knatterten nun vielleicht in zehn Metern Höhe über den Asphalt. Es wirkte, als würden wir auf der Straße fahren, aber dreidimensional. Immer wieder blieben entgegenkommende Fahrzeuge am Straßenrand stehen. Die Insassen kurbelten die Fenster herunter und blickten erstaunt auf die Armada von zehn Tragschraubern, die über sie hinwegflog. Die Straße verlief weiterhin gerade. Allerdings wurde das Gelände hügeliger. Werner machte sich einen Spaß daraus, noch tiefer zu gehen. Damit schlich er sich fliegend hinter dem jeweils nächsten Hügel auf der Straße an und tauchte vor den über den Hügel entgegenkommenden Autos im letzten Moment wie aus dem Nichts auf. Allerdings kamen uns, zu Werners großer Enttäuschung, keine weiteren Fahrzeuge entgegen.

Nach knapp zwei Stunden Flug erreichten wir den Militärflugplatz in Grootfontein. Als wir von der Landebahn auf das Vorfeld fuhren, sah ich überall gelangweilte Soldaten in ihren Flecktarnanzügen herumlungern. Besonders viel gab es für sie offensichtlich nicht mehr zu tun nach dem Ende des Angolakrieges.

Roelf gab das Signal zum Aufbruch. Die nächste Etappe konnte beginnen. Die führte uns durch die Otaviberge, deren höchster Gipfel immerhin knapp über 6000 Fuß hoch ist. Die Berglandschaft war mit Dornbüschen und niedrigen Bäumen bewachsen. Die Berge bestanden hier nur aus einer einzigen Gipfelkette.

Ich sah ein vielleicht 50 Meter langes Stück geteerten Asphalt. Das war allerdings die Start- und Landebahn, die sich die Modellflieger von Otjivarongo geteert hatten. Ich traute meinen Augen nicht, als die ersten Tragschrauber in den Landeanflug auf die Piste des Modellflugplatzes übergingen. Tatsächlich, da setzte auch schon der erste Tragschrauber fast im Stehen auf und richtete sofort den Rotor schräg. Er rollte langsam von dem Teerfleck herunter in Richtung des Wellblechhangars.

»Die sind ja verrückt«, rief Werner lachend über unsere Bordsprechanlage. »Ich lande nicht auf diesem handtuchgroßen Teerstück.« Während wir eine große Kurve im Rahmen der Platzrunde flogen, sah ich einen anderen Tragschrauber durchstarten. Er hatte ebenfalls versucht, bei den Modellfliegern zu landen. Als er drohte, die Piste zu verfehlen, war er im letzten Moment durchgestartet.

Ich war erleichtert, dass Werner nicht den Ehrgeiz hatte, auf dieser Minipiste zu landen. Allerdings bereitete mir die Landung auf der daneben liegenden roten Staubpiste auch keine Freude. Während Werner die Bremse zog und wir zum Stehen kamen, gab der Tragschrauber vor uns richtig Gas und hüllte uns in eine dichte Wolke aus rotem Staub ein.

Es gab auf diesem Platz keinen Sprit. Einige der Tragschrauber, deren Piloten alleine flogen, hatten jedoch Kanister mit Benzin dabei. Wir verteilten daher die letzten Benzinreserven auf alle Tragschrauber, sodass das letzte Stück bis zur *Kanona Hunting Farm* zu schaffen sein musste. Die Kalkulation war allerdings dennoch recht knapp. Wir durften auf dem letzten Stück keinen Gegenwind haben. Aber so sah es derzeit auch nicht aus. Die Nerven lagen trotzdem bei allen blank. Jetzt kam die schwierigste Landung der ganzen Reise, das Landen auf der kurzen Zufahrt zur Lodge, inmitten von Bäumen.

Wir flogen durch eine abwechslungsreiche Landschaft, die mal goldgelb, mal rötlich wirkte. Das flache Land wechselte sich ab mit sanften Hügeln und gelegentlichen Felshängen, die wie abgebrochen aussahen. Die spärlichen niedrigen Büsche und Bäume bedeckten das Land nur sehr lückenhaft. Die Bäume ähnelten im Wuchs ein wenig Apfelbäumen, nur dass sie kaum grünes Laub aufwiesen.

Nach etwa zwei Stunden erreichten wir den gefürchteten Landeplatz. Wie der Löwe um den brennenden Reifen kreisten die Tragschrauber verunsichert um die kleine Piste und nahmen das Stückchen Feldweg, auf dem gelandet werden sollte, zunächst einmal ausgiebig in Augenschein. Ich blickte mich um und sah, wie Melanie und Len bereits in den Endanflug übergegangen waren. Wir flogen die Platzrunde links herum.

Werner drehte sich immer wieder um, um die Piste in Augenschein zu nehmen. Ich machte ihm über den Bordfunk Mut:

»Werner, das ist doch kein Problem, du bist ja ein erfahrener Baumlückenflieger.« Werner lachte. Ich hielt Ausschau, ob Melanie und Len gut gelandet waren. Aber ich konnte den Tragschrauber nicht mehr sehen, das hieß sie mussten schon von der Piste sein.

Als Nächstes waren wir dran. Werner ging in den Endanflug über. Dicht flogen wir über die Baumwipfel vor der Piste hinweg. Vielleicht ein wenig zu dicht. Wir hatten noch etwa 20 Meter Höhe.

Jetzt müsste er eigentlich das Gas rausnehmen, dachte ich, sonst wird das nichts. Es wurde tatsächlich zu knapp. Werner schob Vollgas rein und startete durch. Der Motor heulte auf, und wir flogen tief über die Piste hinweg, bis Werner in der Mitte der Piste den Tragschrauber wieder in die Höhe zog. Jetzt sah ich auch, was die Ursache für sein Manöver war. Am Ende der Piste stand immer noch der Tragschrauber von Len und Melanie. Wenn wir gelandet wären, wären wir womöglich in sie hineingerast. Der Rotor von Lens Tragschrauber drehte sich auch noch.

»Warum geht er denn nicht von der Piste runter?«, fragte ich über den Bordfunk.

»Keine Ahnung«, rief Werner.

Len war offenbar leicht schräg versetzt, nur wenige Zentimeter neben dem Pistenrand in einer kleinen Mulde aufgekommen. Dabei musste er den Tragschrauber beschädigt haben. Jetzt waren Len und Melanie ausgestiegen und versuchten, das Flugzeug wieder auf die Landepiste zu ziehen.

Wir drehten eine weitere Platzrunde.

»Langsam, aber sicher geht uns der Sprit aus«, rief Werner in den Bordfunk.

»Wie beruhigend …«, antwortete ich.

Noch immer stand der Tragschrauber von Len auf der Piste. Dann sahen wir, wie Len und Melanie zum Hangar rollten und damit die Piste für uns freigaben. Wir schwebten die Piste entlang und näherten schnell dem Ende. Auf den letzten Metern setzte Werner auf und bremste das Flugzeug ab. Wir drehten sofort und fuhren auf dem Schotterweg zurück. Dann bogen wir nach links in einen eingezäunten Innenhof ein. Das war, wie es sich herausstellte, leider die falsche Abfahrt. Aber wir mussten hier erst einmal verweilen, da bereits der nächste Tragschrauber im Endanflug auf den kurzen Schotterweg war.

Werner und ich stiegen aus dem Tragschrauber aus und ließen ihn erst einmal da stehen. Ich ging ebenfalls zum Rand der Piste und beobachtete, wie die restlichen Tragschrauber angeflogen kamen. Es war spektakulär, zu sehen, wie die Piloten, hoch konzentriert, versuchten, den minimalen Abstand zwischen Rotor und den Bäumen einzuhalten. Zum Glück ging alles gut.

Doch was war mit dem Tragschrauber von Len und Melanie? Selbst als sie den Tragschrauber wieder aus der Mulde gezogen hatten, dauerte es eine ganze Ewigkeit, bis die beiden überhaupt zum Hangar fahren konnten.

Nach der harten Landung rieb das Vorderrad an der Karosserie. Das Rad blockierte. Len erweiterte mit einer Säge verzweifelt den Radkasten, damit sich das Rad wieder bewegen ließ.

»Ich kann das verbogene Vorderrad nicht zurückbiegen«, sagte der ausgebildete Ingenieur, »sonst wird das Metall instabil und bricht vielleicht ab. Daher bleibt nur die Lösung, die Karosserie zu erweitern.«

Der Schreck der holperigen Landung war Melanie sichtlich in die Knochen gefahren.

Die *Kanona Hunting Farm* war eine groß angelegte Farm für Wildtierjäger. Die Farm war von weitläufigen Ländereien umgeben, in denen fast alle im südlichen Afrika vorkommenden Wildtiere gehalten wurden. Sie war mit viel Geld und ausgesucht gutem Geschmack im afrikanischen Stil gebaut und eingerichtet worden. Die Dächer waren mit Reet gedeckt. Die Wände rau verputzt und weiß gekalkt. Im Foyer der Farm hingen zahlreiche Jagdtrophäen. Über den Empfangstresen im Inneren erstreckte ein ausgetrockneter Baum seine Äste. Auf einem der Äste saß ein ausgestopfter Leopard. Wenn man durch die Eingangstüre das Foyer betrat, sah man sich direkt einem Warzenschwein in wütender Angriffsstellung gegenüber.

Wie gut, dass hier alle Wildtiere nur ausgestopft sind, dachte ich, und strich einem ausgewachsenen weißen Geparden durch das Fell.

Unter einem ausladenden Reetdach, das nach allen Seiten hin offen war, waren massive Holztische und Bänke aufgestellt. Auf den Tischen standen Schalen mit feinstem pikantem Biltong und Wors, getrocknetem Fleisch und Wurst. Zu trinken gab es »Windhoek Lager«, ein Bier aus Namibia, gebraut nach dem deutschen Reinheitsgebot. Wir nahmen auf einer der Bänke auf der Terrasse Platz, öffneten die Flaschen und stießen auf den erfolgreichen Flugtag an. Der Blick von hier aus war traumhaft.

Da das Haus auf einer Anhöhe lag, konnte man das gesamte weitläufige Areal überblicken. Um uns herum befand sich, nur durch einen Zaun getrennt, wilder Busch. Ein Rudel Antilopen stand, unbeeindruckt von unserer Anwesenheit, an einer der Futterkrippen.

Vor dem Reetdach war eine Feuerstelle auf einer runden Steinplattform mit Brennholz angerichtet. Der Besitzer der Farm entfachte einige Scheite. Ich ließ meinen Blick wandern, hob die Bierflasche an und trank einen Schluck, als ... Ich verschluckte mich und musste husten. Melanie klopfte mir auf den Rücken und erstarrte im selben Moment, als sie es auch sah.

Keine zwei Meter von uns entfernt saß ein sehr lebendiger, fauchender Gepard.

»Beweg dich nicht«, sagte ich leise zu Melanie.

»Ich dachte, die sind alle ausgestopft«, flüsterte Melanie. Ich nickte mit dem Kopf und antwortete:

»Das dachte ich eigentlich auch, aber den hier haben sie offenbar vergessen. Wie kommt der bloß hier rein?«

Der Gepard kam langsam mit eleganter, fließender Bewegung näher und ging, ohne uns zu beachten, am Tisch vorbei auf die Grünfläche vor der Terrasse. Die samtigen Pfoten schienen den Boden zu streicheln. Die ganze Bewegung der Raubkatze drückte Bedrohung, Gefahr, aber auch einen geradezu an Arroganz grenzenden Stolz des Tieres aus.

Der Besitzer der Lodge war im Gegensatz zu Melanie und mir vom Auftritt des Gepards völlig ungerührt. Er bückte sich kurz und kraulte den Geparden am Bauch, was dieser sogar sichtlich genoss. Das Raubtier sank auf den Boden und drehte sich spielerisch auf den Rücken, fauchte etwas und griff mit den Tatzen nach den Händen des Farmers.

Melanie und ich sahen uns sprachlos an. Offenbar war der Gepard zahm. Aber war das denn möglich? Siegfried und Roy hatten das bei ihren Tigern ja auch geglaubt. Aber die Tiere waren trotzdem sehr gefährlich. Ich fragte den Farmer, ob es denn nicht gefährlich sei, einen Geparden im Hause zu halten.

»Wir haben den Geparden, seit er Baby war. Er hat sich an uns gewöhnt und ist nicht gefährlicher als eine Hauskatze. Nur Geparden lassen sich so domestizieren«, meinte er. »Mit Leoparden oder Löwen würde das nie funktionieren.«

In der Zwischenzeit brannte das Feuer. Bestimmt zwei bis drei Meter hoch schlugen die Flammen. Es war dunkel geworden und die Flammen erhellten die Terrasse. Im Widerschein des Feuers reflektierten die Augen der Antilopen, die in sicherem Abstand aus dem Busch das Treiben um das Feuer beobachteten und misstrauisch auf den gemütlich auf einer Holzbank liegenden schnurrenden Geparden blickten.

14

Die morgendlichen Sonnenstrahlen stachen vereinzelt durch die Wolkendecke. Wie Flakscheinwerfer tasteten sie die Landschaft ab. Durch die diesige Luft wirkte das herabblitzende Licht wie in einer Unterwasserszene. Die teils sandige, teils felsige Landschaft unter uns sah aus wie ein Meeresboden. Wie Fische durchschwammen wir den Ozean aus Luft. Wenn jetzt ein Zeppelin am Horizont aufgetaucht wäre, hätten wir ihn für einen Walfisch halten können.

Unter uns zogen die ersten Gebirgszüge des Naukluft vorbei. Werner nahm das Gas zurück, und wir begannen wieder, zu sinken. Wir flogen direkt in die Canyons ein. Keine 20 Meter von der Felswand entfernt rasten wir durch die Kluft, wechselten von Linkskurven direkt in schnelle Rechtskurven.

»Da vorn beginnt der Kuiseb Canyon«, rief Werner über den Bordfunk. »Da haben sich zwei Deutsche während des Zweiten Weltkriegs mehr als zwei Jahre lang versteckt gehalten.« Die Geschichte der beiden Deutschen Henno Martin und Hermann Korn war in Namibia Kult geworden. Das Buch mit dem Titel *Wenn es Krieg gibt, gehen wir in die Wüste* schildert die dramatischen Umstände, unter denen die beiden ein Leben in der Wildnis dem Krieg vorzogen.

Wir flogen wieder etwas höher und ich blickte in den Kuiseb Canyon hinab.

Es war nur sehr schwer vorstellbar, wie die beiden Deutschen es in dieser Landschaft geschafft hatten, so lange zu überleben. Sie hatten das spärlich vorkommende Wild geschossen. In einer vom Wasser ausgespülten Felswanne hatten sie Barsche gezüchtet und ihr Leben in der Wildnis der Forschung gewidmet. Sie mussten nach den zweieinhalb Jahren aber schließlich dennoch aus Gesundheitsgründen das Abenteuer beenden und in die sogenannte Zivilisation zurückkehren. Dort wurden sie übrigens sofort verhaftet.

Wir ließen das Gebirge hinter uns, und es ging über eine bis zum Horizont reichende Graslandschaft. Wilde Zebras weideten in der Steppe. Sie waren aus der Luft durch ihre Streifentarnung nur sehr schwer zu erkennen. Als sie unsere Motoren hörten, hoben sie ihre Köpfe und schauten erstaunt zum Himmel.

Das Fliegen über dieser unendlich wirkenden Graslandschaft war, ähnlich wie zuvor über dem Salzsee, ein geradezu abstrakter Vorgang. Ohne Orientierungspunkte hatte ich das Gefühl, in der Luft stillzustehen. Die golden leuchtenden Farben des Grasmeeres in Kombination mit dem hellblauen Himmel wirkten berauschend. Mich durchströmte ein unbeschreiblich intensives Glücksgefühl. Eine solche Landschaft von nur annähernd vergleichbarer Schönheit hatte ich nie zuvor gesehen.

Im Grasland gab es immer wieder, gleichmäßig verteilt, rote Flecken. Es sah aus, als hätte jemand mit einem großen Pinsel rote Farbtupfer in die goldgelbe Savanne gemalt.

»Werner, siehst du die roten Flecken da unten?«, fragte ich über den Bordfunk.

»Ja«, antwortete Werner, »das waren die Termiten. Die leben hier in vier Metern Tiefe und fressen an der Oberfläche kreisförmig das Gras ab. Früher hat man geglaubt, das seien Feenkreise«, meinte er lachend.

Wir rasten jetzt in zwei bis drei Metern Höhe über die Grasebene hinweg. Gelegentlich sahen wir Straußenpaare, die sich in ihrem schwarz-weißen Gefieder gut von der gelblichen Graslandschaft abhoben. Das durch die Wolken dringende Sonnenlicht färbte die Graslandschaft nun in unterschiedlichen Schattierungen. Dunkle Flecken lagen direkt neben gelben Spots. Am Horizont nahm die Landschaft einen zunehmend rötlichen Ton an. Werner reduzierte etwas die Geschwindigkeit.

»Vor uns liegt *Solitaire*«, rief Werner. »Dort werden wir landen. Da gibt es den besten Apfelstrudel in der Wüste«, sagte er lachend.

Ich erkannte die Staubpiste von *Solitaire* aus der Luft erst, als wir schon im Landeanflug waren. Nach dem Aufsetzen rollten wir mit dem Tragschrauber einen gewundenen Savannenpfad entlang, der genauso breit war wie der Tragschrauber. Wie soll man denn hier mit einem Flächenflugzeug durchkommen, wunderte ich mich. Auf der Einfahrt zu *Solitaire* stand das Gehäuse eines abgestürzten Tragschraubers, ohne Rotor und Motor. Über dem Wrack lehnte ein Schild mit der schon stark verblichenen ironischen Aufschrift: *Solitaire International Customs.* Die ganze Oase *Solitaire* schien das Wechselspiel von Leben und Tod zum Gestaltungsthema zu haben. Auf leichte, heitere Art machte diese Oase klar, dass Tod und Niedergang sowie Leben und Entstehen die zwei Seiten der gleichen Medaille sind und untrennbar zusammengehören. Vergleichbar der ironischen schwarzen Heiterkeit eines *Monty-Python*-Filmes wurde hier die Tragik relativiert. Die entlang des Taxiways auf Pfählen aufgespießten, von der Sonne weiß gebleichten Rinderschädel schienen uns jedenfalls amüsiert zuzugrinsen.

Wir fuhren weiter bis zur Tankstelle. Rechts und links des Wegrandes wuchsen zwei Meter hoch die Kakteen. Die verstreuten Gebäude des Flugplatzes wirkten ein wenig wie eine einsame, staubige mexikanische Hacienda. Alle Häuser waren karminrot gestrichen. Ein Oldtimerwrack stand an der Ecke der Zufahrt zur Tankstelle. Insgesamt machte diese Tankstelle jedoch einen fröhlichen, selbstironischen Eindruck.

Die Tragschrauber reihten sich in einer Warteschlange vor der Tankstelle auf. Auf der linken Seite der Tanksäulen stand ein weißer Geländewagen und tankte. Auf der rechten Seite tankte Len seinen Tragschrauber. Im Hintergrund fuhr eine schwarze Familie auf einem offenen Gespann vorbei, das von zwei Eseln gezogen wurde. Größer konnten die Gegensätze nicht sein.

Melanie und ich gingen zum Restaurant der Tankstelle hinüber. Neugierig betraten wir das Gebäude, das sich als Bäckerei herausstellte. Und tatsächlich, es gab frischen selbst gebackenen, köstlichen Apfelstrudel inmitten der Wüste.

Die Propeller wirbelten Staub auf, der nun mit Schwung in einer Touristengruppe landete, die das Spektakel beobachtete. Die Damen hielten sich die Hüte und suchten an einer Hauswand Schutz. Das tat der Begeisterung für unsere bunten »Luftmotorräder« jedoch keinen Abbruch.

Ich blickte beim Start zurück und sah, dass wir eine Staubfahne aufgewirbelt hatten. Wir stiegen in einem steilen Bogen schnell in den Himmel. Dann reduzierte Werner das Gas, und wir gingen in den Reiseflug in Richtung Sossusvlei über.

Die Landschaft änderte sich immer mehr. Die goldgelben Grasflächen wurden löchriger. Der rote Sand der Wüste kam zum Vorschein. Schließlich erhoben sich am Horizont gigantische Dünen aus dem leuchtend roten Sand der Namibwüste. Hier lag auch das Phänomen Sossusvlei zwischen den Sanddünen. In den seltenen Jahren mit Regen floss hier der Fluss

Tsauchab, der dann in Sossusvlei in einen kleinen See mündete und dort versickerte. Früher soll der Fluss bis zu dem 50 Kilometer entfernten Meer geflossen sein.

Die das Sossusvlei umgebenden Dünen gehörten zu den höchsten der Welt. Sie erhoben sich bis zu 400 Meter über den Trockensee. Der Sand der Dünen wurde mit der Zeit durch das eigene Gewicht zu einer Art roter Sandstein und konservierte damit die hohe Dünenstruktur.

Als wir tief über die Dünen hinwegflogen, überlegte ich, wie es Werner gelang, dass er es stets knapp über die Dünenkämme schaffte, ohne das Gas zu regulieren oder den Steuerknüppel zu ziehen. Das musste am bodennahen Luftkissen liegen, das zwischen dem Rotor und dem Boden entstand und den Tragschrauber vor dem Gipfel der Dünen immer noch etwas anhob. Den gleichen Effekt nutzte man auch bei Landungen.

Unter uns galoppierte ein Spießbock über den roten Sand und wirbelte dabei kleine rote Sandwolken auf. Erstaunlich, wie behände und schnell er dabei rannte. Er schien geradezu über den Sand zu fliegen und sich nur gelegentlich von der Erde abzustoßen. Ich hatte nie zuvor ein intensiveres und schöneres Naturschauspiel gesehen. Die Landschaften gehörten eindeutig zu den eindrucksvollsten dieser Erde.

Wir gingen in den Landeanflug auf die *Homestead Desert Lodge*. Das war eine Hotelanlage inmitten der Wüste. Die Schotterpiste war im Abendlicht unschwer aus der Luft zu erkennen. Sie lag in einem sandigen Tal und wurde am Horizont von felsigen Bergen eingerahmt. Wir fuhren im Geländewagen durch die Wüste, bis schließlich die Lodge in Sicht kam. Sie bestand aus etwa 20 kleinen traditionellen afrikanischen Rundhäusern, in einem Halbkreis angeordnet. Die frisch in strahlendem Weiß getünchten Häuser hoben sich weithin vom Gelb des Wüstensands ab. Im Zentrum befand sich das Haupthaus mit der Rezeption, einer großen Terrasse sowie einem kleinen Pool. Ein Swimmingpool mitten in der Wüste! Die Szenerie wirkte wie eine Fata Morgana.

»Woher haben Sie denn das ganze Wasser?«, fragte ich den

Hotelbesitzer erstaunt und stellte meine Tasche am Empfang des Hotels ab.

»Das Wasser kommt über mehrere Kilometer durch ein Wasserrohr aus den Bergen. Dort gibt es reichlich Wasser. Es kommt eben nur nicht hier in der Wüste an. Das ist ein wenig wie in Las Vegas.«

Melanie und ich setzten uns auf der Terrasse an den Pool und genossen die letzten Sonnenstrahlen des Tages.

»Wenn die Sonne weg ist, wird es hier schnell kalt«, sagte Werner, »dann strömt die kalte Luft förmlich von den Bergen ins noch aufgeheizte Tal herab.« Im Licht der untergehenden Sonne wirkte es, als strahlten der Sand, die Steine, die vereinzelten Dornbüsche und Grasbüschel selbst auch ein inneres Licht aus.

15

Wir flogen nach dem Start bei Sonnenaufgang tief über die Homestead Desert Lodge hinweg. Das Licht hatte die Landschaft nun in eine drohende Kulisse verwandelt. Die Schatten der Berge zeichneten sich tiefschwarz in das Wüstengras. Die Wolken ließen die Sonnenstrahlen nur vereinzelt auf die Erde scheinen. Das Licht, die Landschaft und die Wolken veränderten sich in jeder Minute. Ich blickte nach rechts und sah, dass Melanie und Len dicht neben uns flogen. Melanie winkte mit der linken Hand und hielt in der rechten Hand die Kamera.

Während ich meinen Gedanken nachhing, ging plötzlich das Gas zurück. Der Motor blubberte nur noch kraftlos vor sich hin.

»Andreas«, rief Werner nervös, »irgendetwas stimmt mit dem Motor nicht.« Wir gingen in einen schnellen Sinkflug über. Die felsige Landschaft unter uns kam näher. Ich blickte mich um. Weit und breit keine Möglichkeit zu landen.

»Wir haben ein Problem«, funkte Werner zu Roelf.

»Welcher Natur?«, funkte Roelf zurück.

»Der Motor bringt plötzlich keine Leistung mehr«, funkte

Werner zurück. »Wir müssen hier runter ...«, ergänzte Werner. Dann herrschte Funkstille.

Melanie und Len waren eine ganze Weile neben uns hergeflogen. Melanie war sehr zufrieden mit den Luftaufnahmen unseres Tragschraubers. Die Landschaft war atemberaubend und bot eine fantastische Kulisse für die zehn bunten Tragschrauber. Es war schon bemerkenswert, wie wenig Probleme es bisher gab, dachte sie.

Wir hätten mit dem geschlossenen Tragschrauber das hohe Flugtempo zwischen 160 und 180 Stundenkilometern nicht mithalten können. Dann sah Melanie, dass Andreas und Werner plötzlich in den Sinkflug übergingen.

»Sind wir schon am nächsten Etappenziel?«, fragte Melanie über Bordfunk Len.

»Nein, die beiden haben offenbar ein Problem«, antwortete Len erschrocken.

Werner drehte in eine Rechtskurve ein. Immer wieder rüttelte er wie ein Wahnsinniger am Gashebel hin und her. Der Motor stotterte und blubberte weiter vor sich hin und schien nicht richtig in Schwung zu kommen. Die felsige Wüstenlandschaft kam erschreckend schnell näher. Der Motor drehte wie im Leerlauf. Ich hörte, wie Werner und Roelf sich über Funk auf Afrikaans aufgeregt austauschten. Es schien, als ob Roelf und Werner eine Checkliste der möglichen Ursachen durchgingen. Vielleicht war eine Vergaservereisung aufgetreten? Aber dafür war es eigentlich zu warm.

Wir hatten noch etwa 100 Meter Höhe und sanken schnell weiter. Werner hatte in dieser Situation das einzig Richtige gemacht und versucht, durch gezielten Sinkflug die Geschwindigkeit beizubehalten. Bei etwa 80 bis 100 Stundenkilometern sank der Tragschrauber bei Leerlauf etwa einen Meter auf fünf Meter Flugstrecke. Das würde für eine sichere Landung ausreichen, vorausgesetzt wir fanden im Fels ein Stückchen ebener Fläche, auf der wir aufsetzen konnten.

Die zerklüfteten Felsen kamen immer näher. Ich schätzte die

Höhe auf etwa 50 Meter. Werner zog und schob immer wieder am Gashebel. Der Motor reagierte nicht. In Sekunden überprüfte ich noch einmal das Gebiet unter uns. Viele Gedanken schossen mir gleichzeitig durch den Kopf. Selbst wenn es uns gelang, gegen jede Wahrscheinlichkeit in diesem scharfkantigen Bruchsteingebiet sicher zu landen – was war dann?

Noch 30 Meter Flughöhe.

Es kam ein kleiner Schotterweg in Sicht. Offensichtlich wollte Werner versuchen, auf diesem Weg zu landen. Er rüttelte weiter am Gashebel.

Plötzlich, ohne erkennbare Ursache, nahm der Motor wieder Vollgas an und wir stiegen. Werner flog den Feldweg entlang. Da der Motor jetzt wieder ansprach, konnten wir in die andere Richtung landen und damit in den Wind. Werner drehte noch einmal eine Rechtskurve und ging in den Endanflug auf die Schotterpiste über.

Roelf funkte an alle Piloten:

»Werner hat ein Motorproblem, wir werden jetzt alle auf der Schotterpiste dort unten landen. Bitte haltet die übliche Reihenfolge ein und macht einen langen Endanflug.«

Wir setzten auf dem Schotterweg auf und rollten bis zum Ende, um den nachfolgenden Piloten genug Platz für ihre Landung zu machen. Werner wischte sich den Schweiß von der Stirn.

»Das ist ja gerade noch einmal gut gegangen«, meinte er durch den Bordfunk.

»Mir ist ganz anders dabei geworden. Was kann das nur gewesen sein?«, fragte ich ihn.

»Ich weiß nicht. Vielleicht ist das Gasgestänge mit den Gepäcktaschen verhakt«, antwortete Werner. Er rüttelte etwas an den Taschen im Fußraum, die in direkter Berührung mit dem Gasgestänge waren.

Die anderen Piloten landeten ebenfalls nach und nach und stellten sich rechts und links an den Rand der Schotterpiste. Ich blickte mich um. Rund um uns waren nur felsige Hügel und Sand. Keine Siedlung, keine Häuser, keine Autos, keine Straßen. Es war nichts als Wildnis.

Wir standen noch keine fünf Minuten auf diesem Weg, da rief Henke: »Auto!« Die Piloten schoben die Tragschrauber, soweit es ging, zum Wegesrand.

Ich war aus dem Tragschrauber ausgestiegen. Das Auto, das auf uns zugefahren kam, war ein roter Geländewagen. Ich beobachtete, wie es in einer großen Staubfahne immer näher kam. Dann sah ich noch ein Auto. Dann noch eines. Das erste Auto erreichte uns und hielt vor dem ersten Tragschrauber an. Es kamen noch weitere Autos angefahren. Woher kamen sie nur alle? Dann verschlug es mir fast den Atem.

Aus den Fahrzeugen stiegen etwa 30 Polizisten und Militärs. Offenbar war ein namibisches Sondereinsatzkommando durch unsere Landung auf einem öffentlichen Weg alarmiert worden. Langsam kamen die bewaffneten Uniformierten auf uns zu.

»Was macht ihr auf der Straße? Ihr wisst, dass es verboten ist, hier zu landen!«, grollte der Oberkommandierende. Er streckte dabei seine rechte Hand in die Luft, als wolle er uns Halt signalisieren. In seiner rechten Halftertasche steckte glänzend eine Akah P7-Pistole.

Roelf kam nach vorn und erklärte:

»Wir hatten Motorprobleme und waren gezwungen, zu landen. Hier ist überall nur schroffer Fels, daher konnten wir nur auf dieser Schotterpiste hier notlanden.«

»Ist jemand dabei zu Schaden gekommen?«, wollte der Kommandant wissen.

»Benötigt ihr Hilfe oder könnt ihr aus eigener Kraft weiterfliegen?«, fragte er weiter.

»Nein«, sagte Roelf, »es ist niemand zu Schaden gekommen. Wir glauben zu wissen, woran es lag. Eine Tasche hat den Gashebel behindert. Das packen wir jetzt um und können in wenigen Minuten weiterfliegen.«

Die Militärs schlichen mit misstrauischem Blick um die Tragschrauber und beäugten die Flugzeuge. Wie um das Gesagte zu bekräftigen, rief Roelf laut zu Werner hinüber:

»Werner ist jetzt alles mit deinem Motor in Ordnung?« Werner nickte mit dem Kopf. Die Beamten stellten noch einige Fragen für ihr Protokoll und schienen dann mit den Antworten zufrieden zu sein. Einer nach dem anderen stiegen sie wieder in ihre Fahrzeuge und fuhren langsam an den Tragschraubern vorbei und in einer Staubwolke davon. Wir waren mit dem Schrecken davongekommen.

Wir nutzten die Zwangspause gleich noch und betankten die Tragschrauber mit dem Sprit aus den Ersatzkanistern. Dann flogen wir weiter in Richtung des Brukkaros Kraters. Der Kraterrand ist bis auf die Ausbruchsstelle perfekt erhalten und ragt über 4800 Fuß hoch in den Himmel.

Schon von Weitem sahen wir den Krater aus der Landschaft auftauchen. Dann flogen wir eine halbe Stunde lang nur auf den Gipfel zu. Er schien und schien nicht näher zu kommen. Es hatte sich zwischenzeitlich abgekühlt und mir schlotterten die Knie. Ich zählte die Minuten, aber der Krater schien sich stetig eher von uns wegzubewegen.

Schließlich erreichten wir doch den Kraterrand. Werner war auf 6000 Fuß aufgestiegen und es wurde noch kälter. Ich verschanzte mich hinter dem Windschild des Tragschraubers und verschränkte meine Arme, um so wenig wie möglich Wärme zu verlieren.

Werner flog exakt den Kraterrand entlang. Ich blickte nach unten und sah, wie bereits einige der anderen Tragschrauber in den Krater hineingeflogen waren. Len und Melanie umkreisten ihn auch von innen und flogen aus der Lavaausbruchstelle wieder heraus.

Der Kraterrand ist sehr gut erhalten und bot aus der Luft eine beeindruckende Perspektive. Das von außen, zum Kraterrand hin, ansteigende Gelände wies tiefe Querrinnen auf, die gelegentlicher Regen vermutlich über Jahrtausende hinweg in das Gestein gespült hatte. An der höchsten Stelle des Kraterrands befand sich eine Funkstation. Wir flogen nun dicht am großen Sendemast der Station vorbei und folgten den anderen Tragschraubern, die in Richtung Flughafen Keetmanshoop am Rande des Kalaharibeckens einschwenkten.

Der Name Keetmanshoop steht für Keetmans Hoffnung. Der

Ort wurde 1866 gegründet und nach seinem Gründer, dem rheinischen Kaufmann und Bankier Johann Keetman, benannt. Die deutschen Ursprünge prägen noch immer den etwas über 15 000 Seelen zählenden Ort. Zwar wollten wir heute hier übernachten, aber wir machten zunächst nur eine kurze Pause, tankten und ließen unnötiges Gepäck zurück. Wir wollten gleich noch weiter zum Fish River Canyon fliegen.

Nicht alle Piloten flogen mit zum Fish, wie er auch abgekürzt genannt wurde. Der zweitgrößte Canyon der Welt gilt als sehr gefährlich. Die Winde in der Kluft sind unberechenbar.

Die Landschaft vor uns nahm immer bizarrere Formen an. Wir flogen links an einem Berg vorbei, der auch ohne Männerfantasie ganz eindeutig einer Frauenbrust glich. Vielleicht hatte der Schöpfer mit Hammer und Meißel hier das erste Design entworfen. Sogar die Brustwarze war durch die Verwitterung herausgearbeitet worden.

Werner und ich erreichten die ersten Ausläufer des Fish River Canyon. Inmitten des sandig-felsigen Flachlands tat sich ein tiefer Spalt auf. Durch den Schatten hob sich der Spalt schwarz vom Umland ab. Wir flogen zunächst tief über die Kluft hinweg und ich konnte sehen, dass sie mehrere Hundert Meter in die Tiefe reichte. Werner drehte in einer Rechtskurve einen Vollkreis.

Dann flogen wir den Spalt entlang. Schließlich erweiterte sich der Spalt. Werner reduzierte das Gas und wir flogen direkt in die Klamm hinein. Am Grund des engen Tals floss das algengrüne Wasser des Fish River, dessen mäanderndem Verlauf die Schlucht folgte. An beiden Seiten zog der rotbraune Fels des Canyons vorbei. Ich machte mir Sorgen über die gefürchteten Abwinde. Ihnen konnte man in diesen engen Felsformationen kaum entkommen.

Ich blickte durch den sich drehenden Rotor nach oben und sah die überhängenden Felsklippen, die den oberen Rand des Canyons markierten. Es war nur eine Frage der Zeit, bis der Fluss auch diesen Felsplatten das Fundament entzogen hatte. Dann würden sie tosend in die Tiefe stürzen, wie sie es seit

350 Millionen Jahren immer wieder getan hatten. Damals hatte der Fluss begonnen, in dem noch flachen Vulkangestein sein Bett zu graben. Dann hob sich die Kontinentalplatte langsam an und der Fluss behielt im Wesentlichen sein Höhenniveau dadurch bei, dass er sich in den Felsen eingrub.

Werner gab Gas und flog in einem steilen Bogen aus dem Canyon heraus. Wir konnten jetzt von oben auf das Labyrinth unterschiedlicher Seitenarme des Canyons blicken. Sie wirkten tatsächlich wie ein zu Stein gewordener gigantischer Landschaftsirrgarten. Über 500 Meter tief hatte der steile Felsabbruch an den Wänden des Canyons Tausende feiner Gesteinsschichten freigelegt. Einige der Schichten waren widerstandsfähiger gewesen als andere und standen wie kleine Terrassen hervor. Diese feinen Terrassen warfen schwarze Schatten auf das darunterliegende Gestein und zeichneten ein geradezu künstlerisches Muster schwarzer Streifen an die Canyon-Wand.

Außer wenigen niedrigen Bäumen und gelegentlichen Büschen war der Canyon frei von Vegetation. Die Oberfläche dieser Landschaft ähnelte den Fotos, die die NASA von der Marsoberfläche im Internet veröffentlicht hatte.

Die gewaltigen Felsformationen waren beeindruckend. Allerdings lagen hier Schönheit und Gefahr besonders dicht beisammen. Nach zahlreichen Todesfällen im Canyon war es zwischenzeitlich verboten, Touren zu Fuß ohne fachkundige Führung zu unternehmen.

»Wir müssen umdrehen«, funkte Roelf alle Piloten an. »Das Benzin wird knapp, wir hatten auf dem Hinflug zu viel Gegenwind.« In einer Linkskurve drehten wir und flogen zurück zum Flugplatz Keetmanshoop.

Melanie und ich fuhren mit den anderen in einem Kleinbus zum Hotel in Keetmanshoop. Die Spuren der deutschen Vergangenheit waren überall zu erkennen. Gelegentlich sah ich an den Zäunen der anliegenden Häuser Werbung des Sicherheitsdienstes mit dem deutschen Namen »Blitz«. Das war hier noch das Synonym für erfolgreich schnelles Eingreifen bei einem Überfall oder Einbruch.

Wir übernachteten im *Schützenhaus*. Darauf waren unsere südafrikanischen Freunde besonders stolz. Sie hatten extra eine sehr deutsche Unterkunft in Namibia gesucht. An einer aus Naturstein gemauerten Kirche, die auch in Nordrhein-Westfalen stehen könnte, ging die Fahrt vorbei zum *Schützenhaus*. In diesem befand sich auch der *Knobelklub* 1907. Das Heim war gestiftet worden von Max Brandenburg, dem Gründer des Keetmanshooper *Turnvereins Gut Heil*. An den Wänden in dem Vereinsheim hingen Regale mit Pokalen, die vor über 100 Jahren bis in die 1970er-Jahre hinein gewonnen worden waren. In so gut wie jedem der Räume des Gemeinschaftshauses hingen die schwarz-weiß-roten Reichsfahnen sowie eine Reichskriegsflagge. Auf der Reichskriegsflagge stand der Slogan »Mit Gott für Kaiser und Reich«.

Die meisten der südafrikanischen Tragschrauberpiloten unserer Tour waren, außer während des Angolakriegs, noch nie im Ausland gewesen, schon gar nicht in Deutschland. Werner und Roelf gesellten sich zu Melanie und mir in die Bar des Mannschaftsheims. Neugierig fragten sie mich, was ich denn von den hier hängenden deutschen Devotionalien hielte. Bei Eisbein, Bratkartoffeln und Sauerkraut erklärte ich ihnen, dass wir heute auf schwarz-rot-goldene Fahnen stünden und dass wir mit den alten »deutschen Tugenden« wie »Kaisertreue«, »Gehorsam« und »Begeisterung fürs Militärische« nicht viel anfangen könnten.

16

Am nächsten Tag flogen wir weiter über Upington nach Kuruman und weiter über Delareyville zurück nach Springs, dem Ausgangspunkt unserer Tour. Es wurde immer kälter. Melanie und ich hatten bereits drei T-Shirts, den orange leuchtenden Pullover und den Overall angezogen. Dennoch bibberten wir auf der letzten Tagesetappe vor Kälte. Nach der Landung in Delareyville trommelte Roelf alle Piloten zusammen:

»Wir fliegen heute noch die letzten beiden Teilstücke unserer Abenteuerreise. Unterschätzt nicht die Gefahren, die gerade in den letzten Etappen liegen. Häufig passieren Unfälle auf den letzten Teilstücken, da sich jeder schon zu Hause wähnt«, führte Roelf aus. Tatsächlich waren die Piloten erschöpft von der anstrengenden Safari der letzten Tage. Das Material der Tragschrauber war ebenfalls strapaziert. Nach dem ernsten Briefing durch Roelf stiegen Werner und ich in den Tragschrauber. Werner ließ den Motor an, und wir rollten in Richtung Schotterpiste.

Als wir an der Reihe für den Start waren, kuppelte Werner den Rotor ein und beschleunigte den Prerotator. Dann gab es plötzlich einen Knall und der Rotor drehte nur noch kraftlos langsam weiter.

»Da stimmt was nicht«, rief Werner in den Bordfunk. Ich drehte mich in meinem Sitz um und blickte auf den Motorblock, konnte aber nichts erkennen.

Werner funkte zu den anderen Tragschrauberpiloten:

»Irgendetwas stimmt mit unserem Prerotator nicht.« Roelf antwortete:

»Werner, fahr zum Rand und bleib dort erst einmal stehen.« Werner lenkte den Tragschrauber zum Pistenrand und stellte den Motor ab. Wir stiegen aus dem Tragschrauber und begutachteten den Motor sowie den Prerotator. Roelf kam herüber. Er rüttelte an der Prerotatorstange, die den Kraftschluss zwischen Motor und Rotor herstellt. Sie hatte freies Spiel und war am oberen Ende, kurz vor dem Rotorkopf, komplett abgerissen. Mit prüfendem Blick stellte Roelf fest, dass da erst einmal nichts mehr zu machen war, außer den Prerotator abzumontieren.

»Wir könnten versuchen, den Rotor per Hand vorzurotieren«, sagte Roelf. Dann rief er Len herbei und erläuterte Len und Werner die Vorgehensweise.

»Len, du positionierst dich mit deinem Tragschrauber vor dem Tragschrauber von Werner und Andreas. Dann stellst du die Bremse fest und gibst Vollgas. Der dadurch erzeugte Wind wird Werners Rotor antreiben und uns helfen, die Rotordrehzahl auf wenigstens 100 Umdrehungen in der Minute zu bekommen.

Ich werde auf den Tragschrauber steigen und den Rotor per Hand auf 60 bis 70 Umdrehungen vorrotieren. Dann geht alles ganz schnell. Ich springe vom Tragschrauber und renne geduckt zum Pistenrand. Len startet so schnell wie möglich. Etwas zeitversetzt startet dann auch Werner. Werner, du musst die Piste ganz ausnutzen. Du musst unbedingt 200 Umdrehungen erreichen, sonst hebst du nur kurz ab und fällst dann wie ein Stein herunter«, sagte Roelf mit ernster Miene.

Melanie und ich sahen uns entsetzt an. Mit der Hand den Rotor vordrehen und dann ohne weitere Unterstützung starten? Das hatten wir noch nie versucht. Ich schluckte. Werner und ich stiegen in den Tragschrauber und schnallten uns an. Ein letztes Mal überprüften wir die Gurte, Taschen und Helme, dann bereiteten wir uns auf den abenteuerlichen Start vor. Werner ließ den Motor an. Len und Melanie fuhren vor unseren Tragschrauber, Len fixierte die Bremsen, so fest er konnte. Dann schob er langsam den Gashebel im Stand bis ganz zum Anschlag. Der Wind riss an unserem Tragschrauber. Aufgewirbelter Staub und Sand prasselten gegen die Windschutzscheiben.

Roelf stieg auf den Rücksitz unseres Tragschraubers und griff mit dem rechten Arm in den Rotor. Eine Umdrehung, dann zwei, dann drei. Immer wieder griff er dabei um. Langsam drehte sich der Rotor schneller. Die Nadel des Rotordrehzahlmessers zitterte und hob sich schließlich leicht an. 10 Umdrehungen, dann 20, dann 30. Jetzt begann sich der künstlich erzeugte Fahrtwind von Len positiv auszuwirken. Der Rotor drehte immer schneller. Roelf hielt sich mit der Linken am Rotormast fest. Der ganze Tragschrauber wackelte durch sein kraftvolles Anschieben.

Dann bestätigte Werner 60 Umdrehungen.

Roelf sprang ab und rannte geduckt, knapp unterhalb des vorbeizischenden Rotors, durch den aufgewirbelten Staub zum Pistenrand. Das war ein sehr gefährliches Manöver. Der sich drehende Rotor konnte jederzeit ausschlagen. Die Drehenergie würde ausreichen, um Roelf zu köpfen.

Roelf hatte es geschafft. Len hatte schon mit Motorkraft seinen Rotor vorrotiert und startete nun durch. Wir waren an der Reihe. Der Rotor erreichte zwischenzeitlich 80 Umdrehungen. Kaum war der von Len erzeugte künstliche Fahrtwind weggefallen, wurde der Rotor wieder langsamer. Werner zog den Knüppel ganz nach hinten, um den Rotor schräg in den gleich entstehenden Fahrtwind zu kippen und mehr Rotordrehzahl zu bekommen. Dann löste er die Bremse und schob den Gashebel langsam ganz nach vorn.

Wir fuhren mit dem Tragschrauber über die holperige Schotterpiste. Wenn das nur gut geht, dachte ich. Wir hatten etwa 50 Stundenkilometer erreicht. Die Nadel des Drehzahlmessers zeigte auf 90. Immer noch viel zu wenig. Wie sollten wir nur auf die erforderlichen 200 Umdrehungen kommen. Vielleicht spinnt die Anzeige ja und wir sind schon bei 110 Umdrehungen, hoffte ich und schickte ein Stoßgebet zum Himmel.

Wir fuhren jetzt mit 80 Stundenkilometern auf das Ende der Piste zu. Die Nadel der Rotordrehzahl-Anzeige stand bei 110. Noch hatten wir etwa 100 Meter Piste. Es würde verdammt knapp werden.

Jetzt waren es noch 50 Meter, die Nadel bei 160 Umdrehungen. 40 Meter, 30 Meter.

»Wir haben 200 Umdrehungen«, schrie Werner mit heiserer Stimme in den Bordfunk.

Wir hatten es geschafft. Der Tragschrauber hob ab. Ich jubelte und wischte mir den Schweiß von der Stirn, der sich trotz der kalten Temperaturen gebildet hatte.

In der Luft verhielt sich der Rotor nicht anders als sonst auch. Das war nicht verwunderlich, da der Motorantrieb für den Rotor in der Luft stets ausgekuppelt war. Das Besondere an Tragschraubern war ja gerade, dass sich der Rotor nur durch den Fahrtwind drehte.

Nach einem zweistündigen Flug tauchten die ersten Gettos von Johannesburg unter uns auf. Am Horizont konnte ich die Abraumhalden des Goldbergbaus erkennen. Wir befanden uns nun ganz in der Nähe unseres Startflugplatzes in Springs.

Was für eine Reise, was für ein Abenteuer, ging es mir durch den Kopf. Und was für ein unglaubliches Privileg, dieses Flugabenteuer gemeinsam mit den südafrikanischen Piloten zu erleben.

Es kam die Kulisse der Skyline Johannesburgs in Sicht. Wir flogen rechts an der Innenstadt vorbei und nahmen Kurs auf den Flugplatz von Springs. Unter uns zeigten sich schier endlos die in Reih und Glied stehenden Gratishäuser, die die Regierung für die ärmsten Schwarzen hatte bauen lassen.

Die letzte Landepiste dieser Reise auf dem Flugplatz von Springs kam in Sicht. Werner flog in die Platzrunde ein und ging schließlich zur Landung über. Mit noch drehendem Rotor rollten wir zu dem Hangar, von dem aus wir gestartet waren. Wir mussten noch recht lange im Tragschrauber sitzen bleiben, bis der Rotor zum Stillstand gekommen war. Dann stiegen Werner und ich aus. Melanie und Len waren hinter uns zum Stehen gekommen und schon ausgestiegen. Wir umarmten uns und schlugen gegenseitig die Hände zum Glückwunsch ein.

Australien und Neuseeland

1

Wir flogen in den noch nächtlichen Morgenstunden fast drei Stunden lang nur über Australien. Was für ein gigantischer, geheimnisvoller und zugleich leerer Kontinent. Unter uns zog nichts als unbeleuchteter Busch, Busch und nochmals Busch vorbei. Der Linienpilot ging langsam in den Sinkflug auf Sydney über. Die dünne Schleierbewölkung bekam durch den Sonnenaufgang eine zunächst zartrosa Einfärbung. Dann wurde daraus ein feuriges Orange. Der Busch schien förmlich zu brennen. Die Farben vermittelten die feurige Hitze des australischen Kontinents, obwohl hier oben nur –60 °C Außentemperatur herrschten.

Als das Flugzeug gegen 07:30 Uhr auf dem Sydney International Airport zur Landung ansetzte, hatten weder Melanie noch ich die Nacht über ein Auge zugetan. Wir schnappten unser Gepäck und gingen zum Zoll. Unser Zöllner entsprach unserer Vorstellung von den Australiern. Der *Crocodile Dundee* in Uniform klopfte seine Stempel in unsere Ausweise und riss dabei einen Scherz nach dem anderen.

Wir hatten im Vorfeld bereits einen Mietwagen reserviert. Unser Abenteuer in Australien war ohne zusätzliches Fahrzeug undenkbar. Unser Startflugplatz im Landesinneren zwischen Sydney und Brisbane war mitten im Busch und es führten keinerlei öffentliche Verkehrsmittel dorthin. Wir gingen daher zum Mietwagenschalter, um das von uns reservierte Fahrzeug abzuholen und machten uns direkt auf den Weg zu unserem Startflugplatz, einer Farm mitten im Busch.

Gegen 16:30 Uhr endete die Straße abrupt in einem Schotterweg.

»Bist du sicher, dass wir noch richtig sind?«, fragte Melanie.

»Laut Navigationssystem müsste es hier weitergehen«, antwortete ich.

»Ich konnte allerdings die Farm nicht direkt eingeben«, meinte Melanie, »daher habe ich die Längen- und Breitengrade der Ranch angegeben.« Das Navigationssystem meldete zwar »Off Road«, schien aber seltsamerweise den Schotterweg doch zu kennen und auf dem Bildschirm anzuzeigen.

Es gab keine Häuser mehr. Wir sahen Bäume und Wiesen, vereinzelt sogar Zäune. Sonst nichts. Unser Navigationssystem schlug vor, nach rechts abzubiegen. An einer Einfahrt hing das Schild zum Flugplatz mit der Aufschrift: »AutoGyro Australia«. Wir waren richtig.

Nach den erfolgreich durchgeführten Etappen in Europa und Afrika hatten wir den deutschen Weltmarktführer für Tragschrauber, AutoGyro, als Partner gewonnen. Für die weiteren Etappen unseres Weltflugs in Australien, Neuseeland, den USA und Südamerika unterstützte uns AutoGyro mit jeweils einem offenen silbernen Tragschrauber, dem MTOsport.

Der Weg zur Ranch des australischen AutoGyro-Partners Willi Ewig führte auf eine Anhöhe, an einer Scheune vorbei. Dann tauchte vor uns eine Halle auf. Am Rand der Halle befanden sich zwei Wohnwagen. Auf dem höchsten Punkt des Geländes stand ein großzügig angelegtes Haus mit einer umlaufenden Veranda und einem flachen Dach. Ein Schotterweg zweigte nach links hin zu dem Haus ab. Wir bogen in den Weg ein und fuhren bis zum Haus hinauf. Laut bellend kamen ein schwarzer Labrador und ein beiger »Cattle Dog« auf die Veranda gerannt.

Nach einigen Minuten tauchte Tina auf. Die deutsche Auswanderin verwaltete die Farm und kümmerte sich um alle lokalen Angelegenheiten, wenn ihr ebenfalls deutscher Mann Willi gerade nicht da war. Derzeit war Willi auf einem Segeltörn in Europa.

»Kommt, ich zeige euch, wo ihr übernachten könnt«, sagte Tina nach dem ersten Kennenlernen. Tina schloss einen der Wohnwagen auf und wir folgten ihr in das Innere. Der Wohnwagen bot auf etwa zehn Quadratmetern alles, was wir die kommenden Tage benötigen würden. Ein Doppelbett, eine kleine Küche und eine Sitzgruppe. Auf dem Bett lagen sogar Seife und frische Handtücher. Die Toilette war außerhalb des Wohnwagens in einer Blechhütte. Es gab auch eine Warmwasserversorgung, die funktionierte jedoch nur tagsüber, wenn die Sonne auf den Schlauch schien, der auf dem Dach der Hütte lag.

»Habt ihr schon etwas zum Abendessen eingekauft?«, fragte uns Tina.

»Nein«, antwortete Melanie, »wir wollten erst einmal ankommen.«

»Dann kommt doch gegen 19:00 Uhr hoch ins Haus. Ich habe auch nicht mehr viel, doch für Spaghetti wird es schon noch reichen«, fügte sie hinzu. »Wir haben hier übrigens derzeit keinen Strom. Aber Kochen funktioniert mit Gas und wir können ja einige Kerzen aufstellen.«

Gegen 19:00 Uhr gingen wir hoch zum Haus. Wir suchten beim Gehen über den Schotterweg unwillkürlich den Boden ab. Schließlich befanden wir uns hier im australischen Busch. Der Schotterweg behielt die Wärme des Tages ein wenig länger als die feuchte Wiese. Es war also nicht auszuschließen, dass wir auf eine Schlange stoßen würden. Die wärmten sich gern noch an den warmen Steinen.

Tina bat uns herein. Es war beindruckend, zu sehen, was sich die beiden hier aufgebaut hatten. Nicht nur war das Land, das sie erworben hatten, gigantisch groß. Das Ende der Ländereien war von den Wohnwagen aus nicht zu überblicken.

Auch der Wohnkomfort des Hauses, in dem sie hier mitten in der Wildnis lebten, war beachtlich. Vor dem Wohnzimmer befand sich ein Swimmingpool, der hier an heißen Tagen im Busch eine Wohltat sein musste. Unter dem Verandadach hingen zwei große Vogelbauer.

»Das sind meine Pflegekinder«, sagte Tina. In einem der Vogelbauer befand sich ein großer weißer Goffini-Kakadu, im anderen waren zwei grüne Papageien.

»Ich habe sie auf der Straße aufgelesen. Sie können sich einfach nicht an den Verkehr gewöhnen. Oft genug fliegen die zu spät los, wenn ein Auto kommt. Dann sammele ich die Reste ein und sehe, was davon noch zu retten ist.«

»Morgen findet hier ein kleines Fliegertreffen statt«, wechselte sie dann das Thema. »Dann kommen einige australische Piloten und auch Kim, der Flugschulpartner von Willi. Der kann mit euch den Testflug für die australische Fluglizenz machen.«

Das hörte sich perfekt an: Da könnten wir vielleicht schon Anfang der kommenden Woche auf unsere Tour gehen, dachte ich zuversichtlich.

Ich fragte Tina nach giftigen Tieren, auf die wir hier achten müssten, denn Australien ist bekannt für die gefährlichsten Tierarten der Welt.

»Eine der gefährlichsten Spinnenarten sind die Redbacks. Die sind winzig klein, leben hier gern beispielsweise unter Blumentöpfen. Ein Biss dieser Spinne ist extrem schmerzhaft und kann zum Tode führen«, erklärte Tina. Urplötzlich entdeckten wir nach ihren Schilderungen überall Spinnweben.

»Ach, und Schlangen gibt es hier auch«, fügte Tina hinzu. »Allerdings sind die so scheu, dass schon eine gehörige Portion Glück dazu gehört, überhaupt eine Schlange zu Gesicht zu bekommen. Meist verdrücken die sich beim geringsten Geräusch.«

Die Sonne ging langsam am Horizont unter. Die Wolken schienen von unten nach oben orange zu glühen. Busch und Himmel schienen in einem Sonnenfeuer entflammt zu sein. Lange dauerte das Spektakel nicht. Wenige Minuten später wurde es Nacht. Rabenschwarze Nacht. Die Nacht auf dem australischen Kontinent war dunkler als in Europa, das war klar. Was uns aber überraschte: Sie kam uns auch dunkler vor als im südlichen Afrika.

Auf dem Weg zum Wohnwagen blieben wir fasziniert stehen und blickten nach oben in die Sterne. Vom Samtschwarz des Weltalls hob sich in einem deutlichen Streifen die Milchstraße ab. Erstmals verstand ich die Namensgebung. Die »Milch« hatte ich in Europa noch nie so deutlich gesehen.

Wir schliefen das erste Mal in unserem Wohnwagen. Zum Glück hing neben dem Eingang eine Taschenlampe. Es schien wohl öfter der Strom auszufallen. Beim Einschlafen kreisten meine Gedanken um diverse tödliche Spinnenarten.

Fast waren wir eingeschlafen, da hörte ich ein leises Surren, das zunehmend lauter wurde. Erst dachte ich, es wäre draußen, doch es brummte laut weiter, direkt neben unseren Köpfen.

Ich knipste die Taschenlampe an und suchte zunächst unsere Kopfkissen nach der Ursache des Schnarrens ab. Dann hatte ich sie gefunden.

Auf der Seitenscheibe hinter dem Vorhang saß ein fast handtellergroßer schwarzer Falter. Ein wunderschönes Tier. Er sah aus wie eine zu groß geratene Motte. Das Tier wurde offenbar vom Mondschein angezogen und versuchte verzweifelt durch das verschlossene Fenster nach draußen zu gelangen.

Ich konnte das Tier bei dieser Größe nicht einfach erschlagen. Auch wäre es schade um den Pilotenkollegen gewesen. Ich fing ihn in einer großen Glasschüssel und ging nach draußen. Für einen kurzen Moment verharrte der geheimnisvolle Nachtgeist noch in der Schüssel. Dann hob er ab und flog in die Nacht davon. »Guten Flug!«, rief ich ihm nach und schloss die Wohnwagentür.

2

Am nächsten Morgen wurden wir abermals von einem seltsamen Klang wach. Ich zog vom Bett aus den Vorhang zur Seite. Es schien bereits die Sonne. Da sah ich die Ursache für den Klang auf der Wiese sitzen: Zwei Vögel, die aussahen wie große Elstern, gaben die klagend gurrenden Rufe von sich.

Unter der Pergola legten die Piloten gerade Würstchen auf den Grill. Es waren zwei Tragschrauberpiloten und ein Tragflächen-Ultraleichtflieger.

Wir schüttelten die Hände von Neil und Kim. Die beiden waren waschechte Australier. Der groß gewachsene Neil mit dem ledrigen Gesicht und dem leicht ironischen Dauerlächeln trug lässige Shorts, T-Shirt und eine Schildkappe. Er schaffte es, mit seinem australischen Slang, seiner lockeren Art und seinem gewinnenden Lächeln selbst der übelsten Seite des Lebens noch etwas Attraktives abzuringen. Eine Eigenschaft, die hier draußen im australischen Busch ausgesprochen praktisch und überlebenswichtig war.

Ich fragte Kim und Neil, welche Route sie uns für diese Jahreszeit empfehlen würden.

»Warum fliegt ihr denn nicht nach Fraser Island?«, fragte Kim. »Das liegt an der Ostküste in Richtung Cairns.« Ich war verblüfft.

»Wir hatten eigentlich vor, in Richtung Cairns zu fliegen. Aber es ist doch Zyklonsaison. Da können wir nicht in diese Richtung fliegen«, sagte ich. Kim antwortete:

»Wenn Zyklone aufziehen, ist das schon richtig. Aber erstens betrifft das eher die Region nördlich von Cairns und zweitens erfährt man das ja meist vorher aus den Wetternachrichten. Und zurzeit ist bestes Wetter. Es spricht überhaupt nichts dagegen, in diese Richtung zu fliegen.«

Melanie sprach Kim auf unseren Testflug für unsere Lizenz an. Kim war überrascht und wusste nichts von einem Prüfungsflug.

»Ich habe auch gar keine Zeit für Prüfungsflüge«, sagte Kim. »Ich habe meiner Frau versprochen, dass ich frühzeitig wieder zurück bin.« Was er dann sagte, überraschte uns noch mehr:

»Ich kann gar keine Prüfungsflüge abnehmen. Ich habe noch keine Trainerlizenz«, fügte er an. »Der Ausweisdrucker beim Australischen Luftsportverband ist seit Wochen defekt. Daher warte ich schon eine kleine Ewigkeit auf meinen Trainerausweis. Und ohne Trainerausweis kann ich keine Prüfungen abnehmen.«

»Was meinst du, bis wann wird der Drucker repariert sein?«, fragte ich ihn.

»Keine Ahnung«, antwortete er. »Und unabhängig davon komme ich in den nächsten Wochen ohnehin nicht mehr zur Farm.«

Kim war derzeit weit und breit der einzige Fluglehrer, der

unsere Prüfung für die australische Lizenz abnehmen konnte. Ich schilderte Kim, dass wir eigentlich Anfang kommender Woche schon auf unsere Tour gehen wollten.

»Könntest du denn nicht heute die Prüfung mit uns machen? Wenn du dann deine Lizenz hast, kannst du unseren Antrag gleich an die ASRA (den australischen Sportpilotenverband) weiterleiten?«, fragte ich ihn.

Schließlich willigte Kim ein. Er bat mich, hinten auf dem Rücksitz des MTOsport Platz zu nehmen, den er aus der Halle gezogen hatte. Er entschuldigte sich und meinte, er hätte mich ja erst vor einer Stunde kennengelernt und keine Ahnung, ob ich überhaupt fliegen könne.

Ich kletterte auf den Rücksitz und schloss den Helm an das Bordfunksystem an. Dann gurtete ich mich an und wartete auf den Start. Kim ließ den Motor einige Minuten warm laufen, und wir rollten durch das hohe Gras zur Startbahn.

Durch den für Australien ungewohnt vielen Regen war das Gras in den vergangenen Wochen derart schnell gewachsen, dass zwischen der Wiese, den Rollwegen und der Startbahn kein Unterschied auszumachen war. Lediglich der gelbe Windsack in etwa 200 Metern Entfernung vom Hangar war ein Indikator dafür, dass sich dort irgendwo die Startbahn befinden musste.

Kim lenkte den Tragschrauber weiter durchs Gras auf die Startbahn zu. Danach funkte er: »Gyro 1234, backtracking Runway.«

Mit dem Funkstil der Australier würden Melanie und ich uns erst noch vertraut machen müssen. Als wir am Ende der Piste angelangt waren, wendete Kim und startete den Prerotator. Er gab Vollgas, und wir nahmen Fahrt auf der Piste auf.

Wir hoben das erste Mal in Australien ab. Der Anblick war grandios. Ein schier endloses Meer aus Gras breitete sich unter uns aus. Vereinzelte Bäume verliehen dem Anblick erst den typischen australischen Charakter. Wir flogen eine Linkskurve und dann ein Stück geradeaus. Kim bat mich, das Steuer zu übernehmen und einige Zeit geradeaus zu fliegen. Diese Flugprüfung bestand ich offenbar. Jedenfalls landeten wir kurze Zeit später wieder auf der Wiese.

Dann bat mich Kim, vorn Platz zu nehmen. Ich hatte mich so an unseren geschlossenen Tragschrauber mit der Sitzanordnung nebeneinander gewöhnt, dass ich im offenen Tandemtragschrauber nun nicht mehr wusste, wo sich der Prerotator befand. Ich versuchte zu rotieren, bis ich merkte, dass ich statt dem Prerotator-Knopf den Funkknopf gedrückt hielt. Da konnte sich natürlich nichts tun. Dann drückte ich den richtigen Knopf, aber der Rotor bewegte sich immer noch nicht. Da entdeckte ich den Drehschalter für »Bremse und Flug«. Das gab es beim geschlossenen Tragschrauber nicht. Dieser Schalter musste erst von Bremse auf Flug gedreht werden, damit der Prerotator überhaupt funktionieren konnte.

Ich schaltete um. Nun funktionierte auch der Prerotator und der Rotor begann, sich langsam zu drehen. Ich gab Gas und wir beschleunigten. Die Nase des Tragschraubers hob sich und ich drückte den Knüppel leicht nach vorn, um noch am Boden mehr Fahrt aufzunehmen. Wir hoben ab und flogen eine größere Platzrunde. Dann setzte ich zur Landung an. Es schien alles gut zu funktionieren. Ich hatte zu meiner Freude doch noch nicht alles vergessen, was ich über diesen offenen Tragschraubertyp zu Beginn unserer Pilotenausbildung gelernt hatte.

Kim schien mit meinen Starts und Landungen zufrieden zu sein. Melanie war als Nächste dran. Auch sie bestand die Prüfungsflüge ohne Beanstandung. Dann konnte es ja bald losgehen mit unserer Tour, dachten wir.

Anschließend saßen Melanie und ich mit den anderen Piloten und Tina zusammen beim Grill.

»Ich habe gestern mit Willi telefoniert«, sagte Tina. »Ihr sollt bitte unseren Standard-Chartervertrag für den Tragschrauber unterschreiben.« Sie legte uns einen achtseitigen, englischsprachigen Chartervertrag vor. Ich überflog den Vertrag und fand eine für uns wichtige Regelung wesentlich: Wir waren für die Versicherung des Tragschraubers verantwortlich.

»Der Punkt mit der Versicherung ist doch unnötig, der Tragschrauber muss ja ohnehin versichert sein«, sagte ich.

»Nein«, sagte Tina, »das ist schon ein Thema, der Tragschrauber ist nicht versichert.«

3

Am nächsten Tag überlegten Melanie und ich während des Frühstücks, was wir tun sollten. Es war klar, dass unser Australien-Abenteuer an der Versicherung scheitern könnte.

Tina kam und sagte, sie habe bei einer australischen Versicherungsgesellschaft um ein Angebot gebeten.

»Aber es gibt ein neues Problem«, sagte sie. »Ihr benötigt einen medizinischen Flugtauglichkeitsnachweis.«

Melanie und ich konnten es nicht glauben. Wir hatten im Vorfeld von einem anderen Tragschrauberpiloten gehört, dass es in Australien überhaupt kein Problem sei, für die deutsche Lizenz ein australisches Äquivalent zu erhalten. Es schienen sich aber jeden Tag neue Probleme aufzutürmen.

»Das erforderliche Medical«, meinte Tina, »wird nicht einfach zu beschaffen sein. Es gibt hier im Busch weit und breit keinen Flugmediziner. Das heißt, es gibt in der Nähe von Sydney einen Flugmediziner, aber der ist schon pensioniert. Und außerdem ist der, glaube ich, derzeit in den USA und kommt erst in zwei bis drei Monaten wieder. Ich kann dennoch versuchen, ihn anzurufen, vielleicht haben wir ja Glück.«

Auf dem Weg vom Autoparkplatz zu den Wohnwagen kam man an einem aufgespießten Kuhschädel vorbei. Der Schädel war von der Sonne fast weiß gebleicht. In ihm hatte einmal eine Tigerschlange gewohnt, so hatte uns Tina erzählt. Die Tigerschlangen gehören mit zum Giftigsten und Gefährlichsten, was der australische Kontinent zu bieten hat. Entdeckt hatte sie Neil. Er sah im Vorbeigehen, dass just aus dem Kuhschädel ein Schlangenschwanz ragte. Er hielt es erst für einen Scherz von Willi und wollte das vermeintliche Gummitier schon aus dem

Schädel ziehen. Dann sah er im letzten Moment, dass sich der Schwanz bewegte. Entsetzt wich er zurück, rannte zu seinem Geländewagen und holte sein Gewehr. Kim kam ebenfalls angerannt und sah gleichfalls die Tigerschlange. Kim und Neil waren sich einig. Eine Tigerschlange ist eine gefährliche Pest und muss immer getötet werden, wenn man eine zu Gesicht bekommt. Viel zu groß ist die Gefahr, dass man es hier draußen im Busch nicht überlebt, wenn man gebissen wird.

Neil lud sein Gewehr durch. Kim klopfte mit einem langen Besen gegen den Rinderschädel. Die Schlange merkte, dass der Kuhschädel kein sicherer Ort mehr war. Sie schob sich züngelnd aus dem Schädel und fiel herunter ins Gras. Dann wollte sie sich davonmachen, aber ein gezielter Schuss aus Neils Gewehr streckte sie hin.

Tina kam noch einmal vom Haus zu den Wohnwagen. Sie hatte mit Kim telefoniert. Er hatte unsere praktische Prüfung bereits rechtmäßig abnehmen können. Die Ausstellung seiner Trainerlizenz und damit unserer temporären Lizenzen war nur eine Formsache.

4

Ich ließ den Blick von unserer Pergola aus über das weite Land streifen. In ungefähr ein bis zwei Kilometern Entfernung saß eine Kängurufamilie und war ebenfalls beim Frühstück. Wir hatten 20 Meter von unseren Wohnwagen entfernt Känguruspuren im aufgeweichten Boden entdeckt. Offenbar kamen die Kängurus frühmorgens heimlich nahe zu den Wohnwagen. Hier war das Gras frisch geschnitten, und die Kängurus liebten offenbar die zarten, jungen Grastriebe.

Die hüpfenden Beuteltiere waren in kleinen Herden organisiert. Alle grasten, bis auf eines, das war der Boxer. Er hatte die Aufgabe, auf die anderen aufzupassen. Meist richtete er sich zu voller Größe auf und überblickte das Grasland, während die anderen ihre Köpfe tief im Gras versenkt hatten. Wenn man auf Kängurugruppen zuging, liefen sie meist weg. Bis auf den Boxer, der blieb stehen. Boxer konnten sehr gefährlich werden. Sie waren in der Lage, Angreifer von oben bis unten mit ihren scharfen Klauen aufzuschlitzen. Es war also ratsam, auf Abstand zu bleiben.

Tina hatte den Flugmediziner in der Nähe von Sydney doch noch erreicht. Obwohl er eigentlich schon pensioniert war, war er bereit, die medizinischen Untersuchungen vorzunehmen. Wir müssten allerdings morgen nach Sydney fahren, da er am Tag darauf für die nächsten Monate in die USA fliegen würde. Nach Sydney hin- und zurückzufahren würde zehn bis zwölf Stunden Autofahrt bedeuten. Aber was blieb uns übrig.

Tina fragte uns beiläufig, ob wir denn ein PLB hätten.

»Was ist denn ein PLB?«, fragte ich sie.

»Das ist ein Personal Locator Beacon, er hat ungefähr die Größe und das Aussehen eines alten Mobiltelefons. Mit diesem Gerät kann man bei einem Unfall über eine Satellitentelefonverbindung die aktuelle Position durchgeben und Alarm bei den Rettungskräften auslösen. Das braucht ihr zum Fliegen im australischen Outback.«

»Wie sollen wir hier im Busch an ein PLB kommen?«, fragte ich Tina.

»Willi hat sich erst kürzlich ein PLB für seinen Segeltörn über einen Luftfahrtversand bestellt«, sagte sie. »Ihr könnt euch ja das Gleiche bestellen. Das dauert dann etwa ein bis zwei Wochen, dann wird das per Post geschickt.« Ich seufzte. Unser Abflugtermin verschob sich immer weiter in die Zukunft.

Gegen 13:00 Uhr erreichten wir den Vorort von Sydney, wo der pensionierte Flugmediziner wohnte. Dr. John bat uns herein. Wir gingen zu einer Mischung aus Küche, Wohnzimmer und Esszimmer in einem und nahmen am Küchentisch Platz. Der war vollgestapelt mit allerlei Papieren und Broschüren.

Der weißhaarige über Siebzigjährige wischte sich die Hände am nicht mehr ganz so sauberen T-Shirt ab, rückte seine dicke

Hornbrille zurecht und schüttelte Melanie und mir herzlich die Hand.

Dr. John war selbst ebenfalls Tragschrauberpilot und sogar einer der ersten in Australien. Es ging ihm aber gar nicht so sehr ums Fliegen. Ihm war es wichtiger, Tragschrauber zu bauen und daran herumzuschrauben.

Wir erfuhren, dass das australische Medical offenbar vor allem deshalb für uns Pflicht war, weil es in der Vergangenheit einen Australier in Deutschland gab, dessen australisches Medical in Deutschland nicht anerkannt wurde.

Da der Spaß nicht ganz billig war, beschlossen Melanie und ich spontan, nur ein Medical ausstellen zu lassen. Ich musste mich mit freiem Oberkörper auf Johns Ledersofa setzen und wurde von ihm eilig untersucht. Dann noch einmal ins Ohr gucken, einen Buchstabenlesetest machen, in ein Whiskyglas pinkeln, und schon war ich auch in Australien flugtauglich. John füllte unzählige Formulare aus. Nach 20 Minuten überreichte er mir ein Blatt Papier mit einem Stempel darauf, ich ihm AU$ 90 in sauberen Noten, und der Spuk war beendet.

»Ich kann die Bestätigung gleich an die ASRA faxen, damit die dir die Lizenz ausstellen können«, bot John an. Wir bedankten uns, schüttelten John die Hand und fuhren direkt zurück zur Farm. Zur Überraschung von Tina standen wir noch vor Einbruch der Dunkelheit wieder vor ihrer Tür.

5

Einige Tage später war auch das ausstehende australische Versicherungsangebot eingetroffen. Ich hielt die Zahlen erst für einen Witz oder ein Missverständnis. Die zu entrichtende Prämie und Selbstbeteiligung waren in Summe höher als der maximal anzunehmende Schadensfall.

»Wenn du mich fragst, ist das eine höfliche Absage«, sagte Melanie. »So eine Versicherung würde ja kein klar denkender Mensch abschließen.«

Melanie und ich waren mit unserem Latein am Ende. Seit drei Wochen hatten wir auf eine Klärung dieser Frage gehofft. Wir hatten Geduld bewiesen, aber jetzt ging uns die Zeit in Australien langsam aus. Außerdem schien das Wetter immer unbeständiger zu werden. Immerhin hatte Melanie inzwischen den Film zu unserer Reise in Afrika fast schon fertig geschnitten.

Melanie und ich fuhren wieder einmal mit dem Auto zum Briefkasten an der Einfahrt zur Farm. Und siehe da, es lag ein Päckchen mit unserem PLB darin. Und es gab noch einen weiteren Briefumschlag, der an uns adressiert war. Das waren unsere australischen Fliegerlizenzen.

Nun waren also alle formalen Voraussetzungen für unser Abenteuer gegeben. Von der leidigen Versicherungsfrage einmal abgesehen.

Wir fuhren wieder zurück zu den Wohnwagen. Tina kam vom Haus heruntergelaufen.

»Willi kommt am Sonntag überraschend zurück«, sagte sie. »Hier müssen dringend einige geschäftliche Sachen geklärt werden.«

In einigen Tagen sollte auch Iris, Melanies Mutter, in Sydney ankommen. Sie wollte uns, so war es geplant, nach erfolgreichem Abschluss unseres Tragschrauberfluges noch einige Tage in Australien besuchen. Jetzt waren wir allerdings noch nicht einmal gestartet.

»Willi kommt nur zwei Tage nach Iris in Sydney an. Wenn ihr wollt, könnten wir ihn am Flughafen abholen und dann gemeinsam wieder zur Farm zurückfahren«, bot ich an. Tina freute sich über die Idee und wollte Willi Bescheid geben.

»Wenn doch Willi am Sonntag zurückkommt, könnte er dann nicht einfach mit auf unsere Tour kommen?«, dachte Melanie laut nach.

»Wir könnten uns beim Fliegen abwechseln. Und wenn er selbst mitfliegt, benötigt er ja auch keine Versicherung, da der Flieger nicht fremdverchartert wird«, fuhr ich fort. Das war es!

»Wir werden ihm das vorschlagen, wenn er kommt. Das könnte die Lösung des Versicherungsproblems sein. Und je nach Willis Zeitplan könnten wir am Montag oder Dienstag losfliegen«, sagte ich.

Ich hatte bereits vor zwei Wochen Peter kontaktiert, einen Bekannten von Willi und Tina. Er besaß ebenfalls einen MTO-sport Tragschrauber und wollte uns eventuell auf unserer Tour bis nach Fraser Island begleiten. Damit hätten wir noch zusätzlich die Gelegenheit, unseren Flug mit dem Tragschrauber von einem zweiten Tragschrauber aus zu filmen.

6

Am Sonntagmorgen um 07:30 Uhr kam Willi am Flughafen in Sydney an. Er hatte nur einen kleinen Rucksack dabei, sonst nichts. Den Rucksack nutzte er vor allem als Transporttasche für sein Notebook. Das war ultraleichtes Gepäck für einen mehrmonatigen Segeltörn in Europa. Willi hatte langes strähniges Haar, das er lose mit einem Haargummi zusammengebunden hatte. Er war braun gebrannt. Der Abenteurer und Extremsportler hatte bereits einige Weltrekorde im Tragschrauberfliegen aufgestellt. So hatte er den längsten Flug ohne Unterbrechung durchgeführt und er war einer der Ersten, die im Tragschrauber einmal um Australien geflogen waren.

Auf der Fahrt zurück zur Farm fragte ihn Melanie, ob er nicht ein Stück mit uns nach Fraser Island mitfliegen könne. Willi freute sich ohnehin schon auf das baldige Abheben über seinem geliebten Australien und ging auf unseren Vorschlag ein. Am frühen Nachmittag kamen wir auf der Farm an. Als wir den Schotterweg zur Farm fuhren, sah Willi schon überall die Arbeit auf ihn warten. Durch den Regen der letzten Wochen war das Gras überall in die Höhe geschossen. Er würde in den kommenden Tagen mit dem alten Traktor viel mähen müssen.

Wir ließen Willi und Tina erst einmal allein, immerhin hatten sie sich monatelang nicht gesehen.

Melanie und ich zeigten Iris in der Zwischenzeit unseren Wohnwagen. Iris war fasziniert von der abgelegenen Lage der

Farm mitten im Busch. Begeistert beobachtete sie von der Pergola aus die Tierwelt. In einiger Entfernung sahen wir im warmen Licht der untergehenden Sonne Kängurus in der Wiese sitzen, Schwärme von bunten exotischen Papageien und von weißen Kakadus zogen ihre Kreise. Uns wurde bewusst, dass wir noch nie zuvor in unmittelbarer Nähe zu so fremdartigen Wildtieren gelebt hatten. Die drei Wochen Aufenthalt auf dieser schönen Farm waren vielleicht die intensivste und beste Gelegenheit, Australien von seiner wilden Seite kennenzulernen.

»Morgen müssten wir losfliegen. Das Wetter soll ab Mittwoch schlecht werden. Ein Tief zieht auf die Küste zu und die ersten Ausläufer werden an der Ostküste für Mittwoch und Donnerstag erwartet«, sagte Melanie. Da hatten wir drei Wochen lang hervorragendes Flugwetter gehabt. Jetzt, wo es endlich losgehen konnte, kamen die Tiefs aufgezogen.

7

Mit dem ersten Sonnenlicht wurden Melanie und ich hellwach. Melanie und Iris packten unsere Sachen und verstauten sie im Auto. Willi hatte den Motor des Traktors angeworfen. Beim Frühstück hörten wir das tiefe Tuckern des Dieselmotors. Willi schien bereits mit dem Mähen der Wiesen begonnen zu haben.

Um 12:00 Uhr ging es endlich los. Ich zwängte mich auf den Rücksitz, von dem aus ich unseren Flug filmen wollte. Willi stand noch außerhalb des Tragschraubers und ließ den Motor an, damit er warm laufen konnte. Das Wetter war fantastisch. Es war nur schwer vorstellbar, dass ein Tiefdruckgebiet im Anmarsch auf die australische Küste sein sollte.

Mit dem Tragschrauber rollten wir über das frisch gemähte Gras zum Startpunkt der Piste. Wir hoben ab, flogen noch tief über den Rest der Landebahn. Dann drehten wir in eine flache Rechtskurve über den Hangar und die Wohnwagen hinweg auf Kurs Ost zur Küste.

Melanie und Iris parkten den Mietwagen in Fahrtrichtung. Sie hatten laut ihrem GPS ungefähr fünf bis sechs Stunden Fahrt vor sich. Wir würden uns dann alle mit Peter am Flugplatz in Yamba wieder treffen. Von dort sollte der Australienflug am nächsten Tag weitergehen. Mit einem zweiten Tragschrauber würde uns Peter begleiten. Dann würden Melanie und ich tauschen. Sie würde mit Willi die Reise fortsetzen und ich würde von Peters Tragschrauber aus filmen.

Ich hatte die Kamera auch jetzt eingeschaltet und hielt sie seitlich aus dem Tragschrauber. Unter uns breitete sich die hellgrüne, sanft bergige Landschaft aus. Der Blick entsprach nicht dem Klischee vom staubig trockenen Australien, in dem es außer Felsen, Schlangen und ein wenig trockenem Gestrüpp nichts gab.

Willi ging etwas tiefer. Wir flogen über Eukalyptuswald hinweg. Da unten war das Reich der scheuen Koalabären. Sie haben sich darauf verlegt, die Eukalyptusblätter zu fressen, die sonst keiner wollte. Damit haben sie zwar keine Nahrungskonkurrenz mehr, aber die giftigen Blätter bekommen auch den Bären nicht wirklich gut. Zum einen macht sie der Genuss der Blätter depressiv, zum anderen enthalten die Blätter so wenig Energie, dass sich die Bären dadurch eher schlecht als recht am Leben halten können. Tatsächlich hingen sie ausgesprochen schwermütig in den Ästen, bewegten sich kaum und wenn, nur wie in Zeitlupe.

Der Eukalyptusduft stieg aus dem Wald nach oben und wir konnten die ätherischen Öle im offenen Flieger gut riechen. Allerdings riecht Eukalyptus ganz anders als Eukalyptusbonbons.

Der Wald lichtete sich und wir flogen über Grasland hinweg. Die vereinzelten Farmen wurden seltener. Schließlich zog unter uns nur noch unbewohntes Land vorbei. Die Berge wurden höher, die Täler tiefer und steiler.

Hier begann »Tiger Country«, wie Willi uns vor dem Flug angekündigt hatte. Das war der vor uns liegende, ungefähr 30 Kilometer lange Landschaftsabschnitt. Hier würde es nicht mehr möglich sein, zu landen. Die Landschaft war entweder dicht mit hohem Wald bedeckt oder sie bestand aus felsig steilen Bergen. Wie auch immer, die Wildnis war lückenlos. Eben »Tiger Country«, in dem es freilich keine wild lebenden Tiger gab. Willi kommentierte den Beginn von Tiger Country:

»Wir sagen dem Motor einfach nicht Bescheid, dass er 30 Kilometer lang nicht ausfallen darf.«

In den geschützten Tälern hatten sich die Baumriesen im Wald zu wahren Ungetümen entwickeln können. Ich blickte nach unten und versuchte, einzuschätzen, wie hoch der Wald war.

Wir ließen jedoch Tigercountry unbeschadet hinter uns. Die Landschaft wurde flacher. Wir flogen tiefer. Vor uns kam ein breiter Fluss in Sicht. Willi ging in eine Linkskurve und in den Sinkflug über. In nur ein bis zwei Metern Höhe flogen wir den Fluss entlang. Das glatte Flusswasser wirkte wie ein Spiegel. Millionen kleiner Schäfchenwolken spiegelten sich derart im Flusswasser, dass man die dabei gemachten Filmaufnahmen auf den Kopf stellen konnte, ohne einen Unterschied festzustellen. Wir rauschten mit gut 140 Stundenkilometern über die Wasseroberfläche dahin. Das war nicht mehr Fliegen im eigentlichen Sinne, das war Wassergleiten.

Wir rasten auf eine Brücke zu, die sich über den Fluss spannte. Willi zog den Tragschrauber kurz für einige Meter in die Höhe und ließ ihn nach der Brücke wieder auf Wasserspiegelniveau sinken. Der Fluss nahm eine Linkskurve, und wir wollten in direkter Richtung zum Meer weiterfliegen. Willi zog über die Büsche und Bäume des Uferbewuchses hinweg nach rechts.

Vor uns erstreckten sich weitläufige Zuckerrohrfelder. Wir flogen in etwa zwei Metern über die Halme hinweg, die von oben ein wenig Maisfeldern ähnelten. Nur dieser süßliche Geruch des Zuckerrohrs hatte mit Mais nichts zu tun. Gut, dass wir mit dem offenen Tragschrauber von AutoGyro weiterfliegen konnten.

Damit genossen wir dieses einmalige Erlebnis intensiv mit allen Sinnen. Die Felder gingen in Sumpf über. Spärlicher Bewuchs ragte aus der Wasseroberfläche heraus. Vereinzelt standen Bäume und Büsche im Wasser. Waren das bereits Mangroven?

Die Wasseroberfläche reflektierte glitzernd das Sonnenlicht. Ich blickte direkt nach unten. Die spiegelglatte Wasseroberfläche rauschte an unserem Heckfahrwerk vorbei. Bevor wir Oberflächenwellen auslösen konnten, waren wir längst darüber hinweggeflogen.

Jetzt sausten wir über einen Bereich, aus dem Grasbewuchs aus der Wasseroberfläche herausragte. Es schien, als bauten sie hier Reis an, und die ersten Halme waren über die Wasseroberfläche hinaus ans Sonnenlicht gewachsen.

Vor uns kam eine Baumreihe in Sicht. Willi gab etwas mehr Gas und zog den Tragschrauber wieder höher in die Luft. Hinter den Bäumen erstreckten sich die ersten Sanddünen der Ostküste des australischen Kontinents. Willi drückte in einer Linkskurve die Nase des Tragschraubers nach unten und ging damit in einen steilen Sinkflug über. In rasantem Tempo flogen wir nur knapp über die gegen Felsen tosende Brandung. Mir schlug die Gischt ins Gesicht. Ich fuhr mir mit der Zunge über die Lippen und schmeckte Salz.

Das war Tragschrauberfliegen am Limit. Willi ging derart nah an die Felsküste heran, dass ich nicht recht abschätzen konnte, ob wir mit den Rotorblättern vorbeikommen würden oder nicht.

»Das könnte ich stundenlang machen«, rief Willi begeistert über den Bordfunk. Er schien jeden herausragenden Felsen zu kennen, jede enge Bucht und jeden Radius, mit dem man im Tragschrauber durch die Felsbuchten kommen konnte.

Ich wartete auf den Moment, in dem die unter uns tosende Brandung vor Wut nach uns greifen würde. Das Meerwasser war weiß-grünlich aufgewühlt. Die von den zusammenbrechenden Wellen eingeschlossene Luft sprudelte schäumend wieder aus dem Wasser zurück in die Atmosphäre. Schaumberge wurden von den Wellen hoch- und runterbewegt. Als habe Neptun beim Baden zu viel Seife verwendet.

Jetzt rasten wir über flache Felsenriffe hinweg. An diese Stelle kam man nur von oben heran. Nur aus der Luft konnte man die Felsen bewundern. Jedes Boot wäre bei diesem Wellengang und dieser scharfkantigen Felsenküste sofort aufgerissen worden. Wir flogen in sandigere Bereiche. Das flache Meerwasser nahm durch die helle Farbe des Sandes am Grund ein leuchtendes Azurblau an. Surfer nutzten den Wellengang und flitzten entlang des Strandes über die Wellen. Wir knatterten über einen Surfer hinweg, der sich erstaunt umdrehte und durch den kurzen Moment der Unachtsamkeit von der Welle, auf der er ritt, verschlungen wurde.

Am Strand standen noch weitere Surfer mit ihren Brettern in der Hand. Sie winkten uns zu. Willi nahm etwas Gas heraus und drehte den Tragschrauber über das Seitenruder auf der Stelle. Wie im Karussell drehten sich das Meer, der Strand und die Dünen unter uns weg. Wir drehten eine 360-Grad-Kurve und flogen weiter in Richtung Norden. Es ging rasend schnell entlang der Linie, an der der Pazifische Ozean jeden Tag mit unvorstellbarer Energie am australischen Kontinent nagte.

Links vor uns tauchte eine weiß strahlende Villengegend auf. Grundstücke mit Meeresblick sind in Australien keine Seltenheit, aber doch stets etwas ganz Besonderes.

»Dort unten hat Peter seine Villa«, rief Willi in den Bordfunk. Ich überlegte kurz, ob ich lieber auf einer Ranch im Busch oder an der Küste mit Seeblick leben würde. Immerhin war das Wetter im Busch deutlich beständiger als an der Küste. Durch die Bergkette der großen »Dividing Range« stauten sich häufig die Wolken an der Küste und regneten sich dort ab. Auch war Nebel hier keine Seltenheit. Im Busch herrschte an den allermeisten Tagen sonniges Wetter, aber dafür gab es keine Möglichkeit für Strandspaziergänge mit salziger Meeresbrise bei Sonnenuntergang.

Wir überquerten noch eine tief ins Land hineinragende Bucht und steuerten geradewegs den Flugplatz von Yamba an. Der Flugplatz hatte eine penibel gepflegte Graspiste. Willi landete direkt am Anfang der Piste neben dem Hangar. Wir rollten die kurze Entfernung zum Hangar, vor dem der gelbe Tragschrauber von Peter stand.

Peter war gerade damit beschäftigt, seinen Tragschrauber sauber zu machen. Der sportlich wirkende Fünfziger mit dem leicht ergrauten Schläfenhaar begrüßte uns herzlich.

Ich ging erst einmal zur Toilette, um meine Brille und die Filmkamera vom Salz zu befreien. Willi und Peter zogen die beiden Tragschrauber in den Hangar. Dann stiegen wir in Peters Geländewagen. Auf der Fahrt verabredeten wir uns lose für ein Abendessen gegen 19:30 Uhr in einem Restaurant mit Blick von den Klippen, über die Willi und ich geflogen waren. Peter ließ mich bei einem Hotel in der Nähe aussteigen und fuhr mit Willi zu seiner Villa.

Ich versuchte immer wieder, Melanie und Iris auf deren Mobiltelefonen zu erreichen. Um 19:00 Uhr gab es immer noch kein Lebenszeichen von den beiden.

Melanie und Iris waren direkt nach dem Abflug von Willi und Andreas mit dem Auto in Richtung Ostküste gestartet. Sie hatten die Koordinaten von Yamba in das Navigationssystem einprogrammiert und die leeren Benzinkanister für die Gyrocoptertour entlang der Ostküste Australiens in den Kofferraum geladen. Die davon austretenden Dämpfe waren atemberaubend. Iris musste immer wieder husten. Sie hatten hinten bereits beide Seitenfenster geöffnet. Dennoch zogen beißende Benzoldämpfe durch das Auto. Melanie hielt nach einigen Kilometern am Seitenstreifen der Straße an. Sie versuchte, die Kanister noch fester zu verschließen, und packte sie zudem in Plastikmülltüten ein. Dadurch wurden die Dämpfe wenigstens etwas gelindert.

Dann ging die Fahrt weiter. Die Straße führte auf direktem Weg in die Berge und den Urwald. Es ging durch immer enger werdende Bergstraßen. Melanie und Iris fuhren an gigantischen Bäumen vorbei, deren obere Spitzen man von der Straße aus gar nicht mehr recht erkennen konnte. Sie schalteten den Autoscheinwerfer an. Der dichte Waldbewuchs und die Tallage ließen nur noch schwaches Dämmerlicht bis zur Straße durchdringen. So musste wohl ein Märchenwald aussehen.

Die verschiedenen Pflanzen, Büsche und Ranken schienen eine enge Verbindung mit den Bäumen eingegangen zu sein. Der Wald wirkte wie ein großer zusammenhängender Organismus. Immer wieder sah man, wie

Baumriesen nach einem langem Leben umgestürzt waren. Sie verrotteten und boten Raum für neuen Bewuchs und neue Lebenschancen. Die Vielfalt bot ein schillerndes Bild prächtiger und höchst unterschiedlichster Grüntöne. Vom hellen Lindgrün noch junger Baumtriebe über das satte Grün von Farnen und Efeu bis hin zum fast schwarz erscheinenden, gefährlich wirkenden Grün der geheimnisvollen Waldtiefen.

Die Straße wurde noch kurviger und enger. Melanie und Iris hofften inständig, dass ihnen kein Fahrzeug entgegenkommen würde. Der dichte Bewuchs und die engen Kurven ließen oft keinen Blick auf den Gegenverkehr zu. Sie mussten jederzeit mit allem rechnen und fuhren dementsprechend vorsichtig. Aber außer ihnen schien kein weiterer Autofahrer diese entlegene Straße gewählt zu haben.

Eine scharfe Linkskurve führte ohne Vorankündigung in eine Rechtskurve von fast 90 Grad. Sie fuhren nur 40 Stundenkilometer, als sie es im letzten Moment in der Kurve sahen: Direkt vor ihnen auf der Straße lag ein großes Bündel aus hellbraunem Fell. Melanie konnte gerade noch ausweichen. Nur um Haaresbreite hatten sie diesen unglaublichen Fellberg vor ihnen verfehlt. Wenn sie da hineingerast wären, wäre die heutige Fahrt jäh zu Ende gewesen. Und das mitten in diesem verzauberten Wald.

»Ein totes Känguru!«, rief Iris.

»Das ist ja riesig. Das muss wohl mit einem Lkw kollidiert und hier einsam gestorben sein«, sagte Melanie. Iris blickte auf ihr Mobiltelefon und fragte:

»Sag mal, hast du Handyempfang?« Melanie kontrollierte ihr Handy und antwortete:

»Nein, wir sind hier im Tigercountry. Hier gibt es außer dieser schmalen Straße nichts, noch nicht einmal Kontakt zur Außenwelt.«

»Hörst du diese Klänge?«, flüsterte Iris zu Melanie. Aus einiger Entfernung kam ein lang gezogenes, klagendes Jammern. Es schien am Ende einer Klagestrophe schneller und lauter zu werden und dann in Gelächter überzugehen. Nein, es war mehr ein Gackern. So etwas hatten sie noch nie gehört. Welches Tier mochte wohl solche Laute von sich geben? Und dann war da noch ein weiteres Geräusch. Es hörte sich an wie die Entladungen einer heruntergerissenen, lose baumelnden Starkstromleitung. Ob das wohl Vögel waren? Die Klänge waren zwar faszinierend fremdartig, wirkten im dunklen Wald aber gleichzeitig bedrohlich. Die beiden beeilten sich, weiterzufahren.

Wenige Minuten später rief Iris:

»Schau mal, rechts im Wald!« Melanie blickte nach rechts. Da hüpfte parallel zur Straße ein kleines Känguru durch das lichter werdende Dickicht.

»Das wird doch nicht das Junge von dem überfahrenen Känguru sein?«, fragte sich Melanie laut. Das Känguru blickte nach links. Für einen kurzen Moment hatten Iris, Melanie und das Känguru Blickkontakt. Dann verschwand das Beuteltier im Wald.

Die Straße stieg steil an. Die Automatik schaltete auf die kleinste Übersetzung, der Motor heulte auf.

»Gut, dass wir vollgetankt haben«, sagte Melanie. Auf dieser Strecke gab es weit und breit keine Tankstelle. Hier galt es, vollzumachen, wann immer sich die Gelegenheit dazu bot. Die kurvige und bergige Strecke hatte Zeit gekostet, Melanie und Iris kamen erst gegen 19:20 Uhr am Flugplatz von Yamba an. Doch dort war niemand mehr. Die Hallen waren zugesperrt und keine Autos parkten davor. Melanie rief Andreas auf dem Handy an:

»Wir sind gerade am Flugplatz angekommen und haben wieder Handyempfang.«

8

»Es ziehen am Nachmittag mehrere Fronten vom Pazifik kommend in Richtung Westen durch. Es ist mit Sturmböen und Starkregen zu rechnen. Die weiteren Aussichten: Auch in den kommenden Tagen ist keine Wetterbesserung in Sicht«, sagte der Wettermoderator im Frühstücksfernsehen. Ich blickte aus dem Hotelfenster und sah, wie draußen dichter Nebel waberte.

Melanie, Iris und ich fuhren zum Flugplatz. Der Hangar war noch verschlossen. Wenige Minuten später kamen auch Peter und Willi vorgefahren. Der Nebel war aufgestiegen und bildete eine zunehmend dichter werdende Bewölkung.

Willi schien sich Sorgen wegen des Wetters zu machen.

»Es kommen mehrere Fronten auf die Küste zu«, sagte er. »Wir werden es wohl schon schaffen, bis nach Fraser Island zu fliegen. Aber dort könnten wir für einige Tage festsitzen. Bei dem angekündigten Wetter wird uns der Rückweg in Richtung Süden abgeschnitten. Ich schlage vor, dass wir heute die Küste nach Norden entlangfliegen und sehen, wie weit wir kommen. Dann drehen wir um und fliegen nach Yamba zurück.«

Melanie und ich hatten bereits denselben Vorschlag machen wollen. Peter war sichtlich enttäuscht. Wobei ihm die Perspektive, auf Fraser Island festzusitzen, auch nicht gefiel.

Melanie zog sich ihren Fliegeroverall über. Ich würde nun gemeinsam mit Peter im gelben Begleittragschrauber fliegen und Melanie mit Willi. Wir ließen die Motoren warm laufen und starteten dann gemeinsam parallel von der Graspiste aus.

Der Flug ging zunächst die Küste entlang Richtung Norden. Willi und Melanie flogen in etwa zwei Metern Höhe über dem Strand entlang. Peter und ich flogen parallel zu den beiden etwas weiter draußen über dem Meer. Aus unserer Perspektive sah es aus, als rasten Melanie und Willi direkt auf dem Sandstrand.

Ohne weitere Vorankündigung zog Willi den Tragschrauber in steilem Bogen nach oben. Das musste für Melanie einer Achterbahnfahrt gleichkommen. Hoffentlich würde sie die extremen Flugmanöver gut überstehen. So schnell und unerwartet Willi hochgezogen hatte, so schnell ging er jetzt in steilem Flug wieder zum Strand hinunter. Peter und ich hatten Mühe, bei der Flugakrobatik mitzuhalten.

Willi bog in einer steilen Linkskurve ab. Peter und ich folgten, so gut es ging. Unter uns mündete ein kleiner Fluss in den Pazifik. Willi flog tiefer. Der Fluss war rechts und links mit hohem Baumbestand gesäumt. Willi flog in haarsträubenden Kurven den engen, gewundenen Flusslauf entlang, dicht vorbei an den Bäumen der Uferböschung. Peter und ich blieben weiter an Willis rechter Seite, zogen es aber vor, deutlich höher zu fliegen.

Dieser Flug war rasanter als alles, was wir im südlichen Afrika erlebt hatten. In diesem Moment drehten Melanie und Willi jäh nach links ab, dem Flusslauf weiter folgend. Mir wurde schon beim Zusehen schlecht. Aus der Perspektive von Peter und mir schien der Rotor des Tragschraubers von Willi nur um Haaresbreite an den Bäumen vorbeizuzischen.

Es begann zu regnen. Die erste Schlechtwetterfront hatte uns eingeholt. Die Tropfen klatschten gegen die Windschutzscheiben. Ich begann, mir Sorgen um die Kamera zu machen.

»Wir müssen sofort umkehren«, funkte Willi uns zu. Irgendwie ahnte ich, dass die plötzliche Eile nicht nur mit dem Wetter zu tun hatte.

Der dringende Grund war: Melanie ging es nicht gut. Wir mussten zum nächsten Flugplatz, und das hieß zurück zur Golfwiese von Yamba. Wir stiegen auf Reiseflughöhe und nahmen Kurs in Richtung Palmers Island. Auf dem Rückflug sah ich eine Gruppe Kängurus von oben. Das Wetter verschlechterte sich unterdessen schneller, als ich erwartet hatte. Die beiden Tragschrauber landeten kurze Zeit später parallel in ordentlicher Formation auf der breiten Wiese von Yamba.

Melanie und Willi fuhren mit dem Tragschrauber direkt zum Hangar. Peter und ich folgten. Noch im Tragschrauber sitzend sah ich, dass sich Melanie übergeben hatte. Über das Heck des Fliegers und über ihre Frontscheibe hatte sich das Erbrochene fein verteilt. Von Willis extremen Flugmanövern war ihr schlecht geworden.

Willi hatte es eilig, zurück zur Farm zu kommen. Es wurde höchste Zeit, dass er sich vor der nahenden Front über die Berge rettete. Auf der anderen Seite der Dividing Range würde das Wetter gut sein. Er tankte den Tragschrauber. Dann verabschiedeten wir uns, und Willi flog zurück in den Busch.

Peter verstaute seinen Tragschrauber in den Hangar. Er erzählte uns, dass er im August für einige Wochen durch Südamerika reisen würde. Ich fragte ihn, ob er uns begleiten wolle, wenn wir durch Argentinien und Brasilien flögen. Er war begeistert von dem Gedanken und sagte spontan zu. Melanie und ich konnten gut noch ein drittes Teammitglied für das Abenteuer Südamerika gebrauchen. Also verabredeten wir uns für August in Buenos Aires. Hoffentlich würde auch alles so klappen, wie wir uns das vorstellten. Immerhin würden wir vor Südamerika noch Tausende Kilometer durch Neuseeland und die USA fliegen. Wenn wir uns mit Peter in Buenos Aires treffen würden, bedeutete dies, dass wir gut 80 % unseres Weltflug-Abenteuers erfolgreich geschafft hätten.

9

In Neuseeland wartete bereits der nächste Tragschrauber auf uns. Er war im Vorfeld extra direkt ab Werk von Deutschland aus an den neuseeländischen Vertriebspartner von AutoGyro geschickt worden. Gemeinsam mit vier anderen Tragschraubern würden wir in einer Formation an der New Zealand Air Safari teilnehmen. Das war eines der spektakulärsten Luftfahrtereignisse Neuseelands. Über 170 Piloten und Besatzungsmitglieder flogen mit mehr als 60 Flugzeugen aller Art im Rahmen dieser Veranstaltung über die Nord- und Südinsel. Wir würden in Tauranga im Norden starten, bis in den Süden nach Queenstown und wieder zurück nach Tauranga fliegen. Die Tour würde in der Gesamtheit einen Flug mit dem Tragschrauber über mehr als 5000 Kilometer bedeuten. Das war die längste Flugtour am Stück, die Melanie und ich bisher unternommen hatten.

Das Australien, das wir gesehen hatten, war durch die jüngsten Regenfälle sehr grün gewesen. In Neuseeland dagegen waren die Regenfälle bereits ungewöhnlich lange ausgeblieben. Wohin wir blickten, erstreckte sich trockenes Grasland auf den sanften Hügeln.

Gegen 19:00 Uhr erreichten Melanie und ich eine Villensiedlung in Tauranga, etwa drei Autostunden südlich von Auckland. Wir standen mit dem Kleinbustaxi vor einem elektrischen Tor und warteten darauf, dass es jemand öffnete. Dann bewegte sich das Tor wie von Geisterhand zur Seite und der Kleinbus fuhr weiter. Die Villen standen auf einer Anhöhe und waren allesamt sehr großzügig gebaut. Der Bus hielt vor einer der Villen. Melanie und ich schnappten unsere Taschen und stiegen aus.

Wir wurden von dem 70-jährigen Tony Unwin, der aus dem Haus kam, herzlich begrüßt. Tony sah eigentlich eher aus wie ein sportlicher Sechziger. Der erfahrene britische Pilot hatte in seiner langen Karriere bereits so ziemlich alle Flugzeugkategorien, inklusive der Boeing 747, geflogen. Am meisten aber liebte er es, mit dem Tragschrauber zu fliegen.

Melanie und ich betraten das Haus und gingen durch den Hausflur ins Wohnzimmer. Dort begrüßte uns Otmar Birkner, der deutsche Gründer und Eigentümer des Herstellers von unserem Tragschrauber AutoGyro. Wir hatten uns auf Mallorca kennengelernt. Melanie und ich hatten dort noch im Winter einige Flugstunden genommen und für das englischsprachige Funkerzeugnis gelernt. Wir hatten ihm bereits damals von unserem Plan einer Weltreise mit Tragschrauber erzählt.

Otmar und Tony waren gerade mit Tonys Frau Sue beim Abendessen und baten uns, ebenfalls am Tisch Platz zu nehmen. Tony schilderte uns, dass die New Zealand Air Safari zu einer der größten Herausforderungen für Piloten gehöre. Melanie und ich schluckten. Tony wollte wissen, über wie viel Erfahrung wir denn verfügten? Ich antwortete ihm wahrheitsgemäß, dass wir unsere Lizenz erst vor Kurzem gemacht hätten.

Tony machte ein sorgenvolles Gesicht.

»Während der New Zealand Air Safari starten und landen jeden Tag an die Hundert Flugzeuge auch auf unkontrollierten Flugplätzen. Das ist selbst für erfahrene Piloten eine große Herausforderung. Es besteht jederzeit die Gefahr, in der Platzrunde oder bei Landeanflügen mit anderen Flugzeugen zu kollidieren«, fuhr Tony fort. »Zu allem Überfluss werden wir mit unseren Tragschraubern die Langsamsten sein und damit ein ständiges Hindernis für die schnelleren Flugzeuge.«

10

Am nächsten Tag gab uns Tony am Flugplatz einige Erklärungen und Dokumente für die Teilnahme an der Air Safari, die wir unterschreiben mussten. Dann erhielten wir ein blaues Formular, das uns erlaubte, unter Tonys Aufsicht in Neuseeland zu fliegen.

Dank der Unterstützung durch Tony waren die organisatorischen Voraussetzungen für das Tragschrauberfliegen in Neuseeland überhaupt kein Problem. Das war ja noch unkomplizierter als in Südafrika, dachte ich erfreut.

Tony und Sue hatten akribisch alle Vorbereitungen für die Air Safari getroffen. Es gab zu jedem Tag, zu jeder Tour einen farbigen Ausdruck der erforderlichen Karten und Flugplatzinformationen. Tony hatte zudem für Melanie und mich je einen Stapel mit unserer Ausrüstung von AutoGyro zusammengestellt: Den passenden Helm, den Overall in der richtigen Größe, eine transparente Kartentasche für den Oberschenkel sowie eine Tasche mit detaillierten Informationen zum Programm der New Zealand Air Safari. Melanie und ich waren beeindruckt. Tony zeigte uns unseren silbernen Tragschrauber mit der Kennung ZK-ZEE. Auch er war mit allem ausgestattet, was wir für die Tour benötigen würden.

Nach und nach versammelte sich das gesamte bei der Safari mitfliegende Tragschrauberteam. Die Besatzungen teilten sich wie folgt auf die fünf Tragschrauber auf: Otmar flog allein im einzigen geschlossenen Tragschrauber, dem gerade auf den Markt gekommenen Calidus. Tony und der Kanadier Mark flogen ebenfalls allein in ihren offenen Tragschraubern. Mark sah Keith Richards, dem Gitarristen der Rolling Stones, zum Verwechseln ähnlich. Im vierten Tragschrauber flogen der kahl geschorene, 36-jährige Tragschrauberfluglehrer Elton mit seinem Flugschüler Hub. Der über 60-jährige Neuseeländer Hub hatte sich sein ganzes Leben mit dem Scheren und der Zucht von Schafen beschäftigt. Im fünften Tragschrauber flogen Melanie und ich.

Wir warteten noch auf den offiziellen Segen für unser Abenteuer. Der kam nicht von den Behörden, sondern diesmal von der katholischen Kirche. Um 11:00 Uhr bereitete sich der katholische Hauspfarrer von Hub auf die Segnung unserer Tragschrauber und deren Besatzungen vor. In seiner Linken hielt er das Neue Testament. In seiner Rechten ein Dose mit Chrisam-Salböl. Er sprach einige Gebete, tauchte einen Finger in das

Chrisam und zeichnete mit dem Finger ein Kreuz auf den Tragschrauber unseres Schafscherers. Die Amtshandlung des Pfarrers hatte etwas Verstohlenes an sich. Irgendwie schien dem Pfarrer die Prozedur unangenehm zu sein. Es wirkte, als spürte er, dass die Segnung nicht auf ungeteilte Zustimmung bei allen Piloten stieß.

Tony, Otmar, Melanie und ich wollten heute erst einmal zur Probe nach Waihi Beach fliegen. Zum einen war dies die praktische Prüfung für Melanie und mich, zum anderen konnten wir uns bei dieser Gelegenheit mit unserem Tragschrauber vertraut machen und auch den Gruppenflug mit den anderen Tragschraubern schon ein wenig üben, bevor die Hektik der Flugsafari alle erfasste.

Melanie flog den offenen MTOsport, mit Tony als Prüfer. Ich flog zunächst bei Otmar im geschlossenen Calidus mit, denn ich brannte darauf, einmal in diesem neuen Tragschrauber zu fliegen. Es war nach unserem Flug in Europa und anfänglich in Südafrika das erste Mal wieder ein geschlossener Tragschrauber.

Otmar und ich setzten die aktiv schallgedämpften Kopfhörer auf. Dann startete er das Triebwerk des Tragschraubers. Mit und ohne Kopfhörer war der Geräuschpegel im Innenraum erfreulich niedrig. Als wir mit seinem Tragschrauber am Ende der Startbahn anlangten, waren Melanie und Tony schon in der Luft. Otmar gab Vollgas, und ich hörte, wie das leise Motorbrummen im Hintergrund etwas zunahm. Durch die geschlossene Kanzel entfielen auch die Windgeräusche. Wir beschleunigten auf der Startbahn zügig und hoben ab. Otmar ging auf Reiseflughöhe. Wir flogen über den Hafen von Tauranga hinweg und folgten dem Verlauf der Küste.

Die Aussicht von oben auf Neuseeland war spektakulär. Freundliche Schäfchenwolken ließen erahnen, wofür Neuseeland berühmt war. Die aus unserer Perspektive winzigen Wellen des Meeres spiegelten die Sonnenstrahlen in abertausend Lichtstrahlen zurück nach oben. In der Ferne ragten kleine felsige Inseln aus der See.

In Neuseeland führt man ein Inselleben: Egal, in welche Richtung, es erstrecken sich immer Tausende Kilometer offene See, bevor man das nächste Festland erreicht.

Ich blickte nach links aus der Kanzel. Die Küste ging in sanft hügelige, mit Gras bedeckte Landschaft über. Einige Wälder bildeten dunkelgrüne Flecken. Aber das vorherrschende Gras war auch hier bei Weitem nicht so frisch grün, wie ich es von Neuseeland erwartet hatte.

Nach nur einer halben Stunde gingen wir in den Landeanflug auf Waihi Beach über. Waihi Beach lag, wie es der Name verspricht, direkt am Strand. Die Piste selbst war eine Graspiste. Otmar drehte in den Endanflug ein. Vor dem Beginn der Landebahn kreuzte ein öffentlicher Weg. In nur ein bis zwei Metern Höhe flogen wir über diesen Weg hinweg. Plötzlich klatschte Regen gegen die Kanzel. Otmar und ich erschraken. Woher in aller Welt kam nur der Regen, bei heiterem Himmel?

Aus den wenigen Schäfchenwolken am Himmel jedenfalls konnte er nicht gekommen sein. Otmar schwebte weiter die Bahn entlang bis zum Ende der Piste. Dort befanden sich die Hallen und ein bewirtetes Fliegerheim. Kurz vor den Hallen setzte er den Tragschrauber sanft ins Gras. Er stellte den Motor ab und öffnete die Kanzel. Hier war strahlender Sonnenschein und keine Spur von Regen. Verwundert blickte Otmar abwechselnd auf die Regentropfen auf dem Tragschrauber, zum Himmel und zum Anfang der Landebahn, über die wir hereingekommen waren.

Plötzlich lachte er. Ich blickte ihn fragend an. Otmar hatte den Grund für das vermeintliche Wunder des Regens aus heiterem Himmel entdeckt. Er wies mit dem Arm auf den entfernt liegenden Beginn der Landebahn. Dort stand ein Rasensprenger und versprühte in hohem Bogen Wasser.

Wir ließen die Tragschrauber am Rande der Piste stehen und setzten uns auf die Terrasse des Restaurants. Ich war verblüfft über das umfangreiche, leckere Angebot dieses Restaurants am Waihi Beach. Eine große Auswahl warmer Speisen, frische Sandwiches und Kuchen. Alles was dick macht, war reichlich vorhanden.

Nach einer kurzen Pause bereiteten sich Tony und Melanie auf einige spezielle Landetrainings vor.

»Warum seid ihr denn vorhin mit langsam drehenden Rotor gestartet?«, erkundigte ich mich bei Tony, während er wieder in seinen Fliegeranzug schlüpfte.

»Das werde ich dir nachher auch noch zeigen«, sagte Tony.

»Wenn du den Rotor nur auf 100 Umdrehungen vorrotierst statt auf 200 Umdrehungen, schonst du den Prerotator. Die restliche Drehzahl holst du dir dann durch den Fahrtwind beim Start. Dadurch entwickeln die Flugschüler außerdem ein noch besseres Gefühl für das Vorrotieren ohne Prerotator. Der Startweg wird natürlich entsprechend länger, aber die meisten Startbahnen sind ohnehin viel länger, als wir sie eigentlich benötigen.«

Melanie und Tony starteten zu ihren Testflügen. Otmar legte sich in den Schatten unter seinen Tragschrauber. Nach etwa einer halben Stunde war ich dran. Tony bat mich, den Start ebenfalls so zu machen, wie Melanie es bereits vorgemacht hatte. Ich flog einige Platzrunden, dann schien Tony auch mit mir zufrieden zu sein. Wir machten uns alle auf den Rückflug von Waihi Beach nach Tauranga. Melanie und ich zogen nach der Landung den Tragschrauber in den Hangar. Otmar war mit Schwung direkt in die Halle gefahren und hatte den Propeller in dem Moment ausgestellt, in dem er über die Schwelle der Halle fuhr.

11

Der erste Tag der Safari in Neuseeland und der erste für Melanie und mich im neuen, offenen Tragschrauber. Das erste Mal selbst fliegen in großer Formation. Melanie und ich waren nervös.

Warum nur, fragte ich mich, gingen wir dieses Risiko ein? Allzu leicht ging die Wertschätzung für die eigene Lebenszeit in Routinen und Banalitäten des Alltags unter. Das Risiko schärfte unsere Wahrnehmung, nicht nur für die Gefahren, sondern auch für den Wert und die unerbittliche Einmaligkeit jedes Momentes, den wir zu unserem Leben zählen konnten.

Die anderen Tragschrauberpiloten hatten die Tragschrauber aufs Vorfeld gezogen. Sie hatten ihre Overalls übergezogen und waren startbereit. Tony legte in einem kurzen Briefing die Reihenfolge beim Start fest. Melanie und ich sollten als Nummer zwei nach Tony in die Luft gehen. Tony hatte an alle Teilnehmer spezielle Funkfrequenzen verteilt, über die wir unsere Abstimmung unterwegs durchführen würden. In Südafrika waren wir beim Formationsflug ebenfalls stets auf einer vorher vereinbarten Funkfrequenz mit den anderen Teilnehmern in Verbindung gewesen. Mit dem Tower funkte immer nur der Formationsführer und meldete sich dann wieder bei den anderen Formationsteilnehmern auf deren Frequenz.

Ich drehte den Zündschlüssel zum Start des Motors. Nichts tat sich. War der Anlasser defekt? Vielleicht hatte sich die Batterie über Nacht entladen? Ich versuchte es wieder und wieder. Dann fiel mir auf, dass ich die Magnethebel für die Zündung noch nicht eingeschaltet hatte. So konnte es ja auch nicht funktionieren. Ich legte die beiden Hebel um und versuchte es noch einmal. Der Anlasser leierte den Motor, doch nichts tat sich. Ich wartete einige Sekunden, um Batterie und Anlasser nicht zu überfordern. Dann versuchte ich es erneut. Der Anlasser leierte und leierte. Doch der Motor wollte nicht anspringen. Ich zog den Choke noch weiter zurück. Außer uns waren alle Tragschrauber auf dem Weg zur Startbahn. Ich versuchte erneut, den Anlasser zu tätigen. Dieses Mal begann der Motor etwas zu stottern. Die Vibration des Anlassers hatte sich ebenfalls ein wenig verändert und rüttelte stärker. Daran konnte ich spüren, dass nun erste schwache Zündungen mit im Spiel waren. Ich ließ den Anlasser länger drehen, als für das System gut war. Aber ich wollte den verdammten Motor zum Laufen bekommen. Eine blaue Rauchwolke trat aus dem Auspuff aus.

Schubweise kamen einige Umdrehungen Motorkraft zum Anlasser hinzu. Doch der Lauf war noch nicht rund. Immer wieder gab es Zündunterbrechungen, und der Motor drohte abzuwürgen. Ich gab mehr Gas. Der Motor haspelte noch etwas vor sich hin und ging schließlich mit einem Schlag auf hohe Drehzahl. Wir machten einen Satz nach vorn. Ich hatte vergessen, die Bremse festzustellen. Zum Glück war vor uns niemand mehr. Ich versuchte, meine Nervosität zu unterdrücken. Wir fuhren den anderen hinterher in Richtung Startbahn. Der Choke verlor seine Wirkung, sobald man zusätzlich Gas gab. Das war offenbar unser Problem beim ersten Anlassen gewesen.

Unser Flug sollte von Tauranga über Waihi Beach in Richtung Norden nach Ardmore bei Auckland gehen. In Ardmore würden sich an die Hundert andere Flugzeuge für den offiziellen Start der Safari sammeln. Wir mussten damit rechnen, dass es beim Anflug auf Ardmore einen Stau geben würde. Dementsprechend hatten wir unseren Benzinvorrat etwas großzügiger als sonst geplant.

Alle fünf Tragschrauber standen auf dem Rollweg aufgereiht und warteten auf das Erreichen der Betriebstemperatur der Motoren. Ich stellte die Formationsfrequenz am Funk ein. In Südafrika war auf dieser Frequenz ein einziges Gequatsche gewesen. Hier war nichts. Stille, eigenartig. Ich ging auf die offizielle Safarifrequenz, über die wir mit anderen Safariteilnehmern würden kommunizieren können. Auch hier Stille.

Tony saß in seinem Tragschrauber ungefähr zehn Meter von uns entfernt und wartete. Er winkte mir zu. Ich freute mich und winkte zurück. Doch Tony wollte nicht grüßen, sondern uns etwas signalisieren. Weiterhin Stille im Funk. Warum funkt er nicht einfach, was er will, fragte ich mich? Tony zeigte mit den einzelnen Fingern etwas.

»Verstehst du, was Tony von uns will?«, fragte ich Melanie über unseren Bordfunk.

»Nein«, rief Melanie. »Vielleicht stellst du einmal um auf die Funkfrequenz von Tauranga«, schlug Melanie vor.

»Okay«, antwortete ich und rastete auf die Frequenz von Tauranga. Auf dieser Frequenz schien Kommunikation stattzufinden.

Tony hatte den Motor seines Tragschraubers abgestellt und stieg aus. Er kam zu uns herübergelaufen.

»Welche Frequenz habt ihr eingestellt?«, fragte er höflich.

»Jetzt die von Tauranga«, rief ich, »aber ich dachte, wir kommunizieren über unsere Formationsfrequenz?« Tony schüttelte den Kopf und sagte:

»Ich sage euch vorher jeweils Bescheid, wenn ihr auf die Formationsfrequenz gehen könnt.«

Tony stieg wieder in seinen Tragschrauber und startete den Motor. Die Formation hatte vom Tower Tauranga die Startfreigabe erteilt bekommen. Wir rollten auf die Startbahn. Tony rotierte schon vor und fuhr langsam die Piste entlang.

Ich blieb auf der Piste stehen und rotierte lieber auf Rotordrehzahl 200, wie ich es gelernt hatte. Dann gab ich Vollgas und beschleunigte schnell. Wir rasten mit hohem Tempo auf Tony zu, der noch langsam rotierend die Piste entlangfuhr und auf die fürs Abheben erforderliche Rotordrehzahl wartete. Wir waren bereits in der Luft und ich benötigte mehr Fahrt. Ich flog einen Umwegbogen nach rechts, damit wir Tony nicht überholten.

Formationsfliegen war nicht so einfach, wie ich im Vorfeld dachte. Zumal ich den Eindruck hatte, dass Tony vor uns mal höher, mal tiefer flog. Dann schien er plötzlich Gas zu geben, und ich hatte enorme Probleme, mit seinem Tempo Schritt zu halten. Aus irgendwelchen unerfindlichen Gründen schien er gelegentlich buchstäblich in der Luft in die Bremse zu treten. Immer wieder stellte ich fest, dass Tony bedrohlich schnell näher kam und wir zu kollidieren drohten.

Mit der Zeit fanden wir heraus, dass Tony vor Flugplätzen stets abbremste. Wenn wir dann mit Verzögerung ebenfalls abgebremst hatten, hatte er es überraschend wieder eilig, gab Gas und holte alles aus seiner Maschine heraus. Wir versuchten, durch größeren Abstand die dadurch entstehenden Brems- und Gaswellenbewegungen auszugleichen. Außerdem versuchte ich, den Abstand auch durch Steigflug oder Kurvenflug zu halten. Dadurch konnten wir zumindest unsere Gasstellung einigermaßen konstant halten. Wie eine Ziehharmonika, bestehend aus fünf Tragschraubern, flogen wir am Himmel über Neuseeland.

Die größte Herausforderung für Melanie und mich bestand jedoch darin, mit den anderen überhaupt mitzuhalten. Unser Tragschrauber hatte keinen Verstellpropeller.

Das war ungefähr so, als unternähme man mit Freunden eine Fahrradtour, und das eigene Fahrrad wäre das einzige ohne Gangschaltung. Wir konnten somit immer nur dann mithalten, wenn wir den Motor bei fast maximaler Drehzahl laufen ließen. Wie beim Fahrrad, waren dann vor allem die Steigungen ein Problem. Wollte die Formation über Berge fliegen, dann stiegen und flogen die anderen schnell und problemlos darüber hinweg. Melanie und ich hatten in dieser Situation die Wahl zwischen Steigen oder schnellem Fliegen. Beides gleichzeitig ging mit unserem Tragschrauber nicht. Wollten wir steigen, wurde unser Tragschrauber langsamer. Wollten wir wieder aufholen und schneller fliegen, verloren wir an Flughöhe.

Und so war es unvermeidlich, dass wir zurückfielen. Kaum dass wir gestartet waren, verschob sich die Reihenfolge der Tragschrauber. Wir hechelten hinterher und hofften, dass uns irgendwann jemand vermissen würde. Immerhin hatten wir uns gegen Ende unseres heutigen Fluges wieder nach vorn gekämpft und flogen an zweiter Stelle hinter Tony.

Als wir Tony plötzlich fast von hinten rammten, war klar, dass wir kurz vor unserem heutigen Tagesziel waren. Ich weiß nicht, wie schnell Tony flog, aber ich reduzierte unsere Geschwindigkeit von 160 Stundenkilometer auf 80 Stundenkilometer, um nicht zu dicht an ihn heranzukommen.

Unter uns lag der Flugplatz von Ardmore. Tony hatte sich den Überblick verschafft und flitzte davon. Ich gab Vollgas und drehte den Motor in den gelben Drehzahlbereich. Unter uns sah ich die Wiesen des Flugplatzes, auf denen tatsächlich bereits zahlreiche Flugzeuge geparkt waren. Was für ein Anblick. Eine ganze Armada unterschiedlichster, teils historischer Flugzeugtypen hatte sich hier ein Stelldichein gegeben.

Der Abstand zu Tony vergrößerte sich, obwohl der Motor am Limit lief. Ich konnte von unserer Position nicht richtig erkennen, welche Piste wir über welchen Winkel anflogen. Tony schien aus unserem Blickwinkel über die Piste hinwegzufliegen. Erst spät sah ich, dass Tony bereits im Endanflug auf die geteerte Piste war. Ich nahm das Gas heraus und ging in steilen Sinkflug über. Ich sah am prall gefüllten Windsack, dass wir böigen Gegenwind hatten.

Melanie und ich drehten in den Endanflug auf Ardmore ein. Dann kam ich in den Pistenbereich, wo ich eigentlich aufsetzen wollte.

Aber der auffrischende Gegenwind hielt uns in der Luft. Wir kamen nicht auf die Piste herunter. Der Tragschrauber schwebte weiter über die Piste hinweg. Ich hatte das Gas fast vollständig herausgenommen. Melanie und ich flogen an unserer Pistenausfahrt vorbei. Der Wind drehte immer wieder. Es war wie verhext. Mal kam er wunderbar von vorn, dann drehte er urplötzlich und kam von rechts. Dann erwischte uns wieder eine Böe von links. Ich schwitzte. Ich wollte nur den sicheren Boden erreichen. Mehr wollte ich gar nicht.

Dann schien es schon, dass wir aufgesetzt hatten. Ich spürte, dass nur ein Rad den Boden berührte. Ich gab wieder mehr Gas, und eine erneute Böe ließ uns wieder etwas abheben. Ich nahm das Gas jetzt ganz heraus und spürte, wie die Hinterräder kurz den Boden berührten, abhoben und dann aber endgültig auf den Boden aufsetzten.

Der erste Flug war sehr anstrengend gewesen. Ich war nach dem langen Flugtag ohnehin nicht mehr recht leistungsfähig. Die zusätzliche Herausforderung, bei den stark wechselnden Böen zu landen, brachte mich eindeutig an meine Grenzen. Durch unseren Landezirkus hatten wir zu allem Überfluss unsere Ausfahrt von der Piste verpasst. Melanie und ich nahmen die nächste Ausfahrt am anderen Ende der Piste und fuhren anschließend auf dem Taxiway den ganzen Weg wieder zurück.

Am frühen Nachmittag war die Eröffnungsveranstaltung angesetzt. Es war das erste offizielle Treffen der Teilnehmer der New Zealand Air Safari. Langsam versammelten sich 170 Piloten in der Veranstaltungshalle des Clubhauses am Flugplatz. An der Wand hingen Bilder von »Her Majesty Queen Elizabeth II – Queen of New Zealand« und »His Royal Highness The Prince Philip, Duke of Edinburgh, K.G., K.T., O.M., G.B.E., Q.S.O.«. Ich fragte mich, wie lang wohl die vollständige E-Mail Adresse von Prinz Philip war. Wenn doch der abgekürzte Name bei all seinen Titeln schon zweizeilig war.

Liz King, mit Spitznamen »Mutter Gans«, ergriff das Wort. Ihre Worte hatten Gewicht bei der Pilotengruppe. Liz informierte die Teilnehmer über die organisatorischen Rahmenbedingungen. Offenbar schien ihr die Truppe allerdings noch nicht wach genug zu sein. Liz startete eine mit Musik unterlegte Bilderpräsentation am Projektor. Alle mussten aufstehen und dazu tanzen. Zum Glück hatte ich die Kamera in der Hand und musste filmen.

Dann kam Liz zum wichtigsten Punkt ihrer Rede. Sie rief:

»24 Stunden vor dem Fliegen keinen Alkohol mehr. Und ich meine ›keinen‹. Bereits ein Glas Bier am Vorabend reduziert die Reaktionsfähigkeit am nächsten Tag beträchtlich«, führte sie aus. »Stattdessen ist es wichtig, wenigstens zwei Liter Wasser am Tag zu trinken, um der Ermüdung durch das Fliegen entgegenzuwirken«, so Liz. Die Teilnehmer nickten beflissen. Die Aussage erinnerte mich daran, dass Melanie und ich in der Aufregung des ersten Tages noch nicht genug Wasser getrunken hatten.

Nachdem die Veranstaltung beendet war, begab ich mich auf die Suche nach Trinkwasser. Um die Ecke war ein Café. Dort gab es von Bier, Sekt über Wein bis hin zu Schnaps alle Formen alkoholischer Getränke.

»Haben sie auch einfaches Wasser in Flaschen?«, fragte ich die Bedienung.

»Nein«, antwortete sie und blickte mich erstaunt an. »Einfaches Wasser trinken wir nur aus dem Wasserhahn. Was sollen wir sonst mit den ganzen Flaschen machen?«

»Schmeckt denn das Leitungswasser hier?«, fragte ich.

»Wir haben das beste Leitungswasser der Welt«, antwortete sie mit einer Mischung aus Überzeugung und Empörung über meine Frage.

Na gut, dachte ich, das haben wir in München auch so gemacht. Ich holte eine unserer leer getrunkenen Flaschen. Dann füllte ich die Flasche auf der Toilette mit Leitungswasser wieder auf. Ich trank einen Schluck und setzte die Flasche gleich wieder ab. Das »beste Leitungswasser der Welt« war stark gechlort und schmeckte nach Schwimmbad. Nicht eben meine Geschmacksrichtung. Auf der Veranda des Cafés sah ich, dass die anderen Teilnehmer der Air Safari bereits alle mit Getränken auf den Start des Abenteuers anstießen. Wie ich gut am Schaum in den Gläsern erkennen konnte, tranken die anderen jedenfalls kein Schwimmbadwasser.

12

Pünktlich um 07:30 Uhr am nächsten Morgen begann in der Halle des Fliegerheims von Ardmore das Briefing für diesen Tag. Die Wetterprognose war kritisch. Die Veranstalter waren besorgt. Mehrere Kaltfronten zogen nacheinander vom Meer her auf die Ostküste Neuseelands zu. Tony hatte zum Verdruss der anderen Piloten durchgesetzt, dass wir Tragschrauber zuerst starten konnten. Wir waren die langsamsten Teilnehmer der Safari. Es machte Sinn, dass wir zuerst starteten und ein wenig Vorsprung hatten.

Am Pistenrand standen ein Team der Veranstalter und ein Fahnenschwenker. Er gab mit seiner Flagge offiziell das Startsignal für den Beginn der Safari. Das neuseeländische Fernsehen war angereist, um über den Start des Spektakels zu berichten. Wir stellten uns in Formation auf der Piste auf. Tony rotierte wie üblich auf 100 Umdrehungen vor und fuhr langsam los. Melanie rotierte auf 200 Umdrehungen und gab Vollgas. Melanie und ich rasten mit Tempo am verblüfften Tony vorbei und stiegen als Erste in den Himmel. Es ging von Ardmore aus bis zur nördlichsten Spitze Neuseelands bei Kaitaia. Von dort würden wir in Richtung Süden zurückfliegen bis nach Whitianga, wo wir übernachten wollten. Unter uns zogen die Fjorde der Tasmanischen See vorbei. Das abfließende Tidenwasser hatte eine aderige Struktur in den Schlick gespült. Die Landschaft wurde nur noch dann und wann von dünnen grauen Bändern der Landstraßen zerschnitten. Wir konnten einzelne Farmen erkennen, zu denen helle Schotterwege führten.

Aufgrund des schlechter werdenden Wetters beschlossen wir, doch nicht weiter bis an die nördlichste Spitze Neuseelands zu fliegen, sondern uns direkt auf den Flug nach Whitianga zu machen. Tony wählte einen Kurs, der uns mehr ins Landesinnere führte. Wasserschwere Wolken zogen tief über die hügelige Landschaft. Ich konnte sehen, wie Starkregen in Form von Gardinenschleiern aus den Wolken abregnete. Vor uns breitete sich eine Hügelkette aus, an der die Wolken direkt anstanden. Tony hielt unbeirrt auf die Hügelkette zu. Offenbar war er auf der Suche nach einer Möglichkeit, die Hügel in Richtung Süden zu überwinden. Links von uns war noch Sonnenschein und erkennbar besseres Wetter.

Kurz vor den Wolken drehte Tony schließlich nach links. Die Sicht wurde immer schlechter. Die Wolken drohten uns einzukesseln. Es begann zu regnen. Wir mussten es unbedingt zur Küste schaffen. Wenn wir über der See waren, konnten wir sehr tief heruntergehen, um bei den Wolken noch etwas zu sehen. Ich verringerte den Abstand zu Tony, um ihn nicht zu verlieren.

Vor uns kam die See in Sicht. Tony reduzierte die Flughöhe und flog aufs Meer hinaus. Die Schlechtwetterfront schien uns ebenfalls aufs Meer zu folgen. Es war das reinste Katz-und-Maus-Spiel. Wohin wir auch auswichen, das Schlechtwetter war uns auf den Fersen. Wir flogen etwa eine halbe Stunde über die offene See an der Küste entlang.

Zeitweise konnten wir das wolkenverhangene Festland nicht mehr sehen. Rechts von uns wurde es an einem kurzen Streifen über Land zwar etwas heller, dafür regnete es. Tony hielt direkt auf den Regen zu. Eine andere Option gab es ohnehin nicht mehr. Wir konnten unmöglich weiter aufs offene Meer hinausfliegen. Rechts hinter uns folgte uns die Front und schnitt den Rückweg ab. Wir hatten bereits seit einer halben Stunde keine

Gelegenheit mehr, über die Hügel des Festlands hinweg zurück ins Landesinnere zu gelangen.

Der Regen prasselte gegen unsere Windschutzscheibe. An den Innenseiten des Fußraumes rann etwas Wasser herunter. Wir wurden erstaunlicherweise im offenen Tragschrauber aufgrund der günstigen Aerodynamik weniger nass als im geschlossenen Tragschrauber mit seinen undichten Dachluken und Türrahmen, den wir in Europa geflogen waren.

Wir folgten Tony weiter durch den Regenschauer. Dann erreichten wir wieder Festland und eine Talsenke, die von der Küste bis ins Inland reichte. Diese Stelle hatte Tony gesucht. Hier hätten wir selbst bei tief stehenden Wolken gefahrlos ins Landesinnere fliegen können. Gut, dass wir mit Tony einen ortskundigen und erfahrenen Formationsführer hatten.

Im Landesinneren klarte das Wetter auf. Die Sonne schien durch die Wolken und warf Lichtspots in eine Landschaft wie aus *Herr der Ringe*. Unter uns mussten wohl die Hobbits leben. Wir flogen über dichte Wälder aus Farnbäumen. Von oben sahen sie aus wie Palmen, nur dass auf ihnen statt Palmblättern Farnzweige wuchsen. Diese Bäume verliehen der gewaltigen Landschaft zusätzlich einen exotischen Charme.

Nach insgesamt sieben Stunden Flug gingen wir endlich in den Landeanflug auf Whitianga über. Der Flugplatz lag in der Nähe der Küste am Rand von Bergausläufern. Die Piste bestand aus Gras. Ich konnte von oben erkennen, dass die meisten anderen Piloten und Flugzeuge längst angekommen waren. Sue, Tonys Ehefrau, war ebenfalls schon da. Sie war uns mit dem Auto gefolgt. Sie würde uns auf unserer weiteren Tour begleiten und Teile des Gepäcks im Auto transportieren.

Wir übernachteten in einem Backpackers Hostel am sogenannten Hot Beach. Der Hot Beach ist ein geothermisches Phänomen. Während der Ebbe kann man hier am Strand Löcher graben. Die Löcher füllen sich mit bis zu 64 °C heißem Wasser aus unterirdischen Thermalquellen und bilden somit natürliche Warmwasserpools.

13

Ich bereute, dass ich nur offene Sandalen auf unsere Weltreise mitgenommen hatte. Für das regennasse Wetter am nächsten Morgen waren die nun wirklich nicht geeignet. Auf Zehenspitzen stakste ich an den Pfützen vorbei und gab mir Mühe, nicht allzu nass zu werden. Nach dem Frühstück in einer nahegelegenen Bäckerei verbrachte das Team die Zeit damit, die Wetternachrichten im Fernsehen zu verfolgen. Auch wenn es noch nicht so aussah, sollte das Wetter später besser werden.

Wir wollten von Whitianga weiter nach Tauranga fliegen. Dort würden wir noch einmal eine Nacht in Tonys Haus übernachten. Dann würde uns die Safari in den Süden der Insel führen. Tony hatte beschlossen, dass wir heute nach allen anderen Fliegern starteten. Damit hätten wir genug Zeit, um auf das angekündigte bessere Wetter zu warten.

Hub und Mark schoben ihre Tragschrauber aus dem Hangar, vorbei an der Catalina, dem berühmten letzten Flugboot Afrikas, das auch an der Safari teilnahm. Das Flugboot war unter abenteuerlichsten Bedingungen von Afrika nach Neuseeland geflogen worden. Es gab hierüber auch einen Dokumentarfilm.

Die Catalina würde vor uns starten. Wir schoben die Tragschrauber sicherheitshalber weiter von der Catalina weg. Dann startete die Pilotin die Triebwerke. Erst begann sich das rechte Triebwerk, von knallenden Explosionen angetrieben, langsam zu drehen. Eine große schwarze Rauchwolke verbrannten Öls stieg aus dem Auspuff. Dann startete die Pilotin das linke Triebwerk. Ich hätte nicht erwartet, dass der Rückstoß der Propeller bei einer solch niedrigen Geschwindigkeit bereits so stark sein würde. Es würde noch eine ganze Weile dauern, bevor die Catalina starten konnte. Die Motoren mussten wenigstens zehn bis 15 Minuten lang warm laufen, um die Starttemperatur zu erreichen.

Ich stellte mich am Rande der Graspiste in Position, um den Start der 67 Jahre alten Dame zu filmen. Die Catalina rollte los und fuhr bis an das hinterste Ende der Graspiste. Wir konnten ihre Motoren nicht mehr hören. Das Flugzeug stand lange am Ende der Piste, dann drehte die Pilotin die Maschine und wartete in Startposition. Als sie Vollgas gab, drang das Dröhnen der Motoren doch bis zu uns hinüber. Nur langsam nahm das schwere Flugzeug Fahrt auf. Dann hoben sich das Vorderrad und die Nase. Wie ein Posaunenorchester in voller Lautstärke dröhnte die blau-weiße Catalina an uns vorbei und hob schwerfällig wie ein fliegender Wal ab. An den Hügeln in Richtung Landesinneres drehte das Flugboot in eine Linkskurve und ging auf Reisekurs.

Die Sonne schien, und über den Himmel zogen nur noch vereinzelte Schäfchenwolken. Nach unserem Start flogen wir entlang der Küste nach Süden. Die fast schneeweißen Kreidefelsen hoben sich kontrastreich vom petrolblauen Meer ab. Es war ein wunderbarer Tag zum Fliegen.

Tony wollte mit uns in die Berge. Sein Mechaniker Colin hatte uns vor dem Abflug in Tauranga noch vor dieser Strecke gewarnt.

»Ich bin durch die Täler dort mit dem Auto gefahren und habe nach oben geschaut. Beim Anblick der hoch hängenden Kabel ist mir schlecht geworden«, hatte Colin gesagt. Er empfahl uns, wenigstens 6500 Fuß hoch zu fliegen, damit wir nicht mit den Kabeln kollidierten.

Tony hielt Kurs auf die erste Schlucht. Wir flogen in die Schlucht ein. Ich merkte, dass das Talniveau sehr schnell anstieg und gab mehr Gas, um Höhe zu gewinnen.

Unter uns führte eine geschlängelte Straße von der Schlucht zum Berg nach oben. Die Berge schienen schneller in die Höhe zu wachsen, als unser Tragschrauber steigen wollte. Ich gab Vollgas und wurde dennoch von den anderen Piloten der Formation überholt, bis wir schließlich das Schlusslicht bildeten. Wir erreichten das Gipfelniveau der Berge. Hier gab es keine Bäume mehr. Unter uns grasten Schafherden. Wir überquerten die Berge und flogen wieder in Richtung Meer. Die Küste kam in Sicht.

14

Melanie und ich flogen am nächsten Morgen über Kiwi-Plantagen hinweg. Die weinartig angebauten Kiwi-Pflanzen waren mit vielen grünen Netzen gegen Vögel und Hagel geschützt. fünf bis zehn Meter hohe dichte Hecken schützten die Plantagen zudem vor dem oft rauen Wind. Wir flogen von Tauranga ins Landesinnere bis zum Lake Taupo, zur Küste nach Opotiki und dann weiter nach Gisborne, wo wir übernachten wollten.

In der Nähe von Taupo sahen wir in weitläufig umzäunten Wiesen etwas, das von oben wirkte wie Überdruckventile. Einige von ihnen dampften. Es roch selbst in unserer Flughöhe empfindlich nach faulen Eiern. Schwefel. Das war offenbar Thermalgebiet. Unter uns zogen Seen vorbei, in denen hellgrünes Wasser zu leuchten schien. Neben der unnatürlich wirkenden Färbung war das Wasser zudem durch die erstaunlichsten Schichten in verschiedene Grünschattierungen unterteilt. Was für ein faszinierender Anblick! Wie konnte so ein Wassermosaik nur entstehen?

In Richtung Gisborne flogen wir am mit 1600 Metern höchsten Berg des Nordostens, dem Hikurangi, vorbei. Durch die Nähe zur Datumsgrenze wird der Mount Hikurangi morgens als erster Berg nach der Datumsgrenze in Sonnenlicht getaucht.

Unsere Gyrocopterformation landete auf dem Flughafen von Gisborne. Hier hatte bereits 1769 der britische Seefahrer Captain James Cook mit seinen Schiffen erstmals vor Neuseeland geankert und war tags darauf an Land gegangen. Er war dabei auf die einheimischen Maori gestoßen.

Während unseres Abendessens in einer Halle am Flugplatz führten Maori-Kinder Haka-Tänze vor. Ihre Gesichter waren mit kunstvollen Mustern bemalt. Die Mädchen trugen Bastkleider, die Jungs Baströcke. Breitbeinig standen die Kinder vor uns, schlugen sich kraftvoll mit den Händen gegen die Brust. Sie schnitten Grimassen, streckten die Zungen heraus und rissen die Augen weit auf. Dazu schrien sie aus voller Kehle. Die Traditionstänze sollten zum einen den Kriegern das Gefühl der Unverwundbarkeit und Stärke vermitteln und zum anderen auf den Feind abschreckend wirken. Der Tanz wurde auch von der neuseeländischen Football-Mannschaft, den *All Blacks*, vor Spielen praktiziert und verunsicherte regelmäßig deren Gegner bereits vor Beginn des jeweiligen Spieles.

15

Tony hatte für unsere Tragschrauberformation eine Sondergenehmigung erhalten, auf dem internationalen Flughafen von Wellington zu landen. Am nächsten Tag flogen wir daher in Richtung Meer, zunächst dem Verlauf des Ruamahanga Rivers folgend. Rechts von uns befand sich die felsige Bergkette des Rimutaka Forest Parks mit dem Orongorongo-Fluss, die uns den direkten Anflug auf Wellington bei den niedrig hängenden Wolken im Landesinneren unmöglich machte. So wählten wir den Umweg über die Tasmanische See, um von der Bucht her kommend in die Platzrunde von Wellington International zu drehen. Die Meeresoberfläche schien heute merkwürdig gerippt zu sein. Offenbar herrschte hoher Seegang, was man aus unserer Flughöhe allenfalls am Schaum der Wellen erkennen konnte. Der Wind blies den Schaum über die Wellenkronen hinweg und verwischte so die klare Trennung zwischen weißem Schaum und schwarzblauem Meerwasser. Am Himmel über der See war eine Bewölkung aufgezogen, wie ich sie zuvor noch nie gesehen hatte. Sie wirkte wie ein graues Vlies aus feiner Stahlwolle, das zum Horizont hin eine gelbliche Einfärbung erhielt.

Die Formation hielt kurze Abstände. Wir würden vom Flughafen der Hauptstadt Neuseelands nur eine einzige Landeerlaubnis erhalten und mussten daher im Verband wie ein Flugzeug anfliegen, gemeinsam landen und schnellstmöglich die Landebahn für die großen Fluglinien wieder freigeben. Mark hatte uns über dem Meer überholt und flog neben Tony vor uns. Der Flug über die offene See war nicht ungefährlich. Wir hatten zwar wie stets in Neuseeland Rettungswesten angelegt, aber bei einer Notlandung standen unsere Chancen, lebendig wieder aus dem eiskalten Wasser herausgefischt zu werden, nicht besonders gut.

Ich sah noch, dass Mark und Tony plötzlich ohne Vorankündigung wie verrückt stiegen. Von einem Moment auf den anderen schossen die beiden auf eine Flughöhe von bestimmt 500 Fuß über uns. Dann traf uns der erste Windschlag mit Wucht von der Seite. Eine mächtige Turbulenz hatte uns erfasst und schüttelte den Tragschrauber derart durch, dass Melanie und ich nicht wussten, wie uns geschah.

Die Nase des Tragschraubers bäumte sich auf, ohne dass wir die Knüppelstellung verändert hatten. Melanie schrie vorn im Cockpit vor Schreck. Für Sekunden saßen wir völlig paralysiert in unseren Sitzen und waren unfähig zu reagieren. Der Tragschrauber vollzog Nickbewegungen und rollte wie ein Schiff bei schwerem Seegang. Das Leichtgewicht wurde zum Spielball der Naturgewalten. Eine knappe halbe Tonne Gewicht wog scheinbar nichts mehr und wurde wie ein Blatt im Herbstwind hin und her getrieben. Wir wurden von den Luftmassen nach oben geblasen. Innerhalb von Sekunden ging es mehrere Hundert Fuß ungebremst nach oben. Das Kunststoffgehäuse des Tragschraubers vibrierte und fühlte sich an, als würde es gleich von den Naturgewalten zerfetzt. Das Aluminium des Rotors erzeugte verdächtige metallische Knackgeräusche, wie ich sie nur kannte, wenn man am Boden ohne Rotordrehzahl zu schnell über eine holprige Piste fuhr.

Dann war mit einem Schlag unser Motor aus. Mitten über dem offenen Meer. Ich stand unter Adrenalin. Mein Puls raste. Ich versuchte, die aufkommende Panik zu unterdrücken und einigermaßen klar zu denken.

»Der Motor ist ausgefallen«, schrie ich in den Bordfunk.

»Nein«, schrie Melanie zurück. »Ich habe das Gas bis auf das Standgas herausgenommen.« Ich drehte mich um. Tatsächlich, der Propeller drehte sich noch. Wieder erfasste uns eine neue Turbulenz. Dieses Mal noch heftiger als zuvor. Ich funkte zu Tony:

»Tony, wir sind hier in schweren Turbulenzen. Wir reduzieren das Tempo auf 100 Stundenkilometer.«

»Verstanden«, funkte Tony zurück. Wieder schlugen irrsinnige Windstöße gegen den Tragschrauber.

Der Tragschrauber pendelte jetzt wie eine Seilbahngondel bei Sturm. Abwechselnd stieg die Nase unvermittelt in die Höhe, nur um kurz darauf ins Gegenteil umzuschlagen und nach unten zu weisen. Es war erstaunlich, was der Tragschrauber aushielt. Peng, eine Windfaust schlug in die rechte Seite des Tragschraubers ein und drehte uns um die Hochachse.

»Du musst dagegenhalten«, schrie ich in den Bordfunk. Einen Sekundenbruchteil später knallte uns die nächste Windladung, dieses Mal von links, um die Ohren.

Ich betete inständig, dass wir irgendwie wieder festen Boden unter unsere Füße bekommen würden. Es war das erste Mal, dass ich ernsthaft Todesängste in einem Tragschrauber über dem Meer ausstand. Ich blickte auf die anderen Tragschrauber. Die Formation sah aus wie ein Papiermobile im Herbststurm. Man konnte buchstäblich den Verlauf der Luftwellen sehen. Erst hoben sich die ersten Tragschrauber in die Höhe, dann die folgenden. Dann fielen die ersten wieder ab. Melanie spielte währenddessen mit dem Gas. Wenn wir hochschossen, reduzierte sie das Gas auf ein Minimum. Wenn wir fielen, schob sie wieder Vollgas rein. So konnte sie zumindest etwas die extremen Höhenschwankungen abdämpfen.

Otmar hatte mir erzählt, dass das Material des Tragschraubers für ein Vielfaches der in solchen Extremwetterlagen zu erwartenden Belastungsgrenzen ausgelegt ist. »Eher verliert ein Flächenflugzeug die Tragflächen oder der Pilot die Nerven, als dass der Rotor oder die Aufhängung ernsthaft beschädigt würden«, so Otmar.

Melanie blieb nach dem ersten Panikanfall erstaunlich gefasst. Ruhig glich sie die Stöße aus, so gut es ging, und wartete darauf, dass die Hölle ein Ende hatte.

Nach etwa zehn weiteren Flugminuten waren wir um die felsige Landspitze herum, und das Wetter schien sich zu beruhigen. Wir gingen in den Landeanflug auf Wellington über. Offenbar hatten wir noch keine Landegenehmigung erhalten. Tony reduzierte die Fahrt ohne Ankündigung auf 80 Stundenkilometer und wir kamen viel zu schnell näher. Melanie drehte eine 360-Grad-Kurve nach rechts und gewann damit wieder etwas mehr Abstand.

Vor uns landete eine Boeing 737. Tony vollzog einen weitläufigen Bogen und ging dann in steilen Sinkflug auf die Piste über. Die Formation folgte geschlossen und die fünf Tragschrauber setzten fast zeitgleich auf der Landebahn von Wellington auf. Wir rollten zum Vorfeld, auf dem sich bereits zahlreiche andere ausgestellte Flugzeuge der Flugschau befanden, und stellten einer nach dem anderen den Motor ab.

Ich hatte weiche Knie. Was für ein Flug! Ich war so unendlich froh, dass wir heil wieder auf dem Boden waren. Ich sprach Tony auf die Turbulenzen an.

»Wir waren kurz davor, umzukehren«, sagte ich.

»Ich auch«, sagte Tony. »Und ich habe mir Vorwürfe gemacht, dass wir in solches Wetter geflogen sind«, ergänzte er nachdenklich.

16

Wir hatten das wohl gefährlichste Flugstück noch vor uns. Über 30 Kilometer wollten wir am nächsten Tag über offene See fliegen. Unser Tagesziel war die Überquerung der Cook Strait, dem Meeresstück zwischen Nord- und Südinsel. Der Bus, der uns zum Flugplatz bringen sollte, war für 07:00 Uhr angekündigt. Das hatte man uns jedenfalls noch am Vorabend gesagt. Melanie und ich waren gerade dabei, unsere Sachen zu packen, als es bereits um 06:30 Uhr hieß: »Der Bus fährt ab.« Wir stopften die verbliebenen Dinge in die Taschen und rannten los zum Bus. Der Bus war bereits bis fast auf den letzten Platz belegt.

So waren wir in Neuseeland bereits an einigen Tagen gestartet. Erst hieß es »schnell, schnell, beeilt euch«, nur um dann am Flugplatz auf irgendetwas warten zu müssen. Tony kommentierte dies augenzwinkernd mit: »Hurry up and wait!«

Um 07:00 Uhr kam der Bus am Flugplatz an. Und es sah tatsächlich so aus, als müssten wir auch heute wieder warten. Dichter Nebel machte einen Start unmöglich. Tief hängende Wolkenfelder zogen über die Startbahn.

Es herrschte allgemeine Ratlosigkeit. Das für 07:30 Uhr geplante Briefing wurde auf 08:30 Uhr verschoben. In den Aufenthaltsräumen des Pilotenheims herrschte geschäftiges Treiben. Karten wurden studiert und diskutiert. Linien wurden mit langen Linealen gezogen und wieder ausradiert. Emsig flitzten Finger von Piloten über Taschenrechnertasten, um die Spritverbräuche zu berechnen. Wetterkarten wurden zu Rate gezogen. Melanie überprüfte noch einmal die bereits in das GPS eingegebene Routenplanung.

Mehrere Kaltfronten zogen in Wellen ausgehend von Zentralneuseeland langsam in Richtung Norden. Der Start wurde auf 10:00 Uhr verschoben. Um 09:45 Uhr begann es zu regnen. Das musste der erste Ausläufer der Kaltfront sein. Die tief hängenden Wolken öffneten ihre Schleusen. Zwei Flugzeuge mit Instrumentenausstattung hoben dennoch ab, um für die anderen Wetteraufklärung zu betreiben. Um 11:30 Uhr hatte der Regen aufgehört. Der Nebel begann sich zu lichten. Es war höchste Zeit, dass wir loskamen. Wir wollten nicht zu spät in Omaka ankommen.

Ich hatte den technischen Check bereits gemacht und überprüfte noch einmal unsere Schwimmwesten. Schließlich hoben wir ab zu unserem Flug über die Cook Strait. Der Flug führte uns über den Lake Wairarapa hinweg zur Küste. Dort ließen wir uns vom Küstenverlauf bis zum Orongorongo-Fluss leiten. Von dort aus wagten wir den Sprung über die offene See.

Wir folgten Tony, der bereits auf Südwestkurs gegangen war. Vor uns war nur noch die offene See zu sehen. Bis zum Horizont nichts als Wasser und Wolken. Unter uns zogen die Wellenkämme und deren Schaumkronen durch. Wir hatten ordentlich Gegenwind. Trotz unserer 160 Stundenkilometer Luftgeschwindigkeit kamen wir gerade einmal mit 100 bis 120 Stundenkilometern vorwärts. Dadurch würden wir deutlich länger fliegen müssen und mehr Sprit verbrauchen, als wir eigentlich gehofft hatten.

Laut Navigationssystem hätten wir uns langsam der Südinsel nähern müssen. Stattdessen konnte ich vor uns kein Land, dafür aber eine geschlossene Wolkenwand erkennen. Von der Wasseroberfläche beginnend und nach oben mit einer dichten Wolkendecke verschlossen.

Tony hielt unbeirrt weiter auf die Wolkenwand zu.

Melanie und ich hielten uns links von Tony und kamen in den Rand des Wolkensystems. Es begann zu regnen. Überall war Wasser. Melanie hielt wie immer bis zur letzten Sekunde mit der Kamera drauf, bis es zu nass für die Elektronik wurde. Sie machte schnell noch Foto- und Filmaufnahmen von den winzigen Tragschraubern über offenem Meer vor dunkel-drohender Wolkenkulisse. Dann packte sie die Technik wasserfest in die Sitztasche.

Tony gab Anweisung an die Formation, auf 500 Fuß Flughöhe zu sinken. Ich reduzierte das Gas und ging in den Sinkflug über. Vielleicht hatten wir tiefer über dem Meer bessere Sichtbedingungen. So wie es aber jetzt aussah, war uns der Weg auf das Festland der Südinsel abgeschnitten. Es schien, als würden wir mitten auf dem Meer gezwungen, umzukehren.

Die Sicht wurde immer schlechter. Wir konnten kaum noch Tony erkennen, der direkt vor uns flog. Ich gab mehr Gas und versuchte, unbedingt an Tony dranzubleiben. Außer Tony hatten wir niemanden mehr in Sicht.

»Zulu-Echo-Echo, hört ihr mich noch?«, rief uns Tony mit unserem Kennzeichen über Funk an.

»Zulu-Echo-Echo, positiv«, antwortete ich.

»Oscar-Tango-Mike?«, rief Tony Otmar im geschlossenen Tragschrauber an.

»Oscar-Tango-Mike, auf Empfang, ich habe einen Tragschrauber in Sicht« antwortete Otmar.

»Yankee-Oscar-Golf«, rief Tony weiter. Es gab keine Antwort von Mark mit dem Kennzeichen Yankee-Oscar-Golf. Tony fuhr fort:

»Mike-Tango-Oscar«. Doch auch Mike-Tango-Oscar, mit Hub und Elton an Bord antwortete nicht mehr.

»Yankee-Oscar-Golf und Mike-Tango-Oscar, bitte kommen«, rief Tony. Keine Antwort. Es herrschte Todesstille am Funk.

Wir sanken auf nur 200 Fuß Flughöhe dicht über der Meeresoberfläche. Hier waren zwar die Wolken nicht so dicht, dafür war aber der Regen umso heftiger. Schäumend schlugen die Wellenkämme in die Höhe. Wasser von oben, Wasser unten, Regen vorn und hinten. Die Elemente schienen sich gegen uns verschworen zu haben.

»Oscar-Tango-Mike, du hast doch einen Tragschrauber in Sicht?«, rief Tony besorgt.

»Kannst du das Kennzeichen erkennen?«, fragte er weiter.

»Oscar-Tango-Mike, ich kann das Kennzeichen nicht erkennen. Der Pilot hat jedoch einen roten Anzug und weißen Helm. Ich denke das bist du, Tony«, antwortete Otmar. Wir hatten den Kontakt zu zwei Tragschraubern unserer Flotte auf offener See und bei schlechter Sicht verloren.

»Zulu-Echo-Echo, wir haben fast keine Sicht mehr«, funkte ich Tony an.

»Wir müssen dringend den Kurs ändern, was schlägst du vor?«, fragte ich Tony.

»Wir fliegen weiter nach Nordwesten«, funkte Tony und drehte nach rechts ab. Er fuhr fort, Yankee-Oscar-Golf und Mike-Tango-Oscar über Funk anzurufen. Zwischen jedem Funkspruch herrschte gespenstische Stille. Weiterhin keine Antwort.

Vor uns kam das Festland der Südinsel in Sicht. Tony, Otmar, Melanie und ich steuerten auf direktem Kurs auf Land zu. Tony funkte mit dem Controller von Omaka Airport. Er kündigte die Landung eines Tragschrauberverbandes an.

»Das ist aber eine sehr lose Formation«, antwortete der Controller vom Tower Omaka trocken. »Zwei Tragschrauber fliegen Kilometer entfernt«, ergänzte der Tower. Das waren unsere verloren geglaubten Kollegen.

Tony war erleichtert und wütend zugleich. Erleichtert, dass der Controller offenbar alle fünf Tragschrauber auf seinem Radar hatte. Wütend, da die zwei abtrünnigen Tragschrauber nicht auf unserem Kurs gefolgt waren und außerdem aus irgendeinem Grund nicht auf die Funksprüche antworteten.

Wir folgten noch etwas weiter über offener See dem Küstenverlauf. Die Wolken lockerten auf und ermöglichten bessere Sicht, als Yankee-Oscar-Golf und Mike-Tango-Oscar wieder auftauchten und sich dem Verband anschlossen.

Die Südinsel unter uns war noch trockener als die Nordinsel. Sie wirkte schon fast wüstenartig. Staubtrockenes bergiges Grasland erstreckte sich unter uns, wohin wir sahen. Bis hierhin schien es der Regen offenbar nicht so oft zu schaffen.

Wir landeten auf dem Flugplatz von Omaka und fuhren vom Vorfeld direkt zur Tankstelle. Bevor wir die Tragschrauber für die Nacht in den Hangar schoben, wollten wir die Tanks noch bis zum Rand füllen.

Es schien, dass die Funkgeräte durch die hohe Feuchtigkeit des Regens offenbar gestört waren. Jedenfalls funktionierten sie selbst in unmittelbarer Nähe nicht richtig. Yankee-Oscar-Golf und Mike-Tango-Oscar hatten den Kurs abweichend gewählt, da Mike-Tango-Oscar die kürzeste Route zum Festland nehmen wollte. Yankee-Oscar-Golf hatte nur noch Mike-Tango-Oscar in Sicht gehabt und war einfach hinterhergeflogen.

17

Die angezeigte Temperatur des Rotorkopf-Messfühlers betrug am nächsten Morgen nur 8,6 °C. Das war eindeutig der Temperaturbereich, bei dem man normalerweise eine elektrische Heizjacke unter den Fliegerkombi anzog. Allenfalls hielt man es so für eine Stunde aus. Dann spätestens war eine Tasse mit heißem Kaffee oder eine Suppe erforderlich – zum Aufwärmen. Wir hatten heute allerdings die 500 Kilometer von Omaka, über Kaikoura, Rangiora, Ashburton, Rangitata bis nach Timaru vor uns.

17

18

17 Im Land der »unbegrenzten Möglichkeiten«: Startklar in Seattle, US-Bundesstaat Washington.

18 Wir sind nicht die einzigen, die von Sport und Abenteuer gelockt werden.

19

19 Uns ruft jedoch nicht die weite See, sondern der unendlich blaue Himmel.

20 Unter uns wechselt ständig die Landschaft. Hier zieht sich ein Flussdelta gleich Adern durch die Westküste der USA.

21 Ein Traum wird wahr: Wie die Wolken unter uns wollen wir vom Meer zur Golden Gate Brücke bei San Francisco.

20

21

22

23

24

22 Wie eine Perle liegt diese Insel in einem Stausee auf dem Flug von Santa Ynez nach Los Angeles.

23 Die älteste unfertige Baustelle der Welt, Machu Picchu in Peru. In Peru und Bolivien besuchten wir Projekte von terre des hommes.

24 In Peru erhalten wir von den Andenkindern fachkundige Unterstützung bei den Dreharbeiten.

25 Erstes »Abheben« mit Propellermützen auf ca. 4000 Meter Höhe im Salzsee Salar de Uyuni.

26 Nach dem Abflug von Buenos Aires entdecken wir riesige Überschwemmungsgebiete im Delta des Río Uruguay.

27 Ankunft in Gualeguaychú nach dem Flug durch die Singularität des Erdmagnetfeldes.

28 Flugplatz Apóstoles in Argentinien, ab hier begannen die Urwälder vor Iguazú.

29 Villengegend an der brasilianischen Atlantikküste.

25

26

27

28

29

30

31

30 Das wollten wir immer schon: Flug um die Jesus-Statue in Rio de Janeiro.

31 Eine unglaublich erlebnisreiche Zei liegt hinter uns – Ankunft am Endflu platz in der Nähe von Rio de Janeir

Melanie und ich zogen alle T-Shirts unter unsere orangen Pullis und darüber die Fliegeroveralls. Ich hatte zwei Hosen unter dem Overall an und lief daher etwas breitbeinig. Nach dem Start flogen wir tief am schwarzen Lavastrand die Küste Richtung Süden entlang. Vielleicht 15 Meter trennten uns vom Strand, an dem die weiß schäumende Brandung sich kontrastreich vom schwarzen Sand abhob.

Trotz der vielen Kleidungsschichten wurde es mir bereits nach einer halben Stunde eindeutig zu kalt. Das war nicht meine Betriebstemperatur. Zitternd saß ich hinter Melanie auf dem Kopilotensitz und setzte mich auf meine Hände, um diese wenigstens etwas aufzuwärmen.

In der Nähe unseres ersten Zwischenstopps rief Tony aufgeregt per Funk:

»Da unten sind Wale. Wir nehmen jetzt Kurs auf die Tiere und fliegen in einem Linkskreis in 100 Fuß Höhe aufs Meer.« Melanie drehte in eine Linkskurve und folgte Tony. Wir sahen tatsächlich zwei längliche Schatten im Wasser.

»Die Wale liegen nur faul im Wasser und lassen sich treiben«, meinte Melanie. Sie schwenkte wieder auf Reisekurs ein. Wir sahen mehrere Delfinschulen. Die Tiere waren mit hohem Tempo unterwegs und tauchten immer wieder zwischen den Wellen auf und ab. Melanie ging hinter Tony in den Landeanflug auf Kaikoura. Die Piste verlief exakt entlang der Küste. Der Flugplatz war eigens für Walbeobachtungsflüge für Touristen gebaut worden.

Nach einer kurzen Pause bei heißem Tee und Schokoriegeln setzten wir unseren Flug entlang der Küste fort. Es war zum Glück etwas wärmer geworden. Die Sonnenstrahlen trugen dazu bei, dass die Temperatur langsam erträglicher wurde. Wir flogen über das Mündungsdelta eines Flusses, der Niedrigwasser hatte. In einzelnen Verästelungen floss gletscherblau leuchtendes Wasser im grauen Kiesbett.

18

Nach einem Tag Pause flogen wir weiter von Timaru über Omarama bis nach Invercargill. Die Route würde uns über 600 Kilometer bis ganz in den Süden Neuseelands führen. Wir hoben um 10:00 Uhr in Richtung Westen, ins Landesinnere, ab.

Nach Omarama führte nur ein Talausschnitt durch die Berglandschaft, wenn man nicht unbedingt über das Gebirge fliegen wollte. Im Rahmen der Safari wollten heute über 60 Flugzeuge durch diesen Abschnitt nach Omarama. Die Veranstalter hatten daher beim Briefing darum gebeten, in speziell diesem Gebiet auf die Funkfrequenz der Safari zu schalten. Außerdem wurden separate Flughöhen für den Weiterflug angewiesen. So wollte man sicherstellen, dass sich die verschiedenen Flugzeugtypen mit den unterschiedlichen Geschwindigkeiten in der Luft nicht trafen.

Und in der Tat überholte uns auf dem Weiterflug ein Flugzeug nach dem anderen. Wir blieben deutlich unterhalb der für uns vorgeschriebenen Flughöhe. Das Tal war durchzogen von Starkstromleitungen, die teilweise sogar über Bergrücken führten und wie ein Zaun hier durch verliefen. Von den Hochspannungsleitungen hielten wir respektvollen Abstand und flogen stets möglichst über die Masten hinweg. Die Leitungen waren an vielen Stellen fast unsichtbar und die Gefahr, in der Leitung zu landen, war nicht gering.

Unter uns zog eine fast wüstenartige Landschaft vorüber. Die Berge waren allenfalls mit vertrocknetem Gras bewachsen. Dennoch gab es zahlreiche Seen. Sie wirkten mit ihrem milchiggrünen Wasser, als gehörten sie gar nicht in diese Landschaft. Und tatsächlich waren sie künstlich gestaut worden. In einer Landschaft, in der es vor allem eines nicht gab: Trinkwasser. Vereinzelt sahen wir gigantische grüne Kreise, in denen Getreide zu wachsen schien. Die Kreise entstanden durch Bewässerungsanlagen, die Bewässerungsrohre auf großen Rädern im Kreis fahren ließen. Rund um die grünen Flächen war nichts als Wüstenboden.

Der Flugplatz von Omarama kam in Sicht. Er lag im Tal, an zwei Seiten von gigantischen Bergen eingegrenzt. Weiter entfernt konnte ich sehen, dass auf manchen Bergspitzen noch Schnee lag. Der Anblick der mächtigen Berggipfel hatte etwas Respekteinflößendes an sich. Wenn hier der Wind aus Süden oder Westen kam, musste die Luft über die Berge und strömte genau über dem Flugplatz ins Tal zurück. Das Resultat konnten eigentlich nur Abwinde sein.

Aber wir landeten ohne Probleme auf der Wiese, rollten zur Tankstelle und gönnten uns in einem urigen Café im Wäldchen neben dem Flugplatz ein zweites Frühstück.

Wir flogen Richtung Süden durch das Landesinnere weiter. Die Berglandschaft wirkte wie ein Mosaik aus Spots unterschiedlichster Beleuchtung. Wilde Wolkenfetzen zogen übers Land und ließen das Sonnenlicht wie durch ein Kaleidoskop in unterschiedlichsten Schattierungen durchdringen. Die Berge liefen vor uns in eine weite Ebene aus. Am Horizont konnte ich Rauchfahnen sehen, die vom Wind über Kilometer horizontal in die Länge gezogen wurden. So etwas war eigentlich nur bei starkem, aber sehr gleichförmigem Wind möglich.

Melanie und ich waren froh, als Invercargill Airport in Sicht kam. Wir flogen den Großflughafen in geschlossener Formation an. Während des Landeanflugs freute ich mich schon auf eine heiße Dusche im Hotel. Wir befanden uns im Endanflug, über der Asphaltpiste, als es geschah:

Eine Möwe schreckte auf und flog direkt in unsere Flugbahn. Melanie riss den Knüppel nach links, um auszuweichen. Dann flatterte plötzlich ein ganzer Schwarm von 10–20 Möwen in unsere Flugbahn. Die Möwen stoben in alle Richtungen. Wenn wir einen der großen Vögel in den Rotor oder Propeller bekämen, wäre unser Anflug im Nu beendet. Obwohl die Möwen sehen mussten, dass wir nach links auswichen, versuchten einige von ihnen, ebenfalls nach links zu entkommen. Melanie korrigierte in eine enge Rechtskurve und überraschte wiederum einige Möwen, die nach rechts flogen. Es gab jetzt nur noch eine Chance. Mitten durch. Melanie drehte den Tragschrauber parallel zur

Landebahn und flog geradeaus weiter. Ohne ein Federvieh im Propeller.

19

Am nächsten Morgen zog ich den Vorhang unseres Hotelzimmers auf und sah, dass die Hauptwolkenuntergrenze bereits am Dach des Hotels begann. Das waren weniger als 100 Fuß. Außerdem kübelte es. Invercargill war fest im Griff der angekündigten Sturmtiefs. Wir fuhren mit dem Bus zum Flugplatz und vertraten uns im Haupthangar die Beine. Um 09:30 Uhr teilte das Safarimanagement mit, dass Flüge nach Sicht heute nicht durchgeführt werden könnten. Da wir für die nächsten Nächte bereits Hotelzimmer in Queenstown reserviert hatten und am nächsten Abend die Abschlussgala der Safari stattfinden sollte, hatte das Safariteam auf die Schnelle Busse organisiert. Damit sollten die Teilnehmer der Safari nach Mandeville fahren und nach einem Mittagessen weiter nach Queenstown. Wir waren alle ziemlich erschöpft, und keiner der Piloten beschwerte sich über die Fahrt mit dem Bus.

Viel von Neuseeland sahen wir bei der Busfahrt nicht. Zum einen regnete es weiter, zum anderen waren bereits etwas höher gelegene Hügel nicht mehr zu sehen. Plötzlich kam Leben in die matt in den Sitzen hängenden Piloten. Einer hatte gesehen, wie ein einmotoriges Propellerflugzeug dicht über der Straße über den Bus hinwegflog. Die Piloten drückten sich die Nasen an der Scheibe des Busses platt und starrten nach draußen. Offenbar war einer der Safariteilnehmer uneinsichtig gewesen und wollte es unbedingt bereits heute über die Berge bis nach Queenstown schaffen. Unter den Passagieren startete eine aufgeregte Diskussion über den offenkundigen Leichtsinn. Fünf Minuten später kam der Bus an das Ende des Talstücks. Die einmotorige Propellermaschine kreiste vor dem in Nebel getauchten Berganstieg. Das Tal entwickelte sich zu einer Sackgasse. Wir hatten noch einmal kurz Sicht auf die verzweifelt wirkende Aktion des Piloten. Dann tauchte der Bus in den Nebel ein. Die milchige

Suppe ließ keinerlei Durchkommen in der Luft mehr zu. Selbst der Bus reduzierte im dichten Nebel das Tempo. Aus allen Fenstern des Busses war nur noch blickdichtes Weiß zu erkennen. Der Bus fuhr weiter bergan, dann kamen wir an einen Scheitelpunkt, hinter dem die Wolken höher waren.

Wir erreichten noch vor Sonnenuntergang unser Hotel in Queenstown. Melanie und ich genossen die Aussicht von unserem Hotel über den See Wakatipu, der von mächtigen kahlen Bergen eingerahmt wurde. Im Hotel erfuhren wir, dass der wagemutige Pilot, den wir auf unserer Busfahrt im Tal gesehen hatten, auf einem stillgelegten Segelflugplatz notlanden musste.

20

Tony drängte zum Aufbruch. Für die nächsten Tage war schlechtes Wetter für einen längeren Zeitraum angekündigt. Dann würden wir in Queenstown leicht ein bis zwei Wochen festsitzen. Das wollte Tony unbedingt vermeiden. Melanie und ich konnten auch nicht mehr allzu lange warten. Unser Weiterflug in die USA würde in einer Woche starten, und den wollten wir nicht verpassen.

Um 08:00 Uhr fuhr der Bus von Queenstown aus nach Invercargill. Es nieselte leicht. Auf dem Weg zurück kam der Bus immer wieder in dichte Nebelfelder. Melanie und ich sahen uns besorgt an.

»Ich weiß nicht, wie wir bei diesem Wetter über die Berge fliegen wollen«, sagte ich zu Melanie. Tony saß hinter uns im Bus, hatte die Frage mitbekommen und meinte:

»Wir nehmen eine andere Strecke. Die müsste bis Mittag von Nebel frei sein.«

Als wir in Invercargill ankamen, hatte es aufgehört zu nieseln. Die Tragschrauber waren im Hangar nass geworden. Von der undichten Decke hatte es heruntergetropft. Die Instrumente waren von innen beschlagen, aber lesbar. Vor uns lagen zwei

Stunden Flug durch vulkanisches Gebirge. Tony hatte zwar eine Tour gewählt, die den Talverläufen folgte, an einigen Stellen würden wir jedoch über das Gebirge fliegen müssen.

Ich ging nach dem Start auf 4000 Fuß Flughöhe. Rechts und links von uns ragten die Gesteinsmassen in die Höhe. Ich blickte nach unten und sah tief unter uns den Talverlauf. Der Flug durch das Gebirge machte die geflogene Höhe fühlbar, da durch die Berghänge die Höhe nicht so abstrakt war. In flachem Gelände wurde bei hohen Flughöhen die Welt klein und distanziert. Im Gebirge flogen wir aber immer wieder über steile Felsgrate hinweg und konnten in Schluchten hinabschauen, bei deren Anblick einem schon am Boden schwindelig werden konnte.

Laut GPS befanden wir uns kurz vor Queenstown International Airport. Tony funkte mit dem Tower von Queenstown und kündigte die Landung der Gyroformation an. Fünf Tragschrauber gingen in den Landeanflug über. Im Endanflug sah ich zwei Boeings auf dem Vorfeld stehen. Sie mussten kurz vor uns gelandet sein. Problemlos setzten wir auf und rollten zum Hangar des lokalen Fliegerklubs am Rande des Airports. Melanie und ich jubelten. Wir waren einmal komplett von Norden bis zum Süden Neuseelands geflogen. Wir hatten es geschafft. Was für ein Gefühl des Triumphes nach den bestandenen fliegerischen Herausforderungen!

21

Es blieb keine Zeit für Erholung in Queenstown. Bereits am nächsten Morgen drängte Tony zum Antritt unseres Rückflugs nach Tauranga. Ich hatte nach den aufreibenden Flügen der letzten Tage ordentlich Respekt vor den neuseeländischen Naturgewalten bekommen. Melanie und ich wollten auf dem schnellsten Weg heil zurück nach Tauranga fliegen. Tony plante, dass wir in den folgenden drei Tagen die Distanz direkt zurückflogen, die wir in den vergangenen zehn Tagen im Zickzackkurs hergeflogen waren.

Um 09:30 Uhr hoben wir in Queenstown ab. Mehrere Schlechtwetterfronten folgten uns, ungefähr im gleichen Tempo, in dem wir reisten. Daher waren wir ständig in Eile. Je näher wir in Richtung Küste kamen, desto besser wurde das Wetter. Wir erreichten die Küste sogar bei strahlendem Sonnenschein und folgten dem Verlauf in Richtung Norden. Während dieser Abschnitt zu einem der schönsten Flüge auf unserer Tour wurde, brach kurz vor Omaka von einem Moment auf den nächsten die Hölle los.

Wie wahnsinnig rüttelten schwere Turbulenzen den Tragschrauber durch. In Sekunden rasten wir wie im Aufzug eines Wolkenkratzers nach oben, als gäbe es kein Halten. Melanie und ich spürten einen wachsenden Druck auf unseren Ohren. Ich war am Ende. Nach stundenlangem Fliegen war ich unglaublich erschöpft. Außerdem schmerzten meine Kniegelenke von der permanenten Bewegungslosigkeit in der Luft. Ich konnte meine Zehen nicht mehr spüren. Die Haltung im Flieger und die Lage der Füße auf den Pedalen des Seitenruders führten dazu, dass bei mir bei sehr langen Flügen die Blutzufuhr der Füße gehemmt war. Ich spürte, wie meine Kräfte und meine Konzentration nachließen. Ich war eigentlich nicht mehr flugfähig. Zwar reagierte ich weiterhin automatisch auf die unterschiedlichen Luftstöße, aber ich merkte, wie die Reaktionen nachlässiger und fahriger wurden. Ich wollte nur noch ankommen.

Omaka kam in Sicht. Ich streckte mich etwas im Sitz und versuchte, meine tauben Zehen zu bewegen. Unter uns bog sich das Gras der Wiese im Wind. Es sah aus wie das Fell eines Hundes, der bei schneller Autofahrt seine Schnauze aus dem offenen Seitenfenster streckt. Der Wind drückte das Gras flach gegen den Boden. Wirbel schienen es zu Spiralen zu drehen.

»Der Wind dreht und kommt abwechselnd aus allen Richtungen«, rief Melanie über Bordfunk. »Na dann kann die Landung ja heiter werden«, rief ich.

Wir waren Nummer vier zur Landung. Zwei der anderen Tragschrauber hatten sich an uns vorbei nach vorn gemogelt. Die anderen wollten wahrscheinlich auch nur noch sicher landen und hatten es eilig, auf den Boden zu kommen. Ich ging in den Endanflug über.

»Das kann nicht wahr sein«, rief ich Melanie entgeistert zu.

»Was gibt es?«, fragte sie von hinten.

»Der Windsack am Ende der Piste dreht sich ständig, das habe ich noch nie gesehen«, antwortete ich. Ich nahm etwas das Gas zurück. Melanie hatte den Windsack am Anfang der Landebahn auch im Blick und gab mir die wechselnden Richtungen über Bordfunk durch.

»Wind von rechts«, rief sie. »Wind wechselt, kommt von links jetzt, liegt jetzt genau auf der Bahn«, berichtete sie in einem fort.

Drei Meter Höhe noch, zwei Meter, ein Meter.

Genau in dem Moment, als die Hinterräder aufsetzten, erfasste uns eine Böe von links und kippte den Tragschrauber nach rechts.

»Wir kippen!«, schrie Melanie. Das ganze Gewicht des Tragschraubers lastete auf dem rechten Seitenrad. In einer Reflexreaktion riss ich den Steuerknüppel nach links. Irgendetwas Metallisches schlug gegen die Bordwand. Melanie verlagerte wie bei einem Segelboot geistesgegenwärtig ihr Gewicht nach links. Dabei hatte sie die laufende Kamera in ihrer Hand vergessen und sie gegen die Innenverkleidung des Tragschraubers geschlagen. Ich sah, wie der Tragschrauber für Sekunden, die wie eine Ewigkeit schienen, schräg in der Luft hing und umzukippen drohte. Verdammt, wir kippen, schoss es mir durch den Kopf.

Dann schien sich der Tragschrauber für das Gegenteil entschieden zu haben. Der nach links gedrückte Knüppel entfaltete seine Wirkung und der Tragschrauber fiel zurück auf beide Hinterräder. Ich zitterte am ganzen Leib. Um ein Haar hätten wir den Tragschrauber umgeworfen. Ich schaltete die Rotorbremse ein und richtete den rotierenden Rotor nach dem sich weiterhin drehenden Windsack aus. Wir fuhren den anderen hinterher zum Hangar. Ich legte den Magnetschalter 1 um, dann den Magnetschalter 2, dann stand der Motor still. Ich stöhnte und versuchte, meine weichen Füße aus dem Tragschrauber zu wuchten.

»Können wir heute noch weiter über die Cook Strait auf die Nordinsel fliegen?«, fragte der 70-jährige Tony unschuldig.

»Auf keinen Fall«, riefen Melanie und ich gleichzeitig.

Am nächsten Morgen flogen wir bei traumhaftem Sonnenaufgang das letzte Teilstück zurück über die Cook Strait und weiter bis nach Tauranga. Wir hatten uns einen komfortablen Vorsprung vor dem nachziehenden Schlechtwetter herausgeflogen und genossen die wunderbare Landschaft der Nordinsel Neuseelands wieder einmal im Sonnenlicht.

USA

1

Melanie und ich landeten um 08:30 Uhr nach einem schlaflosen Flug in Seattle. Trotz der 7 °C war es deutlich Frühling, es blühten die Wiesen und Büsche. Wie vorher verabredet, warteten wir am Gepäckband des Flughafens auf unsere Freundin Bille. Sie hatte bei Microsoft in Deutschland Karriere gemacht. Vor mehr als zehn Jahren war sie eingeladen worden, ins Hauptquartier nach Seattle zu kommen, wo sie seither lebte. Sie hatte uns eingeladen, bei ihr zu übernachten, bis unsere Tour losging.

Mit eiligen, langen Schritten flog die Rothaarige zur Türe herein in den Gepäckbereich des Flughafens. Sie begrüßte uns stürmisch. Ich hatte Bille seit Jahren nicht mehr gesehen, aber sie knüpfte im Gespräch an unser letztes Treffen an, als läge es erst wenige Tage zurück.

Sie brannte darauf, uns Seattle und Umgebung zu zeigen. Wir fuhren jedoch zunächst einmal zum Flughafen von Auburn. Diesen hatten wir uns im Vorfeld als Startflughafen für unsere Tragschraubertour ausgesucht. Piloten im Tragschrauberforum hatten uns Kontakte von anderen Piloten in Auburn gegeben. Sie würden uns beim Zusammenbau unseres Fliegers unterstützen können, wenn dieser im Container aus Deutschland in Seattle angekommen war. Der Flughafen lag nicht allzu weit vom Seattle International Airport entfernt, an dem wir angekommen waren.

Das Gelände des Flugplatzes war von einem zwei Meter hohen, stacheldrahtbewehrten Zaun umgeben. Für den sonntäglichen Flugbetrieb der Privatflieger war es offenbar noch zu früh. Jedenfalls schien niemand im Flughafenoffice zu sein. Ich wählte Darrens Telefonnummer. Darren hatte uns bereits im Vorfeld per E-Mail seine Unterstützung angeboten. Er meldete sich:

»Ich benötige etwa eine halbe Stunde, dann bin ich da.« Wir freuten uns über seine Hilfsbereitschaft.

Ein weißer Pick-up in XXL-Supergröße fuhr vor. Der vollbärtige Darren im kanadischen Holzfällerhemd winkte schon von Weitem aus dem Autofenster und signalisierte uns, ihm hinterherzufahren. Darren stoppte vor einem großen elektrischen Schiebetor des Flughafens und hielt eine Chipkarte vor den Sensor. Dann schwenkte das Tor zur Seite und wir fuhren hindurch zu den Hangars des Flugplatzes. Die Hallen waren mit verzinktem Stahlblech verkleidet und schienen neu zu sein. Die meisten Hallen waren geschlossen. Ein Hangartor war jedoch weit aufgeschoben. Ich parkte vor dem offenen Tor hinter Darrens Pickup. In der Halle standen drei amerikanische Tragschrauber mit geschlossener Kabine. Melanie und ich waren überrascht. Zum einen hatten wir hier überhaupt nicht mit einem Tragschrauber gerechnet, zum anderen hatten wir aber auch nicht gewusst, dass es in Seattle neben den in den USA verbreiteten einsitzigen auch zweisitzige Tragschrauber zu geben schien. Über den Motor eines der Tragschrauber war Russ gebeugt. Er wischte sich seine öligen Finger ab, hielt uns aber doch nur den Unterarm zur Begrüßung hin.

Der fröhliche, etwa 60-jährige Feuerwehrhauptmann war völlig erstaunt darüber, dass wir auftauchten.

»Ich kann es gar nicht glauben, dass ihr jetzt hier seid! Wann immer ihr irgendetwas benötigt, gebt mir Bescheid. Ich arbeite zwar 16 Stunden am Tag, aber für das Tragschrauberfliegen nehme ich mir die erforderliche Zeit«, ergänzte er lachend. Russ hatte die ganze Nacht durch an seinem Tragschrauber geschraubt, was man ihm allerdings nicht anmerkte. Er schien mit der Energie für zwei Menschen ausgestattet zu sein.

Im Hangar gab es eine hervorragende Ausstattung für unser Abenteuer. Alle erforderlichen Werkzeuge waren vorhanden, sogar ein elektrischer Flaschenzug zum Anheben des Rotors. Darren überreichte Melanie den Schlüssel für den Hangar und die Karte für das Flugplatztor, sodass wir jederzeit auf den Flugplatz konnten. Ich war beeindruckt von diesem Vertrauen. Sie kannten uns gar nicht, und im Hangar standen nicht unerhebliche Sachwerte.

Wir bedankten uns und verabschiedeten uns bei Russ und Darren und stiegen zu Bille ins Auto. Ich fragte sie auf der Fahrt, wodurch sich das Leben in den USA denn von Deutschland unterscheide.

»Das sind viele Kleinigkeiten«, meinte Bille. Sie erzählte uns von einem Besuch ihrer amerikanischen Freunde in Deutschland. »Die waren damals ganz aus dem Häuschen«, sagte sie lachend. »Total begeistert berichteten sie, dass Deutschland das Land sei, in dem es flexible Duschköpfe gäbe.« Melanie und ich schauten uns verblüfft an. Flexible Duschköpfe?! Stimmt, wir empfanden es als ganz normal und hatten noch nie darüber nachgedacht. Aber jetzt, wo sie es sagte, fiel uns auf, dass Duschen in den Hotels auf der ganzen Welt in der Regel aus einem fest in die Wand eingemauerten Duschkopf bestanden. Die Handbrause mit Schlauch hatte sich dagegen vor allem in Deutschland durchgesetzt.

Bille fuhr fort und erzählte von den zuweilen recht eigenartigen »deutschen Produkten«, die es auf dem amerikanischen Markt zu großem Erfolg gebracht hatten.

»Ein traditionelles deutsches Gebäck lieben die Amerikaner besonders: die *German Coconut Muffins*«, sagte Bille und grinste über beide Ohren.

»Aber es gibt doch traditionell in Deutschland weder Kokosnüsse noch Muffins«, rief ich erstaunt.

»Das ist es ja gerade. Aber deutsches traditionelles Backwerk verkauft sich eben gut«, meinte sie amüsiert.

Bille schlug vor, ins »Alpental« zu fahren. So würden wir gleich noch ein tieferes Verständnis für das amerikanische Bild von Deutschland entwickeln. Das Alpental war, wie der Name vermuten lässt, ein Tal im alpenländischen Stil im Snoqualmie-Gebirge, ungefähr eine Autostunde von Seattle entfernt. Es lag hier erstaunlich viel Schnee, nicht nur auf den Bergen, sondern auch im Tal. Allerdings hatte Frühjahrstauwetter eingesetzt und Schmelzwasser tropfte von Bäumen und Dächern.

Wir fuhren auf den Parkplatz vor einem Skilift. Es herrschte noch reger Skibetrieb. Bayerisch-folkloristische Bemalung fand sich an vielen der Gebäude. Verbreitet waren Holzgiebeldächer und gemalte Alpenrosen an den Außenfassaden.

Snowboarder und Skifahrer wedelten über die Pisten. Eine Snowboarderin stürzte beim rasanten Abbremsen und rutschte uns buchstäblich vor die Füße. Sie war nur mit Bikini bekleidet. Trotz Schnee auf den Bergen würde es wohl beim Fliegen auch nicht zu kalt werden, dachte ich und stakste mit meinen offenen Sandalen durch den matschigen Schnee zurück zum Auto.

2

Monate im Voraus hatten wir uns auf unseren Weltflug in den USA akribisch vorbereitet. Wir hatten Kontakt mit Behörden und amerikanischen Ansprechpartnern aufgenommen, um möglichst alle denkbaren Hindernisse bereits im Vorfeld aus dem Weg zu räumen.

Eigentlich hätte der Tragschrauber zeitgleich mit uns per Container in Seattle ankommen sollen. Die Lieferung war nun bereits seit über einer Woche fällig. Wir verbrachten die Tage mit Telefonaten und einem leidigen E-Mail-Verkehr mit unserer Spedition, wobei sich ständig neue Komplikationen und Hindernisse für den Import unseres Tragschraubers auftürmten.

Unser Zollbroker, der die Zollabwicklung machen sollte, sprang noch vor Ankunft der Containerlieferung wieder ab. Wir kontaktierten weitere zwei Zollbroker, die jedoch ebenfalls die Bearbeitung dieses Importes ablehnten. Die Lage schien nach drei Absagen aussichtslos.

»Habt ihr den Typen eben gesehen?«, fragte Bille atemlos. Sie hatte den Müll nach draußen zum Container gebracht und war zurück in die Wohnung gestürmt.

»Was für einen Typen?«, fragte Melanie.

»Da ist ein schwarzer Lieferwagen mit getönten Scheiben langsam an unserem Haus entlanggefahren. Die Schiebetür war offen und darin saß ein Typ, der den Eingangsbereich meiner Wohnung gefilmt oder fotografiert hat.«

»Was?«, rief ich. »Nein, uns ist nichts aufgefallen, aber wir sitzen auch die ganze Zeit hier an unseren Notebooks.«

»Das sind ja Geheimdienstmethoden – oder?«, fragte Bille.

Irgendetwas stimmte mit meinen E-Mails nicht. Immer wieder stellte ich fest, dass ich bestimmte E-Mails gar nicht erhielt. Teilweise kamen jetzt aber E-Mails an, die ich bereits vor Wochen in Australien versandt hatte und bei denen ich mich in Kopie gesetzt hatte. Ich hatte auch den Eindruck, dass mein Notebook langsamer geworden war. Es dauerte länger beim Hochfahren, aber auch die Anwendungen schienen etwas verzögert zu reagieren. Das war eine eigenartige Übereinstimmung mit meinem E-Mail-Problem. Wenn wir wieder zurück in Deutschland waren, musste ich mich um dieses Problem kümmern.

Außerdem war mir aufgefallen, dass mich Anrufer auf meinem Mobiltelefon nicht mehr direkt erreichen konnten. Sie wurden immer automatisch auf meine Voicemail umgeleitet. Ich bekam stets erst dann die SMS mit der Mitteilung, dass jemand angerufen hatte, wenn die Nachricht aufgenommen war. Dann musste ich zurückrufen.

Aber nicht nur die Technik stockte. Ich war verzweifelt. Am Wochenende war unser Tragschrauber endlich in Seattle angekommen. Jetzt musste er innerhalb von 48 Stunden verzollt und aus dem Lager abgeholt werden. Nach den 48 Stunden würden jede zusätzlichen 24 Stunden Lagergebühr kosten.

Unsere Chancen auf eine vernünftige Zollabwicklung verschlechterten sich von Tag zu Tag.

Als ich die Hoffnung, einen Zollbroker zu finden, schon fast aufgegeben hatte, rief ich eher der Vollständigkeit halber die Telefonnummer von Gary bei den Airport Brokers an:

»Hallo, hier spricht Gary von den Airport Brokers.« Seine tiefe Bassstimme klang wie die Stimme des Weihnachtsmanns. Es war genau der warm klingende Tonfall, der aus einem gutmütigen, dicken Bauch zu kommen schien. Ich schilderte Gary unser Vorhaben, dass wir einen Tragschrauber vorübergehend importieren wollten. Es herrschte kurz Stille am Telefon. Gary dachte offenbar nach.

»Aber das ist doch kein Problem«, dröhnte er. »Wir führen ihn hier ganz regulär ein. Solche Flugzeuge sind ohnehin zollfrei. Wenn wir den Import verzollen, bekommt ihr auch keine Auflagen vom Zoll, was ihr mit dem Tragschrauber machen dürft und was nicht«, ergänzte Gary, »schickt mir mal die Unterlagen, die ihr habt.«

Ich mailte Gary unsere Unterlagen zu. Er forderte noch einige wenige Zusatzinformationen an. Gegen 18:00 Uhr kam eine kurze Mail, dass alle Anträge gemacht seien und der Tragschrauber am nächsten Morgen in den Zoll gehen würde. Ich kniff mich selbst in den Oberarm. Passierte das jetzt wirklich? Ich konnte es nach dem Theater der vergangenen Wochen nicht glauben.

Am Donnerstag kam die E-Mail-Nachricht von den Airport Brokers, dass der Zoll unseren Tragschrauber überprüft und unbeanstandet freigegeben hatte. Wir vereinbarten mit der Spedition eine Lieferung des Containers zum Auburn Airport für Samstag.

Am Freitag erhielt ich eine neue Mail von der Spedition. Die Auslieferung war abgesagt worden. Mich traf fast der Schlag. Ich las noch einmal: »Hallo an alle, wir haben gerade erfahren, dass es am Flughafen keine Möglichkeit gibt, den Container zu entladen. Der Lkw kann den Container nicht absenken und am Flughafen gibt es auch keinen Containerkran.« Ich schrieb an die Mitarbeiterin von der Spedition zurück: »Sie kümmern sich um die Anlieferung, und wir kümmern uns darum, dass wir den Tragschrauber aus dem Container bekommen. Wir bestehen weiter auf der Lieferung am Samstag!« Ich wusste zwar auch noch nicht genau wie, aber irgendwie würde es uns gelingen, den Tragschrauber aus dem Container und vom Lkw zu wuchten.

Die Antwort der Mitarbeiterin kam prompt: »Im Preis der Anlieferung ist der Aufenthalt des Fahrers vor Ort für eine Stunde enthalten. Jede weitere angefangene Stunde kostet Sie extra.«

3

Gleich früh am Samstagmorgen fuhren Melanie und ich mit Billes Auto zum Auburn-Flughafen. Die Sonne schien vom wolkenlosen Himmel. Ein perfekter Flugtag. Hoffentlich klappte es mit der Lieferung heute und hoffentlich war der Tragschrauber unbeschädigt. Auf dem langen Transport von Deutschland an die US-Westküste war der Container mehrfach umgeladen worden. Erst auf einen Lkw, dann auf ein Containerschiff, auf einen Zugwaggon und zuletzt wieder auf einen Lkw.

Der Lastwagenfahrer George rief mich auf meinem Handy an. George hatte noch einige Fragen, wohin der Container geliefert werden musste. Ich versuchte, so gut es ging zu beschreiben, welche Straßen er fahren musste.

Melanie und ich parkten das Auto direkt neben dem Stahltor zur Flughafeneinfahrt und warteten auf die Ankunft des Lastwagens. Wir wollten um jeden Preis verhindern, dass der Lkw unverrichteter Dinge umkehrte. Dann hätten wir fürs Wochenende doch noch weitere Lagerkosten zahlen müssen.

Um 13:00 Uhr fuhr ein weißer Truck vor. Auf der Ladefläche stand ein Container. Melanie und ich waren aufgeregt.

»Das muss er sein«, rief ich. Ich öffnete das Stahltor und fuhr langsam hindurch zum Hangar. Der Lkw wendete und folgte uns.

Er hielt vor dem weit geöffneten Hangartor. Melanie und ich jubelten. Ich schüttelte dem Fahrer George zur Begrüßung euphorisch die Hand. Er schien ein wenig überrascht, dass Melanie und ich uns so über die Ankunft des Containers freuten.

Ich öffnete die schweren Containertüren und klappte sie nach hinten weg. Ein Geruch nach frischer Farbe, Klebstoff, Gummi und Karton wallte mir entgegen. Da stand der brandneue Tragschrauber. Die Räder waren abmontiert und in Plastikfolie verpackt. Die Achsschwinge, an der die Räder normalerweise angeschraubt waren, war mit zwei Metallwinkeln direkt am Containerboden verschraubt.

Die Rotorblätter waren abmontiert und lagen in Blasenfolie verpackt ebenfalls am Boden verschraubt. Der Rotorkopf war gelöst und hing nach vorn gekippt am oberen Ende des Masts. Der Mast war oben mit Zurrbändern nach rechts und links an den Containerwänden befestigt. Ich warf einen Blick in den Tragschrauber und fand alles vollständig, was wir für unser Abenteuer benötigen würden. AutoGyro hatte ganze Arbeit geleistet. Wer immer für die Verpackung des Tragschraubers verantwortlich war, musste ein Pedant sein. Alles war ordentlich in Plastiktüten verpackt und an genau den Stellen mit Klebeband angebracht, wo wir es benötigen würden.

Melanie und ich hatten noch nie einen Rotor oder gar die Räder an einen Tragschrauber montiert. Das Abenteuer in den USA würde bereits hiermit beginnen. Doch bevor wir überhaupt an die Montage denken konnten, mussten wir erst einmal irgendwie den Tragschrauber aus dem Container wuchten.

Ich war ratlos. Die gut 250 Kilogramm, die der Tragschrauber wog, würden Melanie und ich alleine nicht aus dem Container hieven können. Wir lösten erst einmal alle Schrauben, mit denen der Tragschrauber im Container befestigt war. Um 14:00 Uhr hatte ich noch immer nicht alle Schrauben fertig. Meine Hände schmerzten vom Schraubenzieher. Die kostenlose Stunde des Fahrers war verstrichen.

Zwei Männer spazierten an den Hallen entlang und blickten neugierig in den Container. Ehe sie sich versahen, hatte Melanie die beiden angesprochen.

»Könnt ihr uns bitte kurz beim Herausheben helfen?«, fragte Melanie charmant. Ungläubig schauten die beiden erst Melanie und dann den Tragschrauber im Container an. Aber da waren sie schon zu ihrer Aufgabe eingeteilt.

»Packen sie hier an der Seitenschwinge an«, erklärte Melanie einem der Männer. »Sie müssten hier am Propeller in der Mitte anfassen«, erläuterte sie dem anderen. Der Lkw-Fahrer half uns ebenfalls, obwohl er dies eigentlich aus Versicherungsgründen nicht durfte.

Mit vereinten Kräften zogen wir den Tragschrauber bis zum

offenen Ende des Containers. Die Männer, der Fahrer, Melanie und ich keuchten vor Anstrengung. Doch dann war es geschafft, der Tragschrauber stand, Propeller voraus, mit den Enden der Fahrwerksschwinge direkt an der offenen Containertür an. Wie sollten wir nur den Tragschrauber die 1,5 Meter von der Ladefläche sicher auf den Boden bekommen?

Dann kam uns auch noch Darren zu Hilfe. Ich übernahm mit einem der Männer die rechte hintere Fahrwerksschwinge. Der Lkw-Fahrer hielt das Leitwerk. Darren und der zweite der Männer übernahmen die linke Schwinge. Melanie war im Container und achtete darauf, dass die Nase mit dem Vorderrad nicht nach oben schwang. Das musste unbedingt vermieden werden, sonst würde der Tragschrauber mit dem Heckleitwerk auf den Teer hinter dem Lkw aufschlagen.

Ich zählte bis drei. Dann hoben wir unter Stöhnen und Ächzen den Tragschrauber aus dem Container. Obwohl ich, so gut ich konnte, nach oben drückte, spürte ich, wie mich das Gewicht in die Knie zwang. Ich hatte das Gefühl, plötzlich über 100 Kilogramm in den Händen zu tragen. Der Tragschrauber kippte in meine Richtung. Ich stemmte mich mit voller Kraft dagegen und bekam dabei einen hochroten Kopf vor Anstrengung.

Wir drückten gegen den kippenden Tragschrauber.

Ich ging in die Hocke, und wir senkten den Tragschrauber langsam auf den Teer ab. Mit einem Rums setzte das Flugzeug auf der zuvor ausgelegten Pappe am Boden auf. Wir hatten es geschafft, der Tragschrauber stand hinter dem Lkw, vor dem Hangar.

Melanie und ich bedankten uns bei unseren Helfern. Der Fahrer schwang sich in seinen Lkw und fuhr davon. Dann kehrte Ruhe ein. Melanie, Darren und ich waren wieder allein mit unserem Tragschrauber.

»Zuerst müssen wir die Räder anmontieren«, gab ich mich kundig. Ich hatte keine Ahnung, wie das ging. Zwar hatte ich im Vorfeld die Montageanleitung für den Tragschrauber ausgedruckt und legte sie nun neben den Tragschrauber auf den Boden. Wie aber die Bremsscheiben einzufügen und das Rad zu montieren war, war mir schleierhaft.

Ich schnitt erst einmal mit einem Messer die mit Klebeband nach oben gebundene Bremseinheit auf. Zur Montage der Räder würden wir den Tragschrauber auf irgendwelche Sockel stellen müssen. Darren machte sich auf die Suche und wurde schnell fündig. Zwei Holzklötze hatten die richtige Höhe. Wenn der Tragschrauber hierauf stand, konnten wir die Räder anschrauben.

»Wie bekommen wir den Tragschrauber nur auf die Klötze?«, fragte Melanie. In diesem Moment kam Russ mit seinem Geländewagen um die Ecke gebogen. Russ und Darren halfen uns erst beim nochmaligen Hochheben des Tragschraubers und dann bei der Montage der Räder und des Rotors. Als wir schließlich fertig waren, beschlossen Melanie und ich, einige Tests am Boden zu machen. Wir wollten rollen, bremsen, den Rotor drehen und sehen, was dabei passiert. Mir war aufgefallen, dass sich die Räder nach meiner Montage der Bremsen nur noch sehr schwer drehen ließen. Irgendwie drückten die Bremsbeläge viel zu fest auf die Bremsscheibe. Das Problem würden wir noch lösen müssen. Ich füllte Sprit aus Kanistern in den noch leeren Tank.

Melanie und ich setzten uns in den Tragschrauber. Ich drehte den Zündschlüssel: Er lief. Erstmalig nach dem langen Transport über Wochen auf hoher See funktionierte der Motor.

Ich stellte fest, dass der Tragschrauber dieses Mal einen Verstellpropeller hatte, gewissermaßen die Gangschaltung. In Neuseeland hätten wir uns einen gewünscht, um mit den anderen besser mithalten zu können. Jetzt besaßen wir einen, aber ich wusste nicht, wie das Ding zu bedienen war. Ich musste mich erst einmal schlaumachen.

Melanie und ich beschlossen, zum Test mit dem Tragschrauber einige »Krähenhopser« zu unternehmen. Dabei hebt das Flugzeug kurz wenige Zentimeter ab und landet einige Meter weiter gleich wieder. Damit kann man noch vergleichsweise gefahrlos alle Funktionen des Fliegers testen. Das Vorrotieren, das Beschleunigen, das Abheben, das Fliegen und das Landen lassen sich auf diese Weise durchspielen.

Bei unserem Start verlief alles normal. Bis auf die Momente, wenn wir mit den Rädern die Piste berührten. Jedes Aufsetzen erzeugte ein Quietschen der Räder wie bei einer Vollbremsung. Die Bremsen waren immer noch zu fest.

4

Als wir am nächsten Morgen wieder in Auburn eintrafen, stand unser Tragschrauber bereits vor dem Hangar, umringt von zahlreichen Interessierten. Die umstehenden Personen schienen über die Bauweise des Tragschraubers zu diskutieren.

Ich hatte in der Nacht von Tony aus Neuseeland Erläuterungen erhalten, wie der Verstellpropeller zu bedienen ist. Außerdem hatte sein Mechaniker Colin eine Idee, wie wir die Bremse lösen könnten. Hierzu mussten wir die Bremsen allerdings wieder abmontieren. Russ und Darren halfen mir hierbei. Wir pressten mit einer Zange die Bremsbacken zusammen und lösten damit das Problem. Nun rollten Bremsen und Räder leichtgängig.

Gegen Mittag fuhren Melanie und ich zum internationalen Flughafen von Seattle. Iris, Melanies Mutter, kam aus Deutschland an. Sie würde uns mit dem Mietwagen begleiten und die Küste von Seattle bis nach Los Angeles fahren. Irgendwie mussten wir unser Gepäck und die Ausrüstung transportieren. Außerdem war es so einfacher, von den Flugplätzen in die Städte zu kommen.

Gemeinsam mit Iris machten wir zunächst eine Stadtbesichtigung in Seattle und besuchten unter anderem den *Pike Place Market* in der Innenstadt. In der Markthalle herrschte reges Treiben. Touristen drängelten sich an den Ständen vorbei. Im Eingangsbereich fand sich an einem großen Eckstand ein Fischanbieter. Die Verkäufer des Standes machten aus dem Fischverkauf eine regelrechte Show: Sie stimmten in Sprechchöre ein. Fische wurden quer über den ganzen Stand von rechts nach links und von links nach rechts geworfen und stets aufgefangen.

Irgendwie kam mir diese Szene bekannt vor. Ich grübelte darüber nach, woher ich diesen Fischstand kannte. Dann fiel es mir ein! In dem Buch *Fish*, das ich einmal gelesen hatte, ging es darum, wie mit einigen originellen Ideen aus einem lausigen Fischgeschäft ein florierendes Wirtschaftsunternehmen wurde. Eine Erfolgsgeschichte, ganz nach dem Geschmack der Amerikaner. Am Rand des Standes fand ich ein Schild mit dem Hinweis, dass dies der weltberühmte Fischstand aus dem Buch sei.

Melanie und ich gingen weiter an den Marktständen entlang, als uns jemand im Vorbeigehen auf Deutsch einen »Guten Tag« wünschte. Ich drehte mich verdutzt um und sah, wie mir ein älterer Herr mit weißem Haar zuzwinkerte und weiterging. Offenbar hatte er mitgehört, wie Melanie und ich uns auf Deutsch unterhielten. Später sprach mich derselbe Mann ein zweites Mal an. Diesmal saß er mit seiner Frau in einem am Straßenrand parkenden Geländewagen.

»Sind Sie Deutscher?«, fragte ich ihn.

»Ja«, antwortete er, »aber ich lebe bereits seit 30 Jahren hier in Amerika. Ich bin damals ausgewandert und habe hier eine Druckerei gegründet. In Spitzenzeiten hatte ich 250 Mitarbeiter«, erzählte er stolz. »Damals gab es in Amerika noch viel mehr Freiheiten und Chancen. Das ist heute nicht mehr so.«

»Würden Sie heute wieder auswandern?«, fragte ich ihn. Er zuckte mit den Achseln.

»Vielleicht nicht mehr. Wissen Sie, Sie haben im Leben die Wahl zwischen Fernweh oder Heimweh.« Er wünschte uns viel Erfolg bei unserer Reise und fuhr davon.

5

Am nächsten Morgen machten Melanie, Iris und ich uns startklar. Durch die dreiwöchige Verzögerung konnte Bille uns leider nicht wie geplant auf unserer Tour begleiten. Wir verabschiedeten uns von ihr sowie von Russ und Darren, die extra zu unserem Abflug zum Hangar gekommen waren, und bedankten uns für ihre Unterstützung.

Unsere erstes Ziel auf dem amerikanischen Kontinent war der Flugplatz Kelso. Der Himmel war wolkenlos. Ich beschleunigte den Rotor und gab Gas. Der Rotor zischte durch die Luft. Unser Tragschrauber nahm Fahrt auf. Immer schneller flitzten die Streifen der Mittelmarkierung unter dem Flugzeug durch. Erst hob sich die Nase des Tragschraubers. Dann stiegen wir. Ich flog zunächst weiter geradeaus, um mehr Höhe zu gewinnen. Vor uns hingen Hochspannungsleitungen wie Wäscheleinen von den Masten. Ich drehte in eine Linkskurve und ging auf Kurs in Richtung Longview über den Lake Tapps hinweg. Links von uns erhob sich majestätisch der schneebedeckte Gipfel des Mount Rainier, der mit über 12 000 Fuß Höhe höchste Berg des Kaskadengebirges. Aus der Luft sah der Vulkan aus wie ein mit Puderzucker überhäufter Gugelhupf.

Die Laubbäume unter uns hatten noch junge hellgrüne Blätter. Die Nadelbäume hoben sich davon dunkelgrün ab. Im Hintergrund konnte man die schneebedeckte Kaskadenkette sehen. Unter uns verliefen die Zufahrten zur Autobahn wie große Geschenkschleifen aus Teer in Form eines vierblättrigen Kleeblattes. Der Motor brummte gleichmäßig. Der Verstellpropeller funktionierte wunderbar. Der Tragschrauber flog extrem ruhig und vibrationsarm.

Über sanft gewellten Wald hinweg sahen wir den ebenfalls verschneiten Mount St. Helens. Bei dem zuvor vollständig erhaltenen Vulkanring war beim letzten Ausbruch 1982 eine hässliche Lücke entstanden, auf die wir nun zuflogen.

»Schau mal, der Tannenwald da unten ist noch recht jung«, rief ich Melanie über den Bordfunk zu.

»Das Gebiet ist nach dem Vulkanausbruch zum Naturschutzgebiet erklärt worden«, antwortete Melanie. »Die wollten besser verstehen, wie die total zerstörte Landschaft nach und nach wieder von der Natur zurückerobert wird. Hat auch gar nicht lange gedauert, und dann war es wieder grün.«

Nach etwa 1,5 Stunden Flug erreichten wir Kelso Airport. Der

Flugplatz lag in einem Tal zwischen einer Eisenbahnlinie und einer Autobahn. Aus der Luft wirkte er verwaist. Ich drehte in die Platzrunde und ging tiefer.

»Kannst Du den Windsack erkennen?«, fragte ich Melanie.

»Ja, der ist neben dem Hangar innerhalb des mit einem weißen Streifen markierten Kreises«, rief Melanie. Ich flog noch eine Runde um den Platz, landete gegen den Wind auf der Teerpiste und rollte zur Tankstelle.

Denny, der Airportmanager von Kelso, kam auf uns zu. Mit der linken Hand hielt er zwei kleine Flaschen Mineralwasser in die Höhe. Mit der rechten Hand winkte er uns schon von Weitem zu. Er begrüßte uns herzlich und überreichte uns die Flaschen Wasser als Gastgeschenk. Das war eine Begrüßung, die wir weltweit noch nie erlebt hatten. Was für eine tolle und nicht teure Idee. Melanie und ich waren begeistert.

»Kommt doch nachher einmal in meinem Büro vorbei«, meinte Denny und verschwand wieder.

Ich öffnete die Tankdeckel und zog den Schlauch von der Zapfsäule zum Tragschrauber. Dann füllte ich vorsichtig die Tanks des Tragschraubers. Ein Pilot stieg aus einem nur wenige Meter von uns entfernt parkenden Schulungshelikopter aus. Neugierig kam er zu uns. Er stellte sich als Alexander aus Deutschland vor.

»Ein Flugzeug mit deutscher Kennung habe ich in den USA noch nie gesehen«, rief er staunend. »Einen deutschen Helikopterpiloten auf einem kleinen Flugplatz in den USA hätte ich auch nicht erwartet«, erwiderte Melanie.

»Ihr seid doch nicht etwa von Deutschland bis hierher geflogen?«, erkundigte sich Alexander.

»Nein«, sagte Melanie, »wir machen keine Weltumrundung, sondern eine Weltreise mit Tragschrauber. Das heißt, wir fliegen an den schönsten Orten der Welt und verschiffen unseren Tragschrauber jeweils über die Ozeane dorthin.«

Alexander hatte auf Kelso einen kleinen Zwischenstopp eingelegt und wollte gleich mit seinem Flugschüler weiter nach Hause fliegen. Neugierig erfragte er Details über den Tragschrauber.

Es versammelten sich zahlreiche weitere Interessierte und stellten Fragen. Denny kam auch wieder aus dem Flugplatzgebäude und gesellte sich hinzu. Ich fragte ihn nach einem Platz im Hangar für die Nacht.

»Kein Problem«, meinte Denny. Er öffnete für uns das elektrische Hangartor und wir schoben den Tragschrauber rein. Es war gut gewesen, für die erste Etappe in den USA eine kürzere Strecke zu wählen, so konnten wir uns an den Flieger gewöhnen.

6

Am nächsten Tag regnete es. Wir beschlossen, mit dem Auto um den Mount St. Helens zu fahren und erst am darauffolgenden Tag weiterzufliegen. Dichte Nebelschwaden zogen tief über die Landschaft hinweg und gaben den Gipfel des Vulkans den ganzen Tag nicht frei.

Einen Tag später zogen zwar immer noch tief hängende Wolken über die Berge, aber es regnete nicht mehr. Wir wollten versuchen, von Kelso im Bundesstaat Washington über Corvallis und Roseburg an die Pazifikküste nach Gold Beach in Oregon zu fliegen. Die tief hängenden Wolken bereiteten mir etwas Sorgen und ich fragte Denny am Flugplatz nach seiner Einschätzung.

Denny, Melanie und ich gingen zu seinem Computer und schauten uns die Satellitenbilder im Internet an.

»Bis nach Corvallis müsst ihr über keine weiteren Berge, da kümmern euch die Wolken nicht«, sagte er. »Danach könnt ihr ja noch einmal bei Corvallis oder Roseburg nachfragen«, empfahl Denny.

Es kam, wie Denny vorhergesagt hatte. Erst nachdem wir von Roseburg gestartet waren, wurde das Wetter zum Problem. Während des Fluges wurden die Wolken dichter und hüllten die Berge zwischen uns und dem Pazifik ein. Sie waren allenfalls noch knapp 3000 Fuß hoch. Wir mussten jedoch wenigstens 3300 Fuß hoch fliegen, um über die Berggipfel hinwegzukommen.

Melanie hatte eine Route ausgewählt, die uns entlang einer Straße durch die Berge führen würde. Die Taleinschnitte würden uns helfen, zum Meer zu gelangen, allerdings hingen die Wolken über dem Tal ebenfalls tiefer.

Die Berge zogen rechts und links an uns vorbei. Weit und breit nur Mischwald. Die einzige Landemöglichkeit war die schmale Straße unter uns. Ich blickte in ein Seitental links von uns. Es sah aus, als habe jemand eine weiße Gardine zwischen die Berghänge gespannt. Als ich wieder nach vorn blickte, bekam ich eine Gänsehaut. Voraus war nichts als Dampf und Wolken. Undurchdringbar. In Wolken verhüllte Berge. Meine Gedanken rasten.

Ich ging nacheinander die uns zur Verfügung stehenden Optionen durch. Um durch die Wolken und die Berge zu kommen, mussten wir tiefer gehen. Ideal wäre es, tief über die Straße zu fliegen. Wir wussten allerdings nicht, ob und wo hier Kabel durch das Tal gespannt waren. Wenn Melanie und ich zu tief heruntergingen, wären wir in höchster Gefahr, irgendwo in ein Kabel zu rasen. Außerdem drohten die Wolken hinter uns, das Tal zu verschließen. Dann würde uns nur noch eine Notlandung auf der kurvigen engen Straße unter uns bleiben. Ich sah nach unten und versuchte mir vorzustellen, wie wir auf dieser sich windenden Teerschlange aufsetzen sollten. Wir würden reichlich viel Glück benötigen, um hier überhaupt heil auf den Boden zu gelangen. Ich blickte zurück und sah, dass noch ein schmaler Korridor hinter uns wolkenfrei war. Ich hatte allerdings auch den Eindruck, dass die Wolken langsam zumachten. Noch war das Tal breit genug, um umzukehren. Es war höchste Zeit, eine Entscheidung zu treffen. Wir mussten umdrehen.

»Melanie, wir kommen hier unmöglich durch«, rief ich über Bordfunk. Melanie schwieg.

»Ich drehe um«, rief ich und ging in eine steile Linkskurve. Der Tragschrauber kippte nach links, der Horizont nach rechts unten weg.

»Lass uns noch ein Stück weiterfliegen«, rief Melanie. »Das Tal macht ein Stück weiter vorn eine Rechtskurve. Da hinten schaut es schon besser aus. Wir sind ja eigentlich nicht mehr weit vom Meer entfernt«, rief sie in den Bordfunk.

»Aber das ist Wahnsinn«, antwortete ich. »Die Wolken versperren doch das Tal und hinter uns geht der Vorhang ebenfalls gerade zu.« Ich drehte dennoch nach rechts zurück und flog noch ein Stück weiter. Und noch ein Stück weiter. Die Wolkenfetzen zischten an uns vorbei. Immer wieder raubten sie uns kurzzeitig die Sicht. Der Regen prasselte wie in wellenartigen Intervallen gegen das Windschild. Es klang, als befänden wir uns in einer Autowaschstraße, als spritzte das Wasser aus sich drehenden Düsen immer nur kurz schwallartig auf den Tragschrauber.

Wir folgten dem Talverlauf in eine Rechtskurve. Die Wolken wurden etwas lichter.

»Es scheint besser zu werden«, rief ich Melanie zu.

»Ja, lass uns diese Richtung weiter versuchen«, antwortete Melanie. Ich blickte zurück. Die Wolken hatten das Tal hinter uns verschlossen. Der Rückweg war abgeschnitten. Jetzt gab es nur noch den Weg nach vorn.

Der Talverlauf folgte noch einer Biegung. Dann konnten wir am Horizont einen dünnen Streifen Meer erkennen.

»Wir haben es geschafft!«, jubelte Melanie. Ich konnte die salzige, leicht fischige Luft des Pazifiks riechen. Wir ließen die Berge hinter uns und flogen tiefer. Melanie und ich folgten ein Stück dem Küstenverlauf in Richtung Süden. Die steil ins Meer abfallende Küste bot, soweit wir sehen konnten, keine Landemöglichkeit, daher flogen wir in direkter Linie über das offene Meer.

Je weiter wir in den Süden flogen, desto freundlicher wurde das Wetter. Die Wolken lösten sich auf und die Sonne schien vom Himmel. Interessanterweise schimmerte das Meerwasser grünlich, vermutlich gab es hier stärkeren Algenwuchs. Die weiße Reflexion des Sonnenlichtes an der Meeresoberfläche ließ diese mit dem weißen Dunst des Himmels verschmelzen.

Vor uns kam Gold Beach in Sicht, unser heutiges Tagesziel. Der Flugplatz verlief parallel zur Küste direkt am Meer. Nach Norden hin wurde er von der Mündung des Rogue River begrenzt. Hinter dem Flugplatz erstreckte sich das Örtchen Gold

Beach bis zum Fuße der Berge. Wir hatten von Kelso aus über 600 Kilometer zurückgelegt. Iris würde für die Strecke mit dem Auto über sieben Stunden benötigen und sicher erst später am Flugplatz eintreffen. Ich schaltete den Funk auf die Frequenz von Gold Beach um. Die Amerikaner hatten an den meisten Flugplätzen eine automatische Ansage. Sobald man die Frequenz einschaltete, konnte man die wichtigsten Informationen wie Windrichtung und Windgeschwindigkeit bereits im Vorfeld abfragen. Ich flog am Flugplatz südwärts vorbei, ging in der Platzrunde in eine Linkskurve und setzte zur Landung an. Ein anderes Flugzeug war offenbar kurz vor uns angekommen. Das viersitzige Cirrus-Geschäftsflugzeug stand noch vor dem offenen Tor eines Hangars. Der Besitzer schob es in die Halle. Melanie und ich rollten bis zum Hangar.

Chris Paasch, ein Amerikaner mit deutschen Wurzeln, war eben von einem Pokerausflug aus Los Angeles zurückgekommen. »Vor einigen Tagen bin ich mit Rückenwind in vier Stunden von hier nach Kalifornien geflogen«, sagte Chris. »Okay«, sagte er mit Blick auf unseren Tragschrauber, »zieht ihn in den Hangar.« Melanie strahlte.

»Ruft mich an, wenn ihr noch Lust auf ein Bier oder Abendessen habt. Ich liebe Fliegergeschichten«, rief uns Chris zu und stieg in sein Mercedes CLS-Coupé. Melanie und ich schulterten unsere Taschen und machten uns auf den Weg zur Hauptstraße, um dort auf Iris zu warten. Nach einer knappen Stunde kam Iris ebenfalls am Gold Beach an. Sie hatte eine lange, anstrengende Fahrt hinter sich. Aber freute sich, erstmals am Meer an der Westküste der USA angekommen zu sein. Wir fanden ein Hotel in Strandnähe und genossen wenig später barfuß im goldschimmernden Sand spazierend den Sonnenuntergang.

7

Wir hatten uns am nächsten Tag um 09:00 Uhr mit Chris am Hangar verabredet. Die Hangartüre war bereits geöffnet. Der

Wind blies mit mindestens 50 Stundenkilometern aus Norden. Wir hatten es eilig, weiterzukommen. Wenn der Wind noch stärker würde, könnten wir uns den Weiterflug erst einmal aus dem Kopf schlagen.

Chris war mit seiner Frau Bonny und seinem Schwiegervater gekommen. Die drei brannten darauf, mehr über den Tragschrauber und unser Abenteuer zu erfahren. Chris erzählte, dass er und Bonny mit Rennpferden ihr Vermögen gemacht hatten. Dann war er schwer an Krebs erkrankt und verabschiedete sich aus dem Pferdegeschäft. Kaum älter als 45 Jahre, war er bereits pensioniert. Gelegentlich vergnügte er sich noch in der Glitzerwelt von L. A. und Las Vegas mit Pokerspielen.

Die beiden hatten sich zehn Autominuten vom Flugplatz entfernt eine Farm gekauft. Dort waren sie gerade dabei, einen kleinen Freizeitpark für Kinder zu eröffnen. Sie wollten ihre Erfahrung mit Pferden dazu nutzen, um den Kindern Geborgenheit und Liebe zu geben.

»Kommt doch mit, wir würden euch gern unsere Farm zeigen«, lud uns Chris ein. Ich blickte kurz auf die Uhr.

»Wir müssen aber spätestens um 11:00 Uhr losfliegen«, sagte ich. »Wenn der Wind stärker wird, haben wir ein Problem.«

»Der lässt über Tag eher nach«, beschwichtigte Chris. Chris, Bonny und ihr Vater stiegen in einen Landrover Geländewagen. Iris, Melanie und ich fuhren ihnen im Mietwagen hinterher. Ihr Anwesen am Rogue River erstreckte sich von der am Flussufer verlaufenden Straße bergaufwärts. Zur Straße hin war es mit einem Lattenzaun abgegrenzt. Der Zaun verschwand hinter den Hügeln und wir konnten die anderen Enden der Ranch nicht absehen. Wir fuhren durch einen großen hölzernen Bogen auf das Gelände der Farm und weiter hinauf bis zur Hälfte einer Anhöhe. Neben zwei bereits bestehenden Scheunen wurde hier kräftig an Erweiterungen der Stallungen gebaut.

»Hier bekommen die Pferde ihren Stall«, sagte Bonny strahlend. »Dort werden wir Gemüsefelder errichten«, rief sie und wies mit der Hand auf ein frisch umgegrabenes, noch nicht bepflanztes Landstück.

Melanie fragte Bonny nach ihren Kindheitsträumen.

»Ich wollte immer mit Pferden zu tun haben«, sagte Bonny. »Ich bin glücklich, dass ich das erreicht habe«, fuhr sie fort. »Viele Eltern von Kindern in der Nachbarschaft können es sich nicht leisten, Pferde zu halten. Daher haben wir uns dazu entschieden, hier einen kleinen Reiterhof für Kinder zu errichten.«

Dann führten uns Chris und Bonny zu einer Scheune, deren Tor verschlossen war.

»In dieser Scheune haben wir eine Überraschung stehen«, sagte Bonny geheimnisvoll. Sie öffnete das Tor ein Stück. Im hereinfallenden Licht konnten wir einen alten Pick-up erkennen. Ich blickte Bonny fragend an. Was war daran das Überraschende?

»Mein Vater hat den Pick-up zu einem Elektroauto umgebaut«, sagte sie. Ungläubig blickten Iris, Melanie und ich auf die alte Kiste.

Dann öffnete der Schwiegervater stolz die Motorhaube des Autos.

»Hier ist der Motor«, erklärte der 75-Jährige und wies auf einen kleinen Elektromotor im sonst leeren Motorraum. »Der entwickelt immerhin 60 PS.« Auf der Ladefläche im Heck befand sich eine Kiste mit Batterien. Er klappte den Deckel auf und meinte: »Der Stromvorrat reicht etwa für zwei Stunden Fahrt. Das ist für die meisten Fahrten ausreichend. Komm, steig ein. Ich fahr dich zurück zum Flugplatz«, sagte der Schwiegervater. Ich stieg auf der Beifahrerseite ein. Er drehte den Zündschlüssel, aber nichts tat sich. Es brummte kein Motor, kein Gebläse, nichts, nur Stille. Dann drückte er das Gaspedal. Das Auto beschleunigte kraftvoller, als ich das für möglich gehalten hatte. Wir wurden buchstäblich in die Sitze gedrückt. Das Getriebe surrte leise vor sich hin. Wir hielten an einer Stoppstelle und mussten warten, bis wir abbiegen konnten. Wieder herrschte Stille. Kein Motor im Leerlauf. Nichts. Melanie, Iris, Bonny und Chris folgten uns zum Flugplatz.

Um 11:30 Uhr waren wir startklar. Der Wind war stärker geworden, lag aber immer noch genau auf der Piste. Mit dem Rückenwind würden wir unser Tagesziel schnell erreichen. Vor uns lagen etwa 450 Kilometer Flug bei wunderschönem Wetter. Es ging entlang der Küste bis zum Flugplatz *Little River* bei Mendocino.

Bereits von weiter Ferne sahen wir die große Schneise im Tannenwald vor uns. Little River Airport war nicht zu übersehen. Durch die Rodung leuchtete der helle Sandboden in der Sonne und stand in krassem Gegensatz zum dunklen Tannenwald. Wie ein überdimensionales Heftpflaster wirkte der Streifen von oben.

Wir landeten und fuhren erst zum Tanken, dann zu einem halb geöffneten Wellblechhangar. Der Hangar gehörte Ralph. Der 60-jährige mittelgroße, weißhaarige Mann mit dem roten Gesicht blickte uns durch seine silberne Nickelbrille neugierig an. Melanie hatte ihn auf Englisch angesprochen. Der schrullig wirkende Ralph antwortete in einem etwas antiquiert klingenden Deutsch. Seine Vorfahren waren aus Preußen in die USA ausgewandert, erzählte er uns. Ralph stellte uns seinen viel zu dicken Hund vor. Der wie eine Mischung aus Fuchs und Collie aussehende Hund hieß Wolfgang Amadeus Mozart und hatte offenbar arge Kreislaufprobleme. Spontane Liebesbekundungen ließen ihn an seinem Herrchen hochspringen, nur um wenig später erschöpft nach Luft zu japsen.

Ralph fuhr ein im Hangar parkendes Cabriolet etwas zur Seite. Melanie und ich konnten nun den Tragschrauber in seinen Hangar schieben.

»Soll ich euch irgendwohin mitnehmen?«, fragte Ralph.

»Nein, wir warten auf meine Schwiegermutter«, antwortete ich. »Sie müsste bald mit dem Auto nachkommen.«

Es war 15:00 Uhr und wir rechneten fest damit, dass Iris gegen 16:00 Uhr eintreffen würde. Der Flugplatz lag abgelegen im Wald. Weit und breit gab es keine anderen Häuser oder Ortschaften. Wir setzten uns an den Flugplatzbaracken in die Sonne und warteten. Gegen 16:30 Uhr beschlossen wir, die Zufahrtsstraße, die durch den Wald zum Flugplatz führte, bis zur Hauptstraße zu gehen. Wir warteten weiter. Es wurde 17:30 Uhr. Ich blickte auf meine Uhr, dann auf mein Mobilfunkgerät. Melanie und ich hatten hier im Wald keinen Empfang. 18:00 Uhr. Wir gingen wieder zurück zur Flugplatzbaracke.

»Ich habe vorhin an der Baracke ein Münztelefon gesehen«, sagte ich zu Melanie. »Wir können ja versuchen, Iris über den Münzapparat auf dem Handy anzurufen«, schlug ich vor. Ich hatte noch ein paar Münzen. Es ertönte das Freizeichen. Aber der Anruf wurde nur von der Mobilbox entgegengenommen. Wir hinterließen die Nachricht, dass wir uns zu Fuß auf den Weg nach Mendocino machen würden.

»Komm lass uns die Straße in Richtung Ortschaft laufen, vielleicht finden wir schon ein Hotel, in das wir einchecken können«, sagte ich zu Melanie. Viel Verkehr gab es nicht auf der schmalen Straße. Der Geruch des Zedernwaldes war betörend. Vereinzelt fielen noch Sonnenstrahlen durch die Bäume. Im Licht tanzten Insekten und genossen die letzte Wärme des Tages, bevor die Nacht hereinbrechen würde.

Wir gingen an einer Waldlichtung vorbei, als Melanie abrupt stehen blieb. Sie hielt sich den Finger vor die Lippen und deutete in Richtung Wiese.

Iris hatte sich in Gold Beach noch von Chris, Bonny und dem Schwiegervater verabschiedet. Sie stieg ins Auto und machte sich auf den Weg. Das Navigationssystem zeigte eine Fahrtdauer von fünf Stunden, 24 Minuten an. Sie müsste also gegen 17:00 Uhr in Mendocino sein, rechnete sie sich aus.

Sie folgte dem Highway 101 nach Süden. Immer wieder gab es Geschwindigkeitsbeschränkungen. Und die Polizei sorgte erkennbar für die Einhaltung der Tempolimits. Nicht nur sah Iris einige Streifenwagen am Straßenrand stehen, in denen Polizisten den Verkehr beobachteten. Sie wunderte sich auch ein wenig über den vorauseilenden Gehorsam der Autofahrer. Selten fuhr ein Fahrzeug vor ihr einmal wenige Kilometer schneller als vorgeschrieben. Kurz nach dem Örtchen Brookings sah sie, wie die Fahrzeuge vor ihr an einer Polizeistreife hielten. War eines der Autos zu schnell gefahren? Führte die Polizei Kontrollen durch?

Sie blickte auf ein Schild am Straßenrand: »Sie verlassen Oregon« und ein weiteres mit »Willkommen in Kalifornien«. Auf dem Schild waren ver-

schiedene Symbole für Obst, Fleisch, Tiere und andere Dinge, die nicht nach Kalifornien eingeführt werden durften, dick rot durchgestrichen.

Iris war nervös. Sie war in der englischen Sprache nicht so sicher. Die Polizisten trugen schwarze Uniformen, Schildmützen und Sonnenbrillen. Einer der Beamten hob die Hand und forderte sie auf, anzuhalten. Sie öffnete das Fenster an der Fahrertüre und hielt direkt vor den Polizisten. Iris hatte mit allem gerechnet, nur nicht damit, dass es an der Grenze zwischen den Bundesstaaten Oregon und Kalifornien zu Grenzkontrollen kommen würde. Es war, als fahre man hier ins Ausland. Aber sie befand sich vorher und nachher in den USA. Eigenartig.

Der Officer sprach auf Englisch auf sie ein.

»No English«, sagte Iris und zuckte mit den Schultern. Dennoch wurde sie von den Beamten weiter auf Englisch befragt, ob sie Obst oder anderes dabeihabe, das nicht eingeführt werden durfte.

Die Polizisten freuten sich offenbar, dass Iris aus Deutschland war und waren erstaunt, dass sie als Frau alleine die Westküste entlangfuhr. Einer der Beamten winkte und Iris konnte weiterfahren.

Die Straße war nicht umsonst als eine der schönsten Straßen der Welt bekannt. Hinter jeder Kurve konnte wieder ein schöner Ausblick aufs Meer oder auf die Felsküste liegen. Iris fuhr durch Wälder mit gigantischen Redwood-Bäumen. Wie Wolkenkratzer ragten die rund 100 Meter messenden Bäume in die Höhe.

Die gewundenen Straßen, die fantastische Schönheit der Natur, die Polizeikontrolle und die zahlreichen Geschwindigkeitsbeschränkungen hatten dazu geführt, dass es bereits sehr viel später geworden war, als geplant.

Schließlich erreichte Iris jedoch den Flugplatz Little River bei Mendocino. Das Flugplatzgelände war verwaist. Sie suchte die Flugplatzbaracken nach einem Zettel oder Hinweis ab, wo Melanie und Andreas hingegangen waren, fand aber nichts. Sie überprüfte ihr Mobilfunkgerät nach Nachrichten. Aber es war nichts angekommen. Sie hatte hier auch keinen Mobilfunkempfang. Also fuhr sie nach Mendocino und beschloss, dort ein Hotel zu suchen.

Keine fünf Meter von uns entfernt zupfte eine Rehfamilie am Gras. Eines der Rehe reckte aufmerksam den Hals. Die Ohren zuckten und wiesen in unsere Richtung. Wachsam verfolgte das

Reh jede unserer Regungen. Ich konnte sehen, wie es zwischen Flucht und Bleiben abwog. Alle Muskeln des Rehs spannten sich an. Melanie und ich verharrten reglos. Jetzt entschied sich das Reh für Flucht. Vor uns sprang es mit einem großen Satz über den Graben der Straße und trabte leichtfüßig zur anderen Seite, wo es im Dickicht verschwand.

Wir gingen weiter und erreichten gegen 19:00 Uhr eine Abzweigung, die in Richtung Mendocino führte.

»Schau mal, wer da fährt«, rief ich. Iris fuhr an uns vorbei und steuerte den Parkplatz eines Hotels an, das nur noch 50 Meter von uns entfernt lag. Wir hatten uns ohne Abstimmung und zufällig wieder gefunden. Iris war erledigt – kein Wunder, denn sie hatte ja auch mehr als acht Stunden am Steuer gesessen.

Wir übernachteten im romantisch gelegenen *Hillhouse Inn Hotel* in Mendocino. Hier war unter anderem auch die TV-Serie *Mord ist ihr Hobby* gedreht worden.

8

»Wir brauchen einen Liter Öl«, sagte ich zu Melanie. Ich wischte den Messstab ab und tauchte ihn noch einmal in den Ölbehälter. Es gab keinen Zweifel. Wo auch immer das Öl hin verschwunden war, es fehlte. In etwa 50 Metern Entfernung von uns schraubten zwei Mechaniker an einem der Motoren eines Propellerflugzeuges. Melanie lief zu ihnen und fragte, ob sie wüssten, wo man in der Gegend Öl kaufen könne. Einer der beiden Männer zauberte eine noch volle neue Flasche Öl hervor und gab sie Melanie. Eine Bezahlung wollte er nicht. Ich füllte einen Liter in den Ölbehälter des Tragschraubers und verschloss den Deckel sorgfältig.

Wir starteten und drehten in südöstliche Richtung. Es war ein sonniger, wolkenloser Tag. Je weiter wir nach Süden flogen, desto wärmer wurde es. Kalifornien! Auf 3000 Fuß hatte es immer noch warme 18 °C. Das empfanden wir in unseren Anzügen schon fast wieder als zu warm. Ich öffnete den oberen Reißverschluss etwas. Der Himmel war nur über dem Festland wolkenfrei. Wie Badeschaum waberte dicker Nebel über dem Meer und schwappte gegen die Berge.

»An der Küste ist kein Durchkommen«, rief ich Melanie zu, »gut, dass wir heute weiter im Landesinneren sind.«

Wir flogen über eine Stunde lang nur über bergigen Wald. Keine Straßen, keine Felder, keine Landemöglichkeiten. Nur extrem hohe Redwood-Baumbestände. Wenn der Wald überhaupt unterbrochen war, dann durch gelegentliche Flüsse oder Felsen.

»Wir sind jetzt etwas mehr als 1,5 Stunden geflogen«, sagte ich über Bordfunk zu Melanie. »Wenn wir maximal 20 Liter pro Stunde benötigt haben, müssten wir noch 30 Liter im Tank haben, korrekt?«

»Positiv«, antwortete Melanie.

»Bis nach San Francisco benötigen wir noch etwa eine Stunde. Dann hätten wir noch zehn Liter übrig, wenn wir in Half Moon Bay sind. Das würde uns doch noch etwas Puffer geben, falls wir zu einem anderen Flugplatz ausweichen müssen«, rechnete ich vor.

»Was meinst du, sollen wir auf den Tankzwischenstopp in Petaluma verzichten?«, fragte ich Melanie.

»Ja, lass uns durchfliegen, wir haben ja sogar Rückenwind.«

Wir setzten den Flug ohne Unterbrechung fort. Nach etwa einer weiteren Stunde Flug erreichten wir den städtischen Großraum von San Francisco. Linker Hand tauchte Sonoma Airport auf.

»Da vorn ist die Skyline von San Francisco«, schrie Melanie aufgeregt.

»Ich sehe die Golden-Gate-Brücke, oder? Ach nein, das ist die Bay Bridge, die zur Innenstadt führt«, korrigierte ich.

Je näher wir kamen, desto deutlicher zeichneten sich die Gebäude der Innenstadt vom Dunst ab. Ich konnte das wie ein spitzer Keil emporragende Gebäude der Transamerica Pyramid erkennen. Davor lag die Gegend um *Fishermans Wharf*, das touristische Viertel direkt an der Pier. Die Innenstadt war vollständig wolkenfrei. Das war für diese Jahreszeit nicht selbstverständlich. Häufig befand sich die Stadt ganztägig im dichten Nebel. Die Hälfte der Bay Area war von Wolken bedeckt. Was für ein Glück wir mit dem Wetter hatten. Was für ein sensationeller An- und Ausblick!

»Aber wo ist denn jetzt die Golden Gate Bridge?«, fragte ich Melanie. Vor uns ragten zwei rote Pfeiler aus den Wolken. »Das muss sie sein!«, schrie sie.

Wir gingen tiefer. Die Wolken schienen wie Wasser vom Meer über die Brücke in die Bucht zu strömen. Von oben sah die Brücke wie ein großes Stauwehr aus, das die Wolken zurückstaute. An der Brücke schien der Nebel dann in die Tiefe zu stürzen. Die oberen Pfeiler des Bauwerks waren frei von Nebel. Je näher wir kamen, desto atemberaubender wurde der Blick aus der Luft auf die Golden-Gate-Brücke und die dahinterliegende Skyline von San Francisco.

Melanie und ich waren beide bereits öfters in San Francisco gewesen. Nie hätten wir es für möglich gehalten, dass wir eines Tages mit dem Tragschrauber darüberfliegen würden.

Es war der bisher absolute Höhepunkt unserer Weltreise. Was für ein Traum! Melanie und ich waren begeistert und jubelten. Wir flogen an der Brücke vorbei.

Jetzt wollten wir aber nur schnell weiter, um es mit unserem Sprit noch bis Half Moon Bay zu schaffen. Der ging gefährlich schnell zur Neige.

»Um zu Half Moon zukommen, müssen wir hier übers Meer. Und das ist vollständig mit tiefem Nebel bedeckt. Können wir übers Landesinnere ausweichen?«, fragte ich Melanie.

»Negativ. Dann würden wir in den gesperrten Luftraum von San Francisco International Airport einfliegen«, antwortete Melanie.

»Dann bleibt uns keine Wahl«, rief ich. »Wir haben nicht ausreichend Sprit, um nach Petaluma zurückzufliegen. Wir können nicht ins Landesinnere ausweichen. Also fliegen wir über die Wolken und versuchen, mit dem Navigationssystem bis nach Half Moon Bay zu kommen«, rief ich.

Für Flugzeuge, die wie wir auf Sicht fliegen, war es aus gutem

Grund verboten, in den Wolken zu fliegen. Damit war natürlich auch das Fliegen über einer geschlossenen Wolkendecke verboten. Schließlich hätte man bei einem Motorausfall durch die Wolkendecke fliegen müssen. Und es gilt die Faustregel, dass man in Wolken innerhalb weniger Sekunden die Kontrolle über das Flugzeug verliert. Man kann unten nicht mehr von oben unterscheiden.

»Schöner Plan«, rief Melanie, »aber wie wollen wir dann in Half Moon Bay landen?« Das gesamte Gebiet hier war lückenlos mit dichten Wolken bedeckt. Und Half Moon Bay liegt direkt am Meer. Ich schluckte.

»Beten und hoffen«, antwortete ich. »Vielleicht haben wir Glück und finden eine Lücke in den Wolken, durch die wir runterkommen. Eine andere Option haben wir nicht mehr.«

Das Einzige, was überhaupt noch aus den Wolken ragte, war der felsige Gipfel der Küstenberge. Wir flogen weiter über ein Meer aus Zuckerwatte. Wir konnten nicht mehr sehen, ob sich unter uns Vorstadt, Strand oder Ozean befand. Laut GPS hatten wir nur noch zehn Minuten bis Half Moon Bay. Melanie und ich entschieden uns, über die vor uns liegenden Berggipfel hinwegzufliegen, statt noch weiter aufs Wolkenmeer auszuweichen.

Auch hinter den Bergen sahen wir nur geschlossene Wolkendecke.

»Wir haben noch drei Minuten, dann müssten wir laut GPS über Half Moon Bay sein«, rief ich zu Melanie.

»Eigenartig, dass überhaupt niemand auf der Frequenz funkt«, murmelte ich. »Wahrscheinlich kann wegen den tief hängenden Wolken niemand von Half Moon Bay abfliegen. Daher auch keine Funkkommunikation«, versuchte ich mir die Stille zu erklären.

Ich bemerkte, dass ich alle Muskeln angespannt hatte. Das GPS zeigte zwei Minuten bis Half Moon Bay. Dann eine Minute. Ich ging tiefer an die Wolkendecke heran. Für einen kurzen Moment hatte ich den Eindruck, durch die Wolken hindurch die Silhouette von Häusern schwach erkennen zu können.

»Die Wolken sind etwas dünner hier«, rief ich Melanie zu.

Wir mussten es wagen. Jetzt oder nie. Ich nahm das Gas zurück und drückte den Steuerknüppel nach vorn. Wir gingen in steilen Sinkflug über. Wolkenfetzen rasten an uns vorbei. Turbulenzen schüttelten den Tragschrauber durch. Für einen kurzen Augenblick hatten wir keine Sicht mehr, dann gaben die Wolken allmählich den Blick auf die Piste von Half Moon Bay frei.

»Vorsicht!«, schrie Melanie. Entsetzt starrte sie auf das auf uns zurasende Sportflugzeug. Der Flieger war in der Platzrunde des Flugplatzes. Wir waren aus unserem Wolkensturzflug völlig überraschend in die Gegenrichtung der Platzrunde gerast. Das Flugzeug drehte nach links ab und flog aus der Platzrunde heraus.

»Wieso funken die denn nicht, verflixt«, fluchte ich. Mir klopfte der Puls in der Halsschlagader.

»Kannst du mir noch einmal die Frequenz geben, die wir eingestellt haben?«, fragte Melanie.

»122,7«, gab ich durch.

»Das ist die Frequenz von Petaluma«, sagte Melanie. Dadurch, dass wir dort nicht wie geplant gelandet, sondern gleich weitergeflogen sind, hatten wir die Funkfrequenz nicht mehr geändert. Sie gab mir die Frequenz von Half Moon Bay, 122,8. Sie unterschied sich gerade einmal durch die Nachkommastelle von Petaluma. Was für ein entscheidendes Detail! Ich flog eine Runde tief über das Meer, schwenkte auf die Landebahn ein und setzte auf. Während wir zum Vorfeld rollten, blickte ich noch einmal zum Himmel. Geschlossene Wolkendecke, kein Durchkommen mehr. Wir hatten Glück gehabt.

Iris war mit dem Auto über die zwischenzeitlich völlig nebelverhangene Golden Gate Bridge gefahren und hatte uns schnell eingeholt. Gemeinsam fuhren wir zur Innenstadt von San Francisco. Auf den weitläufig geschwungenen Brücken in Richtung Downtown herrschte Stau. Im Hintergrund konnten wir die Skyline der Stadt erkennen. Schließlich ging die Blechlawine stockend weiter und wir fuhren am Bahnhof und dem Stadion der Baseball-Mannschaft San Francisco Giants vorbei zur *Fisherman's Wharf*. Nachdem wir uns dort mit der typischen Suppe im

Brot gestärkt hatten, wanderten wir an der Pier entlang. Touristengruppen fuhren statt mit Fahrrädern auf elektrischen Segways durch die Straßen. Ein Cablecar verkündete mit Glockenläuten, dass er in Kürze losfahren würde.

Ich ging auf dem Gehweg und blickte versonnen den Segways nach, als sich plötzlich ein Busch am Rande des Weges bewegte. Ein schwarzhäutiger Mann saß dahinter und hatte die Zweige auseinandergedrückt. Er erschreckte aus Berufsgründen die vorbeilaufenden Passanten. Das war der weltberühmte Bushman. Der Bushman behauptete, im Jahr 60 000 US $ mit dem professionellen Erschrecken von Passanten zu verdienen – auch eine amerikanische Erfolgsgeschichte.

9

Wir standen am Geländer der Terrasse. Melanie und Iris blickten auf die Golden Gate Bridge an der gegenüberliegenden Seite der Bucht. Linker Hand sah ich den Innenstadtbereich von San Francisco. Der Ausblick von der Landzunge Belvedere war fantastisch.

Karl-Heinz Johannsmeier hatte uns eingeladen, ihn in seinem Anwesen nahe San Francisco zu besuchen, als er von unserer Tragschraubertour erfahren hatte. Vor Jahren hatte ich den zwischenzeitlich etwas über 80 Jahre alten Unternehmer und Millionär in München kennengelernt.

Johannsmeier konnte auf ein bewegtes Leben zurückblicken, über das er in seinem spannenden Buch *Neun Leben sind nicht genug* berichtet hat.

1955 hatte er als 29-Jähriger versucht, aus der ehemaligen DDR zu flüchten. Nach dem ersten missglückten Versuch wurde er für drei Jahre in Stasi-Haft genommen. Der zweite Fluchtversuch gelang. Ohne Geld und ohne englische Sprachkenntnisse reiste er auf einem Containerschiff in die USA. Vom ersten Geld kaufte er ein altes Gebrauchtauto und fuhr damit von der Ostküste an die Westküste, nach Kalifornien.

Dort bekam er einen Job als einer der ersten Mitarbeiter bei der eben erst gegründeten Computerfirma Hewlett-Packard. Er gründete im Anschluss selbst eine ganze Reihe von Unternehmen, die er erfolgreich verkaufte. Zuletzt hatte er das Unternehmen Acuson an Siemens Medical verkauft. Das Unternehmen brachte eines der ersten Ultraschallgeräte für die Untersuchungen von Schwangeren auf den Markt. Johannsmeier hatte es buchstäblich vom Immigranten zum Millionär geschafft und damit den amerikanischen Traum realisiert.

Ich erzählte Johannsmeier, dass wir auf unserer Reise Kinder in aller Welt nach ihren Kindheitsträumen befragten.

»Hast du eine Botschaft, eine Haupterkenntnis aus deinem Leben, die wir den Kindern mitteilen können?«, fragte ich ihn. Johannsmeier dachte kurz nach, nickte mit dem Kopf und sagte:

»Ja, ich habe eine ganz einfache Botschaft: Egal, aus welchen Verhältnissen ihr kommt, ihr könnt alles erreichen. Lasst euch nichts anderes einreden.«

Es schoben sich immer neue Nebelbänke vom Meer her auf das Land. Melanie und ich hatten es eilig, weiterzufliegen. Wie wir schon gelernt hatten, war der Flugplatz Half Moon Bay häufig über Tage, manchmal Wochen hinweg fest im Griff von Wolken und Nebel. Wir bedankten uns und verabschiedeten uns von Johannsmeier, bevor wir zum Flugplatz zurückfuhren.

Als wir gegen 16:00 Uhr den Flugplatz erreichten, waren die Wolken allenfalls noch 1400 Fuß hoch. Wir wollten es zumindest die etwa 150 Kilometer südwärts bis zur Bucht von Monterey schaffen. Es sah nicht so aus, als ob die niedrig hängenden Wolken uns sehr viel weiter fliegen ließen.

Gerade einmal 400 Fuß hoch ging es in einer engen Linkskurve nach Süden. Immer wieder flatterten Möwenschwärme auf und kamen uns bedrohlich nahe. Trotz der tief hängenden Bewölkung und dem schlechten Wetter sahen wir zahlreiche Kitesurfer unter uns.

Nach einer halben Flugstunde lösten sich zu unserer Überraschung die Wolken vollständig auf und wir konnten höher gehen.

»Sieh mal, da unten faulenzen Seelöwen«, rief Melanie. Aus der Luft sah es aus, als hätten sich Hunderte Nacktschnecken am Rande eines Gemüsebeets versammelt.

Petrolfarbige Kelpwälder verdunkelten großflächig das Küstenwasser des Pazifiks. Wie lang wachsendes Gras wirkte die mit 30 Zentimetern pro Tag am schnellsten wachsende Pflanze der Erde aus der Luft. Der Tang bot zahlreichen Meeresbewohnern ein Zuhause.

»Wie das Haar der tauchenden Meerjungfrauen sieht das aus«, meinte Melanie.

10

Vor uns lag die letzte Tagesetappe bis nach Los Angeles. 550 Kilometer wollten wir von der Bucht von Monterey zunächst durch das Landesinnere über Paso Robles, dann ab Santa Barbara an der Küste entlangfliegen.

Unser erster Tankzwischenstopp sollte Oceano an der Küste sein. Dann wollten wir noch einmal im Landesinneren bei Santa Ynez runtergehen. Ab Santa Barbara würde es besonders spannend werden. Der Großraum von Los Angeles ist eine der verkehrsreichsten Flugzonen der Welt. Melanie hatte eine Route gewählt, die uns in einem großen Halbkreis am Rand der Berge und des Ballungsraums Los Angeles entlangführen würde. Das war die einzig mögliche Route. Über die Berge konnten wir dort nicht fliegen, da der Luftraum oberhalb 2000 Fuß für die großen Verkehrsflugzeuge reserviert war.

Gegen 10:00 Uhr gingen Melanie und ich die Route noch einmal anhand der Karten durch. Bloß heute auf dem letzten Stück in den USA keine Fehler machen, dachten wir. Als wir starteten, hing tiefe Bewölkung kaum höher als 600 Fuß über dem Platz. Mit dem Gelände stieg jedoch auch die Wolkenuntergrenze und nach einer weiteren halben Flugstunde klarte es sogar auf. Unter uns zogen künstlich bewässerte Felder durch. Hier wurden offenbar Orangen angebaut. Auf einem Acker bewegten sich Hunderte Bewässerungsfontänen hin und her. Sie wirkten von oben wie nervöse Insektenfühler, die die Umgebung abtasteten.

»Die Straße da unten liegt genau auf unserer Route«, rief Melanie. »Wir können einfach dem Straßenverlauf folgen.« Wir flogen durch ein breites Tal. Der Talboden wurde landwirtschaftlich genutzt und wurde durch die Bewässerungssysteme grün! Die Berghänge hoben sich dagegen in starkem Kontrast staubtrocken und sandfarben ab.

»So wie die Berge würde hier ohne Bewässerung wohl alles aussehen«, rief ich Melanie zu. »Wo die wohl das ganze Wasser herhaben?«

»Wahrscheinlich ist das Colorado-Wasser«, meinte Melanie.

»Schau mal auf 11 Uhr«, rief Melanie, »die fördern hier Öl.« Ich blickte nach links und sah ein großes hügeliges Gebiet, auf dem sich schwarze Pumpen wie Hämmer auf und ab bewegten und das Mineralöl aus dem Erdreich saugten. Ich wunderte mich, dass man hier Öl gefunden hatte.

Wir flogen über Hügel, die auf seltsame Weise abrasiert aussahen. Ab halber Höhe war das obere Erdreich von Baggern abgetragen und die nackte Erde war freigelegt worden.

Es waren noch etwa 15 Minuten Flug bis nach Oceano, unserem ersten Tankstopp. Wir drehten in südwestliche Richtung zur Küste.

»Müssen wir da hin?«, fragte ich Melanie und zeigte in Richtung vor uns. Ein Wolkenmeer schwappte gegen die Berge. Unmöglich, dort durchzukommen. »Gibt es einen Plan B fürs Tanken?«, fragte ich.

»Negativ«, antwortete Melanie, »ich hatte extra Oceano als Zwischenstopp eingeplant, damit wir Puffer haben und nicht bis zum letzten Tropfen Benzin fliegen müssen.«

»Können wir dennoch ohne Stopp nach Santa Ynez fliegen?«, fragte ich.

»Hm, das sind etwa 350 Kilometer. Wenn der Wind nicht dreht und wir jetzt der direkten Luftlinie nach Santa Ynez folgen, könnten wir es schaffen.«

Es blieb uns nichts anderes übrig. Wir mussten versuchen, Santa Ynez direkt anzufliegen und auf den Tankzwischenstopp zu verzichten. Nach knapp drei Stunden Flug schwappten im Tank nur noch zehn Liter Sprit.

»Santa Ynez voraus«, rief Melanie begeistert, und wir gingen in den Anflug über.

Obwohl in Santa Ynez zahlreiche Flugzeuge auf dem Vorfeld standen und der Flugplatz gut besucht schien, herrschte eine wunderbare Ruhe. Vögel zwitscherten. Die Sonne strahlte vom Himmel. Am Rand des Vorfeldes vor dem Flugplatzgebäude standen Liegestühle auf einer Blumenwiese. Ein älteres Ehepaar, Vicky und ihr Ehemann Larry, hatte es sich auf zwei Liegen unter einem Baum gemütlich gemacht. Sie schienen ihre Sommerfrische mit Blick auf die Landebahn zu genießen.

»Was ist das denn?«, fragte uns Vicky, als Melanie und ich an ihnen vorbei ins Flugplatzgebäude gingen. Sie wies mit der ausgestreckten Hand auf unseren am Vorfeld geparkten Gyrocopter.

»Das ist ein Tragschrauber. Wir machen eine Weltreise mit diesem Flugzeug«, sagte Melanie. »Mit dem Ding?«, rief Vicky erstaunt. »Kann man damit weite Strecken fliegen?« Larry ließ sein Buch sinken. Der Haarschnitt wie auf eine militärische Vergangenheit hin.

»Woher kommen Sie?«, fragte er interessiert.

»Aus Deutschland«, antwortete ich.

»Ach, da war ich jahrelang mit meiner Panzereinheit stationiert.« Mit Begeisterung erzählte er von den Zeiten des Kalten Krieges, als sie mit ihren Einheiten den Russen gegenüberstanden und jede Seite misstrauisch auf die Regungen der anderen Seite lauerte. Während dieser Zeit hatte er auch erstmals einen Tragschrauber im Kino gesehen. James Bond flog damals *Little Nellie* in *Man lebt nur zweimal* und triumphierte gegen vier Kampfhubschrauber, was dem Veteranen großes Vergnügen bereitet hatte.

Larry und Vicky waren aufgestanden und winkten uns noch nach, als wir weiterflogen.

Vicky schrieb mir Wochen nach dieser Begegnung in einem Brief: »Wir beide lieben das Fliegen und sind in vielen verschiedenen Flugzeugen geflogen. Mein Lieblingsflugzeug war die Constellation von Lockheed. Als ich neun Jahre alt war, sind meine Mutter, meine Schwester und ich 26 Stunden in einer C-47 von New Jersey nach Tripolis in Libyen geflogen. Wir lebten drei Jahre in Libyen. Ihr seht, ich habe auch Abenteuer im Blut. All die Länder in Eurem kleinen Flugzeug zu bereisen ist faszinierend. Wir bewundern das.«

Zunächst verlief der Weiterflug in Richtung Santa Paula ohne Zwischenfälle. Es hatte den Anschein, als ob wir heute ohne besondere Herausforderung bis nach Los Angeles fliegen könnten. Ab Santa Barbara folgten wir wieder dem Küstenverlauf. Kurz nach Santa Barbara tauchte eine dünne, aber dichte, undurchdringliche Wolkenschicht auf etwa 300 Fuß Höhe auf. Es wirkte, als habe jemand eine abgehängte Decke in den Himmel montiert. Wir mussten uns entscheiden, ob wir unter den Wolken oder darüber weiterfliegen.

»Laut Navigationssystem liegt unser nächster Flugplatz auf 150 Fuß«, sagte ich zu Melanie. »Also macht es doch Sinn, dass wir unter den Wolken bleiben, oder?«

»Ich glaube auch«, sagte Melanie. Ich reduzierte die Flughöhe, um nicht in die Wolken zu geraten, und wir flogen nur niedrige 150 Fuß über das Meer hinweg, parallel zur Küste.

Etwa zwei bis drei Kilometer links von uns verliefen Küstenberge, an denen die Wolken dicht abschlossen. Unter uns war Meer. Die Küste verlief in einem Bogen nach rechts.

»Das GPS zeigt an, dass wir nach links in die Berge müssen. Das kann aber eigentlich nicht sein. Santa Paula liegt doch nur auf 150 Fuß Höhe«, meinte ich.

»Vielleicht liegt Santa Paula hinter den Bergen«, sagte Melanie.

»Dann haben wir ein Problem«, rief ich. »Wir kommen bei den Wolken hier nicht über die Berge. Möglicherweise müssen wir umkehren und über den Wolken über die Berge fliegen«, rief ich in den Bordfunk.

Ich versuchte erst einmal, noch auf dem vom GPS vorgeschlagenen Kurs zu bleiben. Tief flogen wir über die Dächer der Villen des Küstenörtchens. Jedes Haus schien einen Pool im Garten zu haben. Die Anordnung war stets dieselbe: Haus, Rasen, Pool und Garage. Wir flogen direkt auf die Berge zu.

»Das ist ja wie Höhlentauchen«, rief ich Melanie zu. Der Abstand zwischen den Wolken und den Hausdächern wurde immer geringer. Das Gelände stieg an und zwang uns näher an die Wolkendecke heran. Als Pilot in einem Flugzeug hat man stets das Bedürfnis, nach allen Seiten möglichst viel Abstand zu halten. Viel Abstand zum Boden, also Höhe, viel Abstand zu vorbeifliegenden Flugzeugen, viel Abstand zu den Wolken über dem Flugzeug. Wenn sich diese Abstände verringern, wird Fliegen gefährlicher. In mir löste das ein beklemmendes Gefühl von Klaustrophobie aus.

Ein Talausschnitt nach rechts lag noch einigermaßen auf unserem Kurs.

Vor uns waren Hochspannungsleitungen über das Tal gespannt. Die Wolken ließen uns vielleicht noch 30 Meter Raum. Ich schob das Gas bis zum Anschlag.

»Wir schaffen das nicht«, rief ich. Der Motor heulte unter Volllast. Ich versuchte abzuschätzen, ob die aktuelle Steigrate über die Leitungen reichen würde. Bei der jetzigen Geschwindigkeit war die Antwort ein klares Nein. Wir flogen direkt auf die Stahltrossen zu. Ich konnte schon die Keramik-Isolatoren erkennen. Ich zog den Knüppel nach hinten und bremste von 150 Stundenkilometern auf 110 Stundenkilometer ab. Dadurch stieg der Tragschrauber steiler in die Höhe und wir flogen wenige Meter über die Leitungen hinweg.

»Wir kommen in die Wolken«, schrie Melanie.

»Ich kann nichts dagegen machen«, schrie ich zurück, »tiefer können wir nicht mehr gehen, sonst landen wir in diesen verflixten Masten.« Die Hochspannungsleitungen hatten wir hinter uns gelassen, dafür hatten hier die Häuser lange Antennen auf den Dächern. In den Häusern schienen Hobbyfunker zu leben.

»Denkt denn niemand an den Flugverkehr?«, fluchte ich leise

vor mich hin. Doch da war es schon zu spät, wir tauchten in die Wolken ein.

»Flieg weiter nach rechts«, rief Melanie, »da ist es heller.« Zwar wurden die Wolken rechter Hand etwas lichter, dort erhoben sich aber auch weitere hohe Strommasten über das Tal. Die Stahlleitungen schienen wie Spinngewebe gespannt. Als wollte man hier Flugzeuge aus der Luft fangen. Es war einer der Momente, in denen ich die Präsenz der Gefahr spürte, aber nicht über sie nachdachte. Das Handeln und Denken reduzierte sich auf die jeweils unmittelbare Notwendigkeit. Alles passierte im Jetzt. Es gab kein Vorher und Nachher, sondern nur den Moment der Gefahr.

Der Motor drehte am Limit. Die Kabel kamen näher. Ich lenkte den Tragschrauber auf einen der Masten zu. Wenn wir schon irgendwo dagegenflogen, wollte ich wenigstens sehen, was es war. Es wurde heller. Es kamen Flecken hellblauen Himmels zum Vorschein. Das Weiß der noch vorhandenen Wolken blendete förmlich.

»Wir schaffen es«, jubelte Melanie durch den Bordfunk. Ich hatte wieder Bodensicht und sah, wie der Bergkamm unter uns vorbeizog. Wir ließen die Hochspannungsleitungen hinter uns. Die Bergkette hinter uns wirkte wie eine gigantische Mauer, hinter der sich ein Meer aus Wolken angestaut hatte. Da waren wir hindurchgeflogen.

Melanie und ich beschlossen, nicht wie geplant in Santa Paula zwischenzulanden. Wir hatten Sprit für zwei Stunden, und der Flug nach Corona Airfield bei Los Angeles würde etwa 1,5 Stunden dauern. Unter uns zogen bereits die Vororte von Los Angeles vorbei.

»Schau mal, auf 2 Uhr ist ein Football Stadion«, rief Melanie.

»Rechts von uns müssen Beverly Hills und Hollywood sein«, rief ich.

Es war 16:30 Uhr. Die Atmosphäre wurde dunstiger. Wir tauchten zudem in den Smog von Los Angeles ein. Dicht an die Bergkette gedrängt versuchten wir, uns außerhalb der Kontrollzone von Los Angeles' Flughafen zu halten. Ich sah zahlreiche

Helikopter und Sportflugzeuge über dem Stadtgebiet fliegen. Zum Glück flogen nur wenige auf unserem Kurs entlang der Berge.

Gegen 17:15 Uhr landeten wir auf Corona Airport. Melanie und ich parkten den Tragschrauber neben anderen Sportflugzeugen auf dem Vorfeld. Ich stellte den Motor ab. Es war warm. Die Abendsonne heizte die Luft immer noch auf etwa 25 °C. Ich setzte mich erschöpft auf den Asphalt neben dem Tragschrauber.

Melanie machte sich auf die Suche nach einem Platz im Hangar. Corona Airport schien kein kleiner Flughafen zu sein. Zahlreiche Hallen boten reichlich Platz für jede Menge Flugzeuge. Nach einer halben Stunde war Melanie noch nicht zurückgekehrt. Ich beschloss, mit dem Tragschrauber an den Hallen entlangzufahren und nach Melanie zu suchen.

In der vorletzten Durchfahrt zwischen zwei Hallen fand ich sie. Sie stand vor einer offenen Halle und unterhielt sich mit zwei Männern. Ich parkte den Tragschrauber vor dem Hangar und stellte den Motor ab. Melanie machte mich mit Kevin und John bekannt, die sie gerade erst kennengelernt hatte. Die beiden hatten vor der Halle ihre Harleys geparkt. In der Halle stand ein Hochdecker-Flugzeug.

Kevin und John waren begeistert von unserer Ankunft. Kevin umarmte mich herzlich, als wären wir seit Jahren befreundet.

»Das ist ja großartig, dass ihr in Corona gelandet seid«, rief Kevin. Fasziniert bestaunten die beiden unser ungewöhnliches Gefährt. »Ich will unbedingt einmal mitfliegen«, sagte er begeistert und legte seinen Arm auf meine Schulter. Ich versprach ihm, dass wir gemeinsam eine Runde drehen würden, bevor der Tragschrauber wieder abtransportiert würde. Melanie und ich schoben das Flugzeug in die Halle.

Iris war zwischenzeitlich mit dem Auto angekommen. Sie parkte neben dem Hallentor. Sie lächelte. Sie war die Westküste allein mit dem Auto entlanggefahren. Was für ein persönlicher Triumph. Und Melanie und ich waren tatsächlich die Westküste der USA entlanggeflogen.

11

Bombenalarm! Melanie, Iris und ich steckten im Stau in Beverly Hills. Die Autos hatten eine Gasse gebildet. In irrem Tempo rasten Geländewagen des FBI Sondereinsatzkommandos an den stehenden Autos vorbei in Richtung Innenstadt. Hubschrauber kreisten dröhnend über uns. Von überall her ertönten gellende Sirenen von Polizei, Krankenwagen und Feuerwehr. Das schrille Heulen einer Feuerwehrsirene kündigte eine Reihe von Feuerwehr-Lastwagen an, die sich durch den Stau quälten. Beverly Hills und Hollywood standen Kopf. Ein Bombenanschlag auf die Traumfabrik wäre eine effektive Maßnahme, um die Bevölkerung in Angst und Schrecken zu versetzen.

Die Medien waren auch schon da. Hubschrauber des lokalen Fernsehens CBS und NBC schwebten über dem Rodeo Drive. Der Terror funktionierte auch ohne Bomben. Ein anonymer Anruf, ein geparkter Lieferwagen, und der Alarm brachte alles ins Stocken. Ganz ohne Sprengstoff, nur durch Angst, die effektivste aller Waffen.

Die Zeit wurde lang. Aus einer Stunde Stau wurden zwei. Es schien keinen Ausweg zu geben. Eine Betonabgrenzung verhinderte, dass wir auf die Gegenfahrbahn drehen und zurückfahren konnten. Die Straße vor uns war vollständig gesperrt. Schwarze Geländewagen standen quer zur Fahrtrichtung. Trotz der Medienhelikopter in der Luft erfuhren wir auch später nicht, was und ob überhaupt etwas passiert war.

Ich nutzte die unfreiwillige Wartezeit und telefonierte mit unserem Ansprechpartner bei der Spedition. Melanie und ich wollten den Tragschrauber schnellstmöglich verpacken und abtransportieren. Wenn das Flugzeug erst einmal im Container stand, war es auch geschützter vor Beschädigung und Diebstahl. Außerdem würde es noch lange genug dauern, den Tragschrauber nach Südamerika zu transportieren.

»Ich will sehen, was ich machen kann«, versicherte mir der

Mitarbeiter der Spedition. »Vielleicht könnt ihr den Container schon in ein paar Tagen am Flugplatz haben.«

Im Schritttempo ging es schließlich weiter durch L. A. mit seinen geradezu in den Himmel wachsenden hohen Palmen am Straßenrand.

Wir fuhren den Santa Monica Boulevard entlang. Sagenhaft reich schienen die Leute zu sein, die in dieser Gegend wohnten. Ein zitronengelbes Rolls-Royce Cabriolet parkte am Straßenrand des Rodeo Drive. Ein Markengeschäft reihte sich an das andere. Rhododendren blühten in Weiß, Rot und Lila. Diese blühende Gegend schien im ganzjährigen Frühling zu leben.

Wir benötigten drei Stunden, um zum Walk of Fame zu gelangen. Im Pflaster des Gehwegs sind Sterne eingelassen, auf denen die Namen berühmter Persönlichkeiten verewigt sind. Ein schrilles Völkchen trieb sich hier herum. Darth Vader aus dem Film *Krieg der Sterne* schlenderte zwischen den Passanten durch und blickte sehnsuchtsvoll zu zwei spärlich bekleideten kichernden Playboy-Häschen. Ein dicker Mann hatte sich in privater Mission das Gesicht wie *Shrek* grün geschminkt und den Gehsteig zu seiner persönlichen Showbühne erklärt.

Melanie blickte staunend zum Kodak-Theater: »Hier findet also jährlich die Oscar-Verleihung statt.«

In den folgenden Tagen fuhren Melanie, Iris und ich mit dem Auto weiter nach Las Vegas. Die glitzernde Stadt des Glücksspiels und der Shows erschien uns wie eine in die Wüste gezauberte Fata Morgana.

Ohne Rücksicht auf die natürlichen Ressourcen wurde hier alles angeboten, was Geld brachte. Gigantische Wasserspiele tanzten zu klassischer Musik. Gasexplosionen mit meterhohen Feuersäulen simulierten Vulkanausbrüche. Eine Seeschlacht mit wilden Piraten wurde inszeniert. Eines der Schiffe entflammte schließlich zu einem wahren Feuersturm und versank, getroffen von den Kanonenkugeln des Gegners.

Im *The Venetian*-Hotel konnte man einen simulierten Tag in den Straßen Venedigs erleben, im geschlossenen Innenraum freilich. Gondoliere lenkten ihre Gondeln durch die künstlich angelegten Kanäle. Sie trällerten dazu ihre Lieder von ewig währender Liebe. Nichts von alledem war echt, alles faszinierende Illusion.

Wir fuhren weiter über den Hoover-Staudamm zum Grand Canyon. Das Wasserreservoir war zu gut einem Drittel leergelaufen. Weiße Ränder zeigten, wo der Wasserstand schon einmal war. Der Durst der Großstädte wie Las Vegas würde selbst diesen gigantischen Stausee auf lange Sicht leer schlürfen.

Der Grand Canyon war eines der am meisten beeindruckenden Naturphänomen, das wir bisher gesehen hatten. Er war noch größer als der Fish River Canyon, durch den wir im südlichen Afrika geflogen waren. Im Licht des Sonnenuntergangs leuchtete das Gestein rötlich warm. Lange Schatten wanderten durch die Schluchten. Auf der gewaltigen Felswand der gegenüberliegenden Seite zeichnete der Schatten eindeutig die Silhouette eines Indianerkopfes mit Hakennase und Federschmuck nach. Wir haben besondere Momente wie diese auch fotografiert und auf unserer Internetseite, www.weltflug.tv, veröffentlicht.

12

Melanie und ich brachten Iris zum Flughafen in Los Angeles und fuhren anschließend zum Corona Airfield. Gegen 15:00 Uhr, so hatte uns die Spedition mitgeteilt, würde man uns den Container zum Flugplatz liefern. Wir wollten unser Versprechen einlösen und mit Kevin noch Platzrundenflüge machen.

Ich zog den Tragschrauber aus dem Hangar und ließ den Motor warm laufen. Melanie und ich wollten so schnell wie möglich den Rotor und die Räder abmontieren. Wir durften keine Zeit verlieren, schließlich mussten wir bis spätestens 15:00 Uhr den Tragschrauber transportfertig machen.

Gegen 13:00 Uhr fuhren Kevin und John knatternd mit ihren Harleys vor. Kevin stieg von seinem Motorrad und konnte es nicht erwarten, mit uns zu fliegen. Er kletterte auf den Rücksitz des Tragschraubers. Ich schnallte ihn fest und gab ihm einen

Helm. Dann machte ich mich ebenfalls startklar. Ich war ein wenig nervös. Es würde der letzte Flug in den USA werden. Bisher war alles gut gegangen.

Kevin war ein Pfundskerl. Wir benötigten fast die doppelte Strecke auf der Startbahn, um abzuheben. Nur langsam stieg der Tragschrauber. Ich drehte eine erweiterte Platzrunde. Kevin jubelte begeistert auf dem Rücksitz.

»Ich kann das jetzt so gut verstehen, dass ihr mit diesem Flugzeug eure Weltreise macht«, rief er begeistert.

Nach etwa einer halben Stunde kehrte ich zurück in die Platzrunde. Ich funkte meine Position: »Delta-Mike-Mike-Alpha-Zulu im Queranflug auf Piste 25.« Ich hörte, wie ein anderer Pilot funkte:

»November-45262 im Queranflug auf Piste 25.« Ich drehte in den Endanflug und meldete dies. Der unsichtbare andere Pilot meldete ebenfalls, dass er in den Endanflug auf die Piste 25 ging. Offenbar flog ein anderes Flugzeug exakt in meiner Flugbahn. Ich blickte mich um, konnte jedoch nirgends etwas sehen. Da schrie Kevin hinter mir plötzlich:

»Da dreht ein Flugzeug auf uns zu!«

Ich blickte nach rechts und sah das Flugzeug in einer steilen Kurve auf uns zu fliegen. Ich zog den Knüppel nach hinten, um den Tragschrauber so schnell wie möglich nach oben zu ziehen. Das andere Flugzeug flog unter uns durch. Per Funk meldete sich der Flugleiter. »Tragschrauber, landen Sie auf der Grasbahn und melden Sie sich dann bei mir«, verstand ich. Er wiederholte den Funkspruch mehrfach. Dann bestätigte ich und setzte zur Landung auf der Grasbahn auf.

Kevin hatte sich vom Schreck der Begegnung mit dem anderen Flugzeug schnell wieder erholt. Als wir auf dem Rasen aufsetzten, kannte seine Begeisterung keine Grenzen mehr. Er hob beide Arme und winkte den inzwischen versammelten anderen Passanten zu, die auf uns vor Johns Hangar warteten.

Ein Ausbildungshubschrauber der Polizei schwebte langsam in niedriger Höhe um den Platz. Hatten die unsere Beinahekollision mitbekommen?

Ich fuhr zum Hangar, wo Melanie und John schon auf uns warteten. John hatte an seinem tragbaren Funkgerät die Kommunikation mitverfolgt.

»Der Flugleiter hat sich noch nie per Funk eingemischt«, meinte John. »Warum seid ihr eigentlich auf dem Gras neben der Landebahn gelandet?«, fragte John erstaunt.

»Ich hatte ihn so verstanden, dass wir auf dem Gras landen sollen«, antwortete ich.

»Nein, er hat gesagt, ihr sollt auf der südlichen Landebahn landen«, meinte John.

Ich war kaum aus dem Tragschrauber ausgestiegen, als ein grüner Golf Buggy um die Ecke des Hangars bog. Das war der Flugleiter. Er stieg aus und hielt ein Formular in die Höhe. Jetzt muss ich am Ende noch einen Bericht schreiben, befürchtete ich.

»Wir haben hier auf dem Platz eine Piste für Helikopter und Tragschrauber. Es ist sicherer, wenn ihr die zukünftig verwendet. Es gab in den letzten Jahren bereits drei Abstürze bei uns wegen Kollisionen in der Platzrunde«, sagte er nicht unfreundlich. Das Formular, das er in der Hand hielt, war ein Ausdruck einer Platzrundenkarte. Er drückte es mir in die Hand und bat uns, die Anweisungen zukünftig zu befolgen. Dann stieg er wieder in das Auto und brauste davon. Melanie und ich atmeten auf.

Wir wollten mit dem Demontieren des Tragschraubers beginnen. Wir benötigten irgendetwas, um den Rotor anzuheben.

»Ihr könnt das doch bei Dennis machen«, schlug John vor. »Dennis' hat sein Leben lang Hubschrauber und Tragschrauber entwickelt und gebaut. Der hilft euch bestimmt.«

Dennis Hangar war am anderen Ende des Flugplatzes.

»Wir fahren euch hin«, riefen Kevin und John fast zeitgleich. Sie stiegen auf ihre Harleys. Melanie und ich nahmen hinten Platz und wir fuhren mit dröhnenden Motoren über den Flugplatz bis zum Hangar von Dennis.

Dennis hatte in der Tat eine vollständig eingerichtete Werkstatt für Tragschrauber. Der Entwickler und Unternehmer hatte früher eine erfolgreiche Firma für Helikopter. Er verkaufte die Helikopter weltweit und nahm zwischenzeitlich nur noch Entwicklungsaufträge an. Dennis erwies sich als enorm hilfsbereit.

»Kein Problem, bringt den Tragschrauber herüber«, sagte Dennis. »Ich habe einen Gabelstapler, einen Rotorlift und alles Werkzeug, das ihr benötigt.«

Zu fünft begannen wir mit dem Demontieren des Tragschraubers. Überall lagen Einzelteile vor dem Hangar und warteten darauf, im Container verstaut zu werden.

Das Einzige, was fehlte, war der Container. Es war bereits 16:00 Uhr. Der Container war uns für 15:00 Uhr versprochen worden. Ich rief die Spedition an.

»Der Fahrer hat sich ein wenig verspätet«, flötete die Mitarbeiterin der Spedition ins Telefon. »Er wird nun gegen 17:00 Uhr bei ihnen sein«, säuselte sie. Ich ärgerte mich.

»Sie hätten uns ja auch über die Verspätung informieren können«, moserte ich.

Gegen 18:00 Uhr holte Kevin einen Kasten Bier und wir versuchten, das Beste aus der Wartezeit zu machen. Mehrfach telefonierte ich mit dem Mitarbeiter, der uns das Transportangebot unterbreitet hatte und uns bis 20 Uhr mit leeren Versprechungen hinhielt.

»Der Fahrer hatte einen Unfall«, beteuerte er schließlich. »Er kommt jetzt gegen 21:30 Uhr. Ganz ehrlich.«

»Lasst uns alles in die Halle packen und essen gehen«, schlug Dennis vor. »Die haben Feierabend gemacht, heute kommt da bestimmt niemand mehr«, ergänzte der erfahrene amerikanische Unternehmer.

»Wann kommt unser Container?«, fragte ich am nächsten Morgen die Flöte von der Spedition. »Das weiß ich nicht, ich muss erst mit einem der Fahrer telefonieren«, sagte sie zuckersüß. Um 13:00 Uhr war der Lastwagen mit Container da. Das war ungefähr eine Verspätung von einem Tag. Melanie, Dennis und ich sowie zwei hilfsbereite Piloten, die gerade Dennis'

Hangar passierten, verluden den Tragschrauber in den Container. Mit gemischten Gefühlen schauten wir dem Lkw nach.

»Hoffentlich geht alles gut und er kommt sicher in Buenos Aires an«, sagte ich zu Melanie.

Südamerika

1

Aus einem mit Eiskristallen überzogenen Flugzeugfenster wies Melanie begeistert auf die vor uns auftauchenden schneebedeckten Anden. Die Höhe des Gebirges von über 13 000 Fuß beeindruckte, zumal das Landschaftsniveau von Meereshöhe aus fast schroff anzusteigen schien. Einige Täler waren noch wolkenbedeckt und reflektierten das Sonnenlicht in ähnlich strahlendem Weiß wie der Schnee.

Nach der Landung in Cusco, Peru, und einem Besuch der höchsten und wohl berühmtesten unfertigen Inka-Baustelle der Welt, dem Machu Picchu, fuhren wir mit dem Bus weiter zum Titicacasee und über La Paz nach Cochabamba in Bolivien. Dort waren wir mit Peter Strack verabredet, dem *terre des hommes*-Länderkoordinator für Südamerika.

Peter hatte uns eingeladen, einige Tage in seinem Haus bei ihm und seiner Familie in Cochabamba zu leben. Danach wollten wir nach Argentinien weiterreisen und von Buenos Aires aus unsere letzte Etappe, den Weltflug in Südamerika, starten. Während unser Tragschrauber zwischen den Kontinenten verschifft wurde, nutzten wir die Zeit, wie auch schon in Indien und Thailand, zu Besuchen von Projekten des Kinderhilfswerks *terre des hommes.*

Peter, Melanie und ich fuhren mit dem Geländewagen zum Projekt *PAI Tarpuy* im Stadtteil Quillacollo von Cochabamba. Das Projekt setzt sich für die Verbesserung der Lebensbedingungen, Rechte und Zukunftschancen der Straßenkinder ein.

In Cochabamba leben schätzungsweise 400 Kinder und Jugendliche auf der Straße. Etwa 100 davon in Quillacollo. Der Stadtteil Quillacollo ist für Prostitution, auch von Kindern, bekannt. Gemäß einer Untersuchung von *terre des hommes* schnüffeln fast alle auf der Straße lebenden Kinder und Jugendlichen

Leim oder Benzin. Dadurch versuchen sie, die Härte des Straßenlebens für einige Momente zu vergessen.

Viele auf der Straße lebende junge Frauen haben keinerlei sexuelle Aufklärung erhalten. Kürzlich wurden in Quillacollo allein 35 auf der Straße aufwachsende Babys gezählt. Die meisten der Kinder und Jugendlichen sind Analphabeten. Ihr Umfeld bot keine Anreize, zur Schule zu gehen, sich zu bilden. Dadurch sind die Zukunftschancen der Kinder sehr schlecht, ebenso wie ihr körperlicher und psychischer Gesundheitszustand. Im Rahmen des Projektes *PAI Tarpuy* wird versucht, die Entwicklung der Fähigkeiten der Kinder zu unterstützen, damit sie Alternativen zum Leben auf der Straße finden.

Peter parkte den Geländewagen. Wir holten Edgar ab, den Projektleiter von *PAI Tarpuy*. Edgar hatte das heutige Treffen mit den Straßenkindern organisiert. Er stieg zu und wir fuhren etwa 20 Minuten weiter, am Friedhof von Quillacollo vorbei zu unserem Besuchsziel. Unterwegs hielten wir kurz, um »Gastgeschenke« für die Kinder zu kaufen. Für einen kurzen, naiven Moment hatte ich geglaubt, sie wünschten sich Spielsachen und Süßigkeiten. Weit gefehlt. Edgar hatte ein frisch geschlachtetes Huhn, etwas Gemüse, einen Sack Reis und Kartoffeln gekauft. Peter parkte das Auto am Rande eines Bahndammes. Die Bahnverbindung war stillgelegt. Die wenigen Häuser heruntergekommen. Die Gegend wirkte wie eine Mischung aus verlassener Baustelle und Industrieviertel.

»Das ist hier das Zuhause der Straßenkinder«, sagte Peter. Wir standen vor einer heruntergekommenen, verlassen wirkenden Lehmhütte. Die Fenster waren mit Brettern verrammelt, dadurch wirkte das Ganze eher wie eine Höhle. Das Dach schien eingestürzt zu sein. Hier schien niemand zu leben. Auf der Staubpiste der Straße vor dem Verschlag lungerten zahlreiche Köter herum. Die Hunde waren in bemitleidenswertem Zustand, voller Flöhe. Der Flohbefall juckte derart, dass sich die Hunde das Fell wund bissen. Irgendwann wurden sie schließlich wegen des Juckreizes wahnsinnig und gingen ein.

Peter sah meinen skeptischen Blick.

»Komm mit«, sagte er, »die Kinder wohnen hier.« Edgar und Peter gingen voraus in die düstere seitliche Erweiterung der Hütte. Es stank erbärmlich. Das war der international gleiche Geruch der Armut, den wir in Afrika und Indien ebenfalls schon wahrgenommen hatten. Zahlreiche junge Katzen und Hunde lümmelten im Inneren herum.

»Das sind hier ja nur junge Tiere«, flüsterte mir Melanie zu. »Junge Tiere und Kinder«, sagte sie. »Sie scheinen sich hier in einer Schicksalsgemeinschaft zusammengefunden zu haben.« Ich bückte mich und ging in die »Höhle« hinein. Wir kamen durch einen Zwischengang, der wohl gleichzeitig eine Art Küchenzeile darstellen sollte. Edgar stellte die Tüte mit den Gastgeschenken für die Kinder hier ab.

In der Behausung sorgten zwei von der Wellblechdecke hängende Glühbirnen für ein spärliches Licht. Auf einer Konsole stand ein Fernseher. Der Strom kam aus der angezapften Leitung der Nachbarschaft. An den Wänden hingen bunte Waschmittelverpackungen aus Plastik als Tapetenersatz. Es war die Sehnsucht der Kinder nach Ordnung und Sauberkeit, die in der farbenfrohen Waschmitteltapete offenbar ihren Ausdruck fand.

Wir setzten uns im hintersten Raum auf die Betten und unterhielten uns mit den Kindern. Derzeit lebten hier zehn Kinder, von denen jetzt allerdings nur vier da waren. Die anderen hatten aus Angst vor unserem Besuch lieber vorübergehend Reißaus genommen. Hier lebten, aßen und schliefen die Kleinen. Hier schnüffelten sie ihren Leim, was man ihnen ansah. Die Kinder hatten das aufgedunsene Gesicht von Alkoholabhängigen und den stumpfen Blick von Heroin-Junkies.

»Der Leim wirkt dämpfend auf das Zentralnervensystem. Nach einer milden Euphorie und Erregung wird die Sinneswahrnehmung verändert«, erklärte Peter von *terre des hommes*.

Auf dem Bett uns gegenüber saß Serena im Schneidersitz. Serena konnte die Hände und Füße nicht mehr richtig bewegen. Sie ging wegen der Lähmung nicht mehr zur Schule.

Das erst etwa 12-jährige Mädchen musste bereits vor Jahren »anschaffen« gehen. Dabei hatte sie sich wohl eine oder mehrere ansteckende Geschlechtskrankheiten geholt. Die waren nicht ausgeheilt, was die Lähmung auslöste.

Sie machte einen wachen Eindruck und stellte uns viele Fragen.

Sie war hübsch, auch wenn man ihr das Schnüffeln ansah. Sie hatte bisher nichts gegen die zunehmende Lähmung unternommen. Während unseres Gespräches schien sich Serena von einem zaghaft-gebückten Mädchen zu einer aufrecht sitzenden stolzen jungen Frau zu entwickeln. Sie schien zu spüren, dass es Hoffnung gab, dass vielleicht auch sie einen Ausweg aus ihrer Lage finden konnte.

Peter sagte, dass *terre des hommes* derzeit prüfe, ob Serena in eine Pflegefamilie aufgenommen werden könne. Damit sollte zunächst die Grundvoraussetzung für eine später weitergehende Therapie geschaffen werden.

Einige Wochen später erhielt ich eine E-Mail von Peter, in der er mir mitteilte, dass Serena im Rahmen einer von *terre des hommes* finanzierten Therapie gerade wieder das Laufen – hoffentlich in ein besseres Leben – gelernt hatte.

2

In Buenos Aires kamen wir nach stundenlangen Zollkontrollen nicht planmäßig am Nachmittag, sondern erst am Abend mit dem Bus an. Melanie und ich schnappten unsere Sachen und liefen steifbeinig durch den hochmodernen Busbahnhof. Wie ein Flughafen war dieser Bahnhof mit zahlreichen Restaurants, Kiosken und Shops ausgestattet.

Staunend liefen wir an den Auslagen mit ihren bunten, hell beleuchteten Angeboten entlang und fühlten uns wie beim Einzug ins Schlaraffenland. Es roch wunderbar nach frisch gebrühtem Bohnenkaffee, frisch gebackenem Kuchen und Pizza. Melanie und ich waren sehr lange unterwegs gewesen: Mit dem Geländewagen durch die größte Salzwüste der Welt, das Salar de Uyuni, dann mit dem Schaukel-Nachtzug bis zur argentinischen Grenze und von dort aus mit dem Bus bis nach Buenos Aires. Wir sehnten uns nach einer Dusche, nach Sauberkeit, Wärme und einem guten Essen.

Auf der Taxifahrt zu unserem Hotel zog das bunte, hektische Treiben der faszinierenden Weltstadt des Designs an uns vorüber. Was für ein Kontrast zu dem sehr einfachen Südamerika, das wir bisher erlebt hatten. Wir stellten begeistert fest, dass unser Hotelzimmer über eine Fußbodenheizung verfügte. Nie hätten wir uns vorstellen können, dass eine Fußbodenheizung nach Wochen der Kälte etwas derart Wunderbares war.

Wir saßen beide auf dem warmen Boden und sahen fern. In den Nachrichten wurde berichtet, dass eine ungewöhnliche Kältewelle in Südamerika mit Temperaturen unter –12 °C in Bolivien und Peru bereits über 200 Menschenleben gefordert hatte. Auch in Buenos Aires sank die Temperatur in dieser Nacht wieder unter den Gefrierpunkt, was in dieser Stadt selbst für den Winter recht ungewöhnlich war.

Dieses Mal sollte es besser laufen als in den USA. Unsere Ansprechpartnerin für den Transport hatte uns versichert, dass sie diesmal die Zollvorbereitung ordentlich machen würde. Bereits vor Wochen hatte ich unsere deutsche Transportfirma kontaktiert und nach den Details der argentinischen Zolleinfuhr unseres Tragschraubers im Container gefragt. Daraufhin erhielt ich den Kontakt zu einem argentinischen Zolldienstleister. Ich kontaktierte die wechselnden Ansprechpartner dieses Unternehmens und wurde drei Wochen lang mit vagen Informationen hingehalten.

Dann war der Container angekommen. Ich sah vor meinem geistigen Auge schon wieder den Lagergebührenzähler tickern. Tagelang schrieb ich zahlreiche E-Mails an den Zolldienstleister. Es hieß, der zuständige Mitarbeiter Marcelo hätte mit dem Chef des Zollamts gesprochen: Wir benötigten erst eine Sondergenehmigung der argentinischen Luftwaffe. Wieso das? Unser Tragschrauber war keine Waffe!

Schließlich erhielt ich eine E-Mail vom Präsidenten des Zolldienstleisters:

»Sehr geehrter Herr Stütz, ich bin derzeit leider im Urlaub in Florida und kann Ihre Zollabwicklung nur aus der Ferne mitverfolgen. Ich mache mir sehr große Sorgen über die Zollbearbeitung und möchte Sie darauf hinweisen, dass der Prozess der Zollabwicklung Ihres Tragschraubers mindestens drei Monate dauern kann.«

3

Gegen Abend holten Melanie und ich unseren australischen Freund Peter Coulter vom Flughafen ab. Wir hatten uns in Australien mit ihm für Südamerika verabredet. Peter plante, acht Wochen in Südamerika Urlaub zu machen, und wollte uns auf unserer Gyrocopter-Tour begleiten. Er würde uns im Wechsel mit dem Mietwagen begleiten und auch mit Melanie fliegen, dann würde ich mit dem Mietwagen fahren. Wir brachten Peter ins Hotel und widmeten uns wieder der Zollabwicklung.

Der Prozess nahm kafkaeske Züge an. Am Ende der Woche teilte man uns mit, dass wir uns um die Zollabwicklung selbst kümmern sollten. Es war Wochenende. Beim Zoll arbeitete natürlich niemand mehr.

Am Montag fuhren Melanie und ich mit dem Taxi zur Zolladresse, die uns unser Zolldienstleister gegeben hatte. Die stellte sich jedoch als falsch heraus. So fuhren wir mit dem Bus zu einem anderen Gebäude der Zollbehörde am Containerhafen von Buenos Aires. Eine lange Schlange von auf Container wartenden Lkws hatte sich auf dem benachbarten Gelände gebildet. Zahllose Motoren brummten. Warnsignale ertönten. Containerlifte fuhren mit und ohne Container über das Gelände.

Im Zollamt hieß es, wir sollten im Gang warten, bis wir aufgerufen würden. Der Behördengang war mit Linoleum ausgelegt, das von zahlreichen Bohnerwachsschichten dunkelgrau geworden war. Polsterlose Holzstühle waren in einer Reihe an der Wand aufgestellt. Es roch nach Chlorputzmittel. Um den Chlorgeruch zu übertünchen, hatte jemand eine Vanille-Duftkerze auf einen Sims gestellt. So roch es nun nach Chlor und Vanille.

Fenster gab es keine, nur Türen, und davon viele. Die wenigen Neonlichter verliehen dem Gang eine Suizidatmosphäre. Nach etwa einer Stunde bat uns der Zollbeamte, José-Luis, ins Zimmer. Wir schilderten ihm kurz unseren Fall.

»Das macht der Chef«, sagte José-Luis. »Der hat jetzt aber Mittagspause. Am besten ihr kommt um 14:30 Uhr wieder.« Wir warteten zwei Stunden vor dem Gebäude und setzten uns dann wieder in den Flur zur Vanille-Duftkerze.

Um 14:45 Uhr war es so weit. Jorge, der Chef der Zollabteilung, kümmerte sich höchstselbst um unseren »Fall«.

Der feiste Beamte mit Brille, gepflegtem Anzug und fettigem schwarzem Haar nahm hinter seinem Schreibtisch Platz und fragte uns kurz angebunden, worum es ginge. Sein Gesicht hatte die verbitterte humorlose Härte von jemandem, der jahrzehntelange Demütigungen und Enttäuschungen durch das Ausschöpfen seiner Macht kompensierte.

Ich erzählte ihm, dass Marcelo vom Zolldienstleister sich mit ihm über unsere Einfuhr eines Tragschraubers unterhalten hatte.

»Welcher Marcelo? Der sagt mir nichts. Wie, sagten Sie, heißt die Firma?« fragte er.

Ich nannte ihm den Namen des Zolldienstleisters.

»Kenn ich nicht, habe ich noch nie gehört«, meinte er unwirsch. Melanie und ich blickten uns wortlos an.

»Helikopter sagt ihr? Irgendetwas war mit einem kleinen Helikopter«, erinnerte er sich.

»Ihr müsst zur technischen Überprüfungsstelle. Die sollen sich das Ding anschauen und bestätigen, dass es fliegt«, sagte er.

»Das Flugzeug ist in Deutschland für den Betrieb zugelassen und dort fliegt es«, erwiderte ich. »Das mag ja sein«, sagte Jorge. »Aber wir sind hier ja in Argentinien. Bloß weil der Helikopter in Deutschland fliegt, heißt das noch lange nicht, dass er in Argentinien ebenfalls fliegt«, erklärte er.

Den Wortwechsel hätte ich schon fast wieder lustig gefunden, wenn es sich nicht um ein uns ernstes Thema gedreht hätte. Jorge erklärte uns, wie wir zur technischen Überprüfungsstelle kommen konnten. Eine technische Flugtauglichkeitsüberprüfung würde Wochen dauern. Nicht auszudenken, was das kosten würde.

Tagelang wurden wir von Behörde zu Behörde geschickt, um immer neue, angeblich erforderliche Unterlagen für die Verzollung unseres Tragschraubers einzuholen.

Die technische Überprüfungsstelle fühlte sich nicht zuständig und schickte uns, da sie in unseren Papieren das Wort AutoGyro fand, zur Kfz-Zulassungsstelle. Unsere Beteuerungen, dass es sich nicht um ein Auto handelt, sondern um einen kleinen Helikopter, waren zwecklos.

Die Kfz-Zulassungstelle verwies uns weiter zur argentinischen Luftwaffe. Die wiederum empfahl uns den Besuch der zivilen Luftfahrtbehörde, die uns schließlich zur Behörde für den zivilen Luftverkehr weiterleiten wollte.

Zuletzt gelang es uns, ein persönliches Schreiben des Präsidenten der Behörde für Allgemeine Luftfahrt zu organisieren. Sinngemäß stand in dem salomonischen Schreiben des Präsidenten, dass gemäß der Internationalen Luftfahrtbestimmungen in Argentinien nicht illegal sein kann, was in Deutschland legal ist. Wir durften also in Argentinien fliegen.

Peter hatte die vergangenen Tage versucht, das Beste aus dem zwangsläufig verlängerten Aufenthalt in Buenos Aires zu machen. Während wir Behördenflure besichtigten, besuchte er die verschiedenen Stadtviertel: von dem berühmten Friedhof der Recoleta über San Telmo bis hin zu La Boca. Für heute Abend hatte er drei Tickets für die Tangoshow in der Nähe des Obelisken, des Wahrzeichens von Buenos Aires, besorgt.

Melanie und ich freuten uns über die willkommene Abwechslung zu unserem täglichen Behördenkrimi, den wir durchzustehen hatten. Es wurde ein sehr vornehmer Abend in der Show des Porteno. In perfekt abgestimmten Tänzen vereinigten sich die Paare während der Show in der Bewegung des Tanzes. Die Vorführung wurde zu einem erotischen Rausch argentinischer Leidenschaft. Die Tangotänzer waren in Frack und Lackschuhe, die Damen in lange, hochgeschlitzte Kleider und High Heels gekleidet. Melanie und ich trugen unsere orange leuchtenden Pullis, schwarze Kampfhosen und ich meine ausgelatschten Sandalen.

Nach elf Tagen hatten wir alle erforderlichen Papiere zusammen und fuhren mit dem Taxi wieder zum Zoll. Mittagspause. Melanie und ich warteten im Flur neben der Vanille-Duftkerze.

Pünktlich um 14:30 Uhr ging es mit unserer Zollprüfung weiter. Jetzt, wo es weiterging, war unser Fall nicht mehr Chefsache. José-Luis blätterte erneut sehr sorgfältig durch unsere Papiere. Er nahm sich auch ausführlich Zeit für das Studium der bezahlten Rechnungen. José-Luis begann, uns zu erzählen, dass er großes Gefallen an deutscher Kunst, Kultur und Musik habe. Ich versuchte mir vorzustellen, wie er bei Kerzenschein mit verträumtem Blick Ludwig von Beethoven, Brahms oder Bach hörte.

»Rammstein, Scorpions und Motörhead finde ich große Klasse«, sagte er lächelnd.

José-Luis malte liebevoll sein Kürzel auf jedes der vielen Dokumentenpapiere und drückte sorgfältig auf jedes Blatt zwei Stempel. Er übergab uns die Papiere und sagte:

»Damit könnt ihr jetzt zum Containerhafen gehen und euren Container abholen. Wir überprüfen das nicht weiter.«

Ich konnte unser Glück kaum fassen. Nach nicht einmal zwei Wochen auf dem Zollamt schienen wir erfolgreich am Ende des Marathons angekommen zu sein.

Zurück im Büro unserer Spedition fragte ich den Mitarbeiter:

»Wird es sonst noch weitere Überraschungen, Rechnungen oder Gebühren geben?«

»Nein, das war es jetzt«, sagte Santiago.

»Wann kann denn der Container abgeholt werden?«

»Nächste Woche Montag.«

»Aber wir haben heute doch erst Donnerstag, wieso können wir den Transport nicht für morgen oder Samstag anberaumen?«, fragte ich.

»Montag ist der frühestmögliche Termin, so laufen die Dinge

hier eben. Das ist Argentinien.«, rief Santiago ungehalten und betrachtete die Diskussion für beendet.

4

Neben dem Argentinien von Santiago lernten wir zum Glück noch ein völlig anderes Argentinien kennen. Melanie hatte im Vorfeld unseres Abenteuers unsere sehr hilfsbereiten Fliegerfreunde von der *FlyRanch* am Gomez-Flugplatz in der Nähe der Stadt La Plata kontaktiert. Der Besitzer des Flugplatzes Hugo und die 12-jährige Tochter Natascha holten uns am Hotel in Buenos Aires ab, und wir fuhren zu einer ersten Besichtigung des 60 Kilometer südlich von Buenos Aires entfernten Flugplatzes. Mir fiel auf, dass sich entlang der Straße immer wieder ausgedehnte Wasserlöcher befanden.

»Da haben die die Erde für den Bau der Straße abgebaggert«, erklärte Hugo. »Die Löcher haben sie einfach offen gelassen.«

Es wehte eine starker Ostwind und es war mit 7 °C immer noch recht kalt. Wir würden auf unseren Flügen in Argentinien ordentlich frieren, befürchtete ich. In Neuseeland war die kälteste Temperatur 8 °C gewesen und das war schon deutlich unter meiner Betriebstemperatur gewesen. Ich hoffte, dass es vielleicht in den kommenden Tagen etwas wärmer würde. Es hatte in den vergangenen Tagen viel geregnet. Der Flugplatz war eine sumpfige Wiese. An einigen Stellen stand das Gras der Landebahn sogar unter Wasser.

Der einzige Hangar bestand aus einem großen gewölbten Dach, das zur windabgewandten Seite hin offen stand. An der Seite der Halle gab es einen abschließbaren Bereich, in dem zahlreiche Flugdrachen standen.

Wir fuhren mit Hugos gesamter Familie weiter in ein Steakhaus und diskutierten beim Essen über unsere Routenplanung. Hugo sagte:

»Ihr müsst auf eurem Weg immer über Straßen fliegen. Der Urwald bei Iguazú ist derart dicht, dass man keine zehn Meter weit sehen kann. Wenn ihr über dem Urwald abstürzt, wird euch niemand suchen kommen.«

Ich hatte herausgefunden, dass man bei einem Mietwagenanbieter mit einer Sondergenehmigung mit dem Auto von Argentinien nach Brasilien fahren konnte. Der Mietwagenanbieter hatte auch noch eine andere Abgabestation in Argentinien, an der Grenze zu Bolivien. Peter wollte nach unserem Flugabenteuer ohnehin nach Bolivien weiterreisen. Er war damit einverstanden, von Rio aus zurückzufahren und das Auto an dieser Station abzugeben.

Wir versuchten, abzuschalten und trotz der Flugvorbereitungen das Paris Südamerikas zu genießen. So besuchten wir die Kaffeehäuser, die Bibliotheken und Ausstellungen für Design und Kunst.

Es war Montag. Heute sollte endlich die Lieferung des Containers zum Flugplatz erfolgen. Wir fuhren zur Mietwagenstation, um das Auto abzuholen, und anschließend zum Containerhafen. Der Mitarbeiter unseres Zolldienstleisters, Marcelo, trabte dort mit rotem Kopf zwischen den unterschiedlichen Zollabteilungen hin und her. Mal musste eine Gebühr bezahlt werden, dann wurde ein zusätzlicher Stempel benötigt.

»Der Zoll will die Fahrgestellnummer überprüfen«, sagte er schließlich zu mir.

Wir gingen mit Marcelo und einem Zollbeamten auf Nummernsuche. An einer Laderampe standen bestimmt 30 Lastwagen rückwärts geparkt. Einige Container waren geöffnet und wurden von Zollbeamten durchstöbert. Der Zollbeamte suchte anhand eines Formulares unseren Container. Schließlich ging er auf der Ladefläche eines Lkws zu einem Container, der noch verplombt war. Er ließ sich von einem der umstehenden Arbeiter einen Bolzenschneider geben und brach die Plombe auf.

Dann öffneten Marcelo und der Beamte die Containertüren. Der Beamte machte sich mit einer Taschenlampe auf die Suche nach der gewünschten Rahmennummer und wurde kurz darauf tatsächlich am Rotormast unten fündig. Er notierte die Nummer und war zufrieden. Die Zollprüfung war damit abgeschlossen. Die Fahrt zum Flughafen konnte beginnen.

Marcelo sagte, wir sollten vor dem Gelände warten, der Lastwagen mit dem Container würde dann gleich durch die Ausfahrt kommen.

Melanie und ich gingen zum Parkplatz vor dem Gelände, stiegen ins Auto zu Peter und warteten neben der Ausfahrt auf den Transport.

Dann erschien er.

Der Lastwagen.

Ich traute meinen Augen kaum, als ich diesen Lkw erblickte.

An der Ausgangskontrolle stand ein uralter Aufliegerlastwagen, der fast auseinanderzufallen schien. Er hatte sogar einen eigenen Namen, der in Form eines Aufklebers auf der gigantischen Motorhaube prangte: »El Abuelo – der Großvater«.

El Abuelo war seit 70 Jahren in Betrieb. Er hatte nur noch einen einzigen Frontscheinwerfer. Dort, wo der zweite eigentlich sein sollte, klaffte ein großes Loch. Die rote Farbe blätterte von der rostigen Karosserie. Der rechte Kotflügel war offenbar bei einem Unfall verbeult worden. Die grau lackierten Türen stammten von einem anderen Lkw. Die Fenster ließen sich nicht mehr schließen. Im Fahrerhaus herrschte heilloses Chaos. Kabel hingen lose herum. Die Türenverkleidung war herausgerissen. Der dadurch frei gewordene Hohlraum in den Türen war mit einer dicken schwarzen Öl- oder Teerschicht verdreckt. Das Profil der Reifen war restlos abgefahren und nur noch eine spiegelglatte Fläche.

»Könntest du bitte bei El Abuelo mitfahren?«, fragte ich Peter. »Komm, steig ein, wir fahren zum Flugplatz«, rief ich Melanie zu und sprang ins Auto. Peter schwang sich zum Fahrer ins Führerhaus von El Abuelo. Melanie und ich fuhren voraus. El Abuelo folgte uns, eine schwarze Abgaswolke produzierend.

Wir erreichten eine Stunde später den Flugplatz. Melanie und ich bogen von der Straße rechts ab, fuhren den vom Regen aufgeweichten Weg sowie das letzte Stück über die sumpfige Wiese zum Hangar. El Abuelo folgte.

Hugo und sein Sohn Marco kamen in ihrem Geländewagen fast zeitgleich am Flugplatz an. Ich war froh, die beiden zu sehen. Dieses Mal hatten wir genug Unterstützer für das Ausladen des Tragschraubers aus dem Container.

El Abuelo war den Weg bis zur Wiese gefahren und hielt dort erst einmal an. Peter hatte die Fahrt sichtlich Spaß bereitet. Grinsend sprang er aus dem Führerhaus und begrüßte Hugo und Marco.

Hugo erklärte dem Fahrer des Lastwagens, wie er zum Hangar fahren sollte. Der Fahrer gab Gas und produzierte wieder eine schwarze Abgaswolke. Er gab noch mehr Gas, aber nichts bewegte sich. Die profillosen Reifen drehten durch und gruben sich immer tiefer in das sumpfige Gras ein. Der schwere Lastwagen steckte fest und kam weder vorwärts noch rückwärts voran.

Wir hatten ein neues Problem.

Der Fahrer stellte den Motor ab und stieg aus. Die Reifen waren bereits gut zehn Zentimeter im Gras eingesunken. Hugo streute Kalkpulver auf und vor die Reifen und brachte Holzbretter, die er vor die Reifen in die bereits entstandene Mulden klemmte. Doch die Reifen kamen nicht aus den Mulden, der Lkw saß weiterhin fest. Dann versuchten sie vergeblich, mit dem Geländewagen den Lkw aus dem Morast zu ziehen.

Schließlich rannte Hugo zu einem benachbarten Bauernhof. Die Sonne war zwischenzeitlich untergegangen, wir hatten allenfalls noch eine halbe Stunde Tageslicht, dann würden wir im Dunkeln fortfahren müssen.

Etwa zehn Minuten später kamen Hugo und der Bauer mit einem Traktor. Mit Traktor, Geländewagen und Muskelkraft gelang es endlich, den Lkw freizubekommen. In zweistündiger Arbeit schafften wir es, den Tragschrauber aus dem Container und vom Lkw zu wuchten. Da es bereits spät war, beschlossen Peter, Melanie und ich, erst am nächsten Tag mit der Montage zu beginnen. Es war dunkel geworden, und wir konnten ohnehin kaum noch etwas sehen.

Den nächsten Tag benötigten wir vollständig, um die Räder

und den Rotor zu montieren. Immer wieder mussten Melanie und ich mit dem Auto in den nächstgrößeren Ort fahren, um das jeweils fehlende Werkzeug zu finden. Dann war ein spezielles Fett für den Rotorbolzen das Letzte, was uns zum Start fehlte. Wir verbrachten fast drei Stunden damit, dieses Fett zu finden. Weder an Tankstellen noch an Autowerkstätten noch beim lokalen Schmierstoffhändler wurden wir fündig. Allerdings führte uns ein Hinweis des Schmierstoffhändlers zu einer nahe gelegenen Mercedes-Benz Vertragswerkstatt. Die hatten das Fett tatsächlich vorrätig. In einem winzigen Döschen befand sich gerade die erforderliche Menge.

5

Während am nächsten Tag in der Innenstadt von Buenos Aires die Sonne schien, verschlechterte sich das Wetter auf der Fahrt zum Flugplatz immer mehr. Es regnete, und der Regen schien umso heftiger zu werden, je näher wir zu unserem Tragschrauber kamen.

Kurz bevor wir den Flugplatz erreichten, beschlossen wir daher, unseren heutigen Flug zu verschieben. Wir fuhren stattdessen zu unserem ersten geplanten Zwischenstopp, dem Flugplatz General Rodriguez, der westlich von Buenos Aires etwa eine Autostunde außerhalb der Innenstadt lag.

Dort lernten wir den vollbärtigen Ernesto kennen, den Besitzer des dort angesiedelten Flugzeugmontagewerkes. Ernesto bot uns einen Hangarplatz an, wenn wir mit dem Tragschrauber angeflogen kommen würden. Er verkaufte uns Karten von Argentinien und Brasilien und gab uns zahllose gute Tipps für unsere Routenplanung.

Nach einer weiteren Nacht in Buenos Aires schien ein guter Tag für unseren Abflug gekommen. Der Himmel war zwar dicht bewölkt, jedoch regnete es nicht. Melanie, Peter und ich machten uns frühzeitig auf den Weg zur FlyRanch am Flugplatz Gomez. Es hatte am Vortag eine Menge Regen gegeben und ich war gespannt, in welchem Zustand sich die Graspiste des Flugplatzes befand.

Peter bog schließlich von der Straße ab und fuhr mit dem üblichen Schwung auf den Feldweg zum Flugplatz. Der Wagen driftete auf dem Schlamm zum rechten Rand der Böschung, die steil hinab in eines der Wasserlöcher führte. Melanie schrie:

»Was machst du?« Der Wagen driftete ungebremst über den Rand der Böschung hinweg, setzte mit dem Boden auf und stoppte erst an einem Busch direkt über dem Abhang. Die Vorderräder hingen in der Luft, und das Auto drohte, jeden Moment nach vorn zu kippen und ins Wasser zu rutschen. Ich schnappte nach Luft und hielt mich am Griff über der Türe fest.

»Ich konnte nichts tun, der Weg ist wie Glatteis«, beteuerte Peter. »Ich habe die letzten 30 Jahre keinen Autounfall gehabt, so etwas habe ich noch nie erlebt«, stammelte er. Der Regen des Vortages hatte die obere Schicht des Weges in glitschigen Schlamm verwandelt. Die Schlammschicht war wie Seife und bot den Rädern trotz Profil keinerlei Halt mehr.

Jetzt steckten wir fest. Ohne fremde Hilfe würden wir das Auto nicht mehr herausbekommen.

»Wir müssen ganz vorsichtig aussteigen, damit das Auto dabei nicht nach vorn kippt«, rief Melanie. Langsam öffnete Peter die Fahrertüre und schob ein Bein vor. Dann das andere. Achtsam hob er sich mit beiden Händen aus dem Sitz. Dann war ich dran. Ich klammerte mich an den Busch, der uns vor dem Abrutschen in das Gewässer bewahrt hatte. Auch Melanie schaffte es vom Rücksitz in den Schlamm des Weges.

Zu allem Überfluss begann es jetzt wieder zu regnen. Melanie, Peter und ich standen knöcheltief im Schlamm.

»Ich geh zum Bauernhof hinüber«, sagte Melanie. »Vielleicht hilft uns der Bauer noch einmal mit seinem Traktor. Er müsste uns jetzt ja schon kennen«, sie zwinkerte uns zu.

Nach 15 Minuten kehrte Melanie zurück, mit Traktor und Seil. Der Traktor hatte ein leichtes Spiel, das Auto aus der misslichen Lage zu ziehen. Der Bauer erhielt von Peter ein saftiges Trinkgeld. Wir machten uns auf den Rückweg nach Buenos Aires. Bei dem Matsch gab es heute kein Durchkommen zum Hangar.

6

Am nächsten Tag war es endlich so weit. Wir hatten eine andere Zufahrt über die Graspiste gefunden. Peter und ich machten die ersten Tests mit dem Tragschrauber. Der Motor sprang sofort an und lief rund. Der Prerotator funktionierte bestens. Erst wollten wir ein paar Krähenhopser machen, um ein Gefühl dafür zu bekommen, ob alles richtig saß.

Wir ließen den Motor warm laufen und rollten durch die nasse Wiese bis zum Ende der Piste. Ein kleiner Vogel brütete direkt auf dem Mittelstrich der Pistenmarkierung. Ich konnte vom Tragschrauber aus die Eier im Nest sehen. Mit heldenhaftem Mut stand der kleine schwarze Vogel vor dem Tragschrauber und machte Drohgebärden. Wir umfuhren das Gelege, so gut es eben ging.

Dann begannen wir, vorzurotieren, gaben Vollgas und starteten.

»Der Motor bringt nicht genug Leistung«, rief ich in den Bordfunk. »Wir kommen einfach nicht hoch.«

»Wir brechen ab«, rief ich, »lass uns erst noch einmal in Ruhe alles am Boden anschauen.« Ich überlegte, was die Ursache sein konnte, dass wir nicht richtig vom Boden wegkamen. Die Blattstellung des Verstellpropellers war nicht auf höchste Leistung eingestellt, daher entwickelte der Propeller nicht den für den Start erforderlichen Schub.

Peter und ich rollten zurück zum Hangar. Wir mussten den Verstellmotor für die Blattstellung des Propellers überprüfen. Bei eingeschalteter Stromversorgung funktioniert der Verstellmotor nicht. Wir versuchten es noch einmal bei laufendem Motor. Jetzt funktionierte die Einstellung wieder. Vielleicht gab es einen Wackelkontakt, oder es war Feuchtigkeit in die Steuerung geraten?

»Wir haben jetzt jedenfalls höchste Leistung eingestellt. Wenn wir das im Flug nicht mehr verstellen, müssten wir es heute noch zumindest bis zum Flugplatz General Rodriguez schaffen«, sagte Peter.

Die erste Etappe wollten Peter und ich fliegen. Melanie würde das Stück vom Flugplatz Gomez bis General Rodriguez mit dem Auto fahren. Wir verabschiedeten uns von Melanie und starteten.

Der Motor lief gleichmäßig, wir hatten die volle Startleistung. Es war lausig kalt, und ich konnte den ersten Flug in Lateinamerika zunächst nicht recht genießen.

Doch die Sicht war spektakulär. Das Land stand nach den Regenfällen der letzten Wochen weitflächig unter Wasser. Die Sonnenstrahlen stießen durch die Wolken. Die unter uns vorbeiziehende endlos weite Landschaft erschien in den gedeckten Farben des Herbstes, in Olivgrün, Bordeauxrot und Braun. Das Bordeauxrot wurde vermutlich durch Algenwuchs auf den überschwemmten Wiesen hervorgerufen.

Nach etwa einer Stunde setzten wir zur Landung an und hatten die ersten 140 Kilometer unserer letzten Etappe der Weltreise mit Tragschrauber durch Argentinien und Brasilien sicher zurückgelegt.

Wir schoben den Tragschrauber für die Nacht in Ernestos Hangar und warteten auf Melanie, die uns mit dem Auto zurück nach Buenos Aires bringen würde.

Nach einer letzten Nacht in Buenos Aires fuhren Peter, Melanie und ich am Morgen zurück zum Flugplatz General Rodriguez. Wir machten uns zwei Stunden später bei aufklarendem Himmel startbereit und bedankten uns bei Ernesto für den Hangarplatz sowie die Tipps für unsere Routenplanung. Dann flogen wir gut 400 Kilometer über das Flussdelta des Río Paraná und weiter entlang des Río Uruguay.

Große Containerschiffe fuhren auf dem sich durch die Landschaft schlängelnden Río Uruguay, der die Wirtschaft von Paraguay, Uruguay, Brasilien und Argentinien miteinander verband.

Abgesehen davon, dass es nach wie vor mit 4 °C lausig kalt war, verlief der ruhige Flug angenehm.

Plötzlich fiel ohne Vorankündigung das Navigationssystem aus.

»Das ist bestimmt nur kurzzeitig. Kannst ja erst einmal nach Landmarken weiterfliegen«, antwortete Melanie beruhigend über den Bordfunk. Nach zehn Minuten hatten wir immer noch keinen Satellitenkontakt.

»Wir haben ein Problem. Ich weiß nicht mehr genau, wo wir hinfliegen. Ohne Navigationssystem wird es schwierig, den nächsten Flugplatz zu finden«, rief ich nervös.

»Ich versuche, das Navigationssystem neu zu starten.«

»Wie sieht es mit dem Kompass aus?«, fragte Melanie.

»Der spielt verrückt und scheint sich mit dem Rotor zu drehen«, sagte ich mit gepresster Stimme.

»Unmöglich, hierüber zu navigieren.«

Ich dachte über mögliche Ursachen nach.

»Innerhalb Argentiniens verläuft großflächig eine Singularität des Erdmagnetfeldes«, rief ich. »Das könnte sowohl für den verrücktspielenden Kompass verantwortlich sein als auch für den Ausfall des Navigationssytems«, sagte ich.

»Haben wir wieder Kontakt?«, fragte Melanie.

»Negativ«, rief ich und erklärte:

»Die Singularität verursacht, dass sich Teile des Magnetfeldes umkehren. In einigen Jahrtausenden wird sich die Polung der Erde insgesamt umkehren. Das hier ist gewissermaßen der kleine Beginn dieses Prozesses. Das heißt, hier wird die Wirkung des Erdmagnetfelds im Grunde genommen neutralisiert.

Dadurch ist der Kompass orientierungslos. Das wäre nicht so schlimm, wenn die Magnetfeldschwäche nicht auch noch einen zweiten Effekt hätte. Sonnenwind, das heißt gebündelte Partikelstrahlung von der Sonne, kann hier aus dem Weltall ungehindert tief in die Atmosphäre vordringen.

Dadurch werden auch die GPS-Satelliten in ihrer Funktion beeinträchtigt.« Ich war nur irgendwie nicht davon ausgegangen, dass das uns betreffen würde.

»Ich habe das Navigationssystem neu gestartet. Leider ohne Effekt. Weißt du, wo wir sind?«, fragte ich Melanie. Wir flogen jetzt bereits seit 20 Minuten ohne Kontakt zu den Satelliten.

»Ich denke, wir sind noch auf Kurs. Wir sind der Straße gefolgt, das müsste die Straße sein, die über weite Strecken parallel zu unserer Route verläuft.«, sagte sie.

»Wenn wir nicht bald wieder auf Empfang sind, schlage ich vor, dass wir umkehren, solange wir noch eine Vorstellung davon haben, wo wir sind. Hier steht ja alles unter Wasser. Wir müssen also auf jeden Fall einen Flugplatz für die Landung finden. Und General Rodriguez zu finden, wird einfacher als Gualeguaychú, zumal wir da noch nie waren«, rief ich.

»Das Navigationssystem hat wieder Kontakt! Wir sind nur wenige Kilometer vom Kurs abgewichen«, meldete ich kurz darauf erleichtert. Wir flogen weiter über die ausgedehnten Wasserflächen des Deltagebietes. Unter uns nur Wasser und Sumpf.

»Nach dem etwa zweistündigen Flug landeten wir auf dem ersten kontrollierten Flugplatz in Argentinien, in Gualeguaychú. Das hieß, wir mussten auf Spanisch funken, was wir zuletzt auf unserem europäischen Flug in Spanien praktiziert hatten.

Melanie übernahm den Funk und meldete uns zur Landung an. Tatsächlich antwortete uns der Tower von Gualeguaychú auch auf Spanisch. Allerdings verstand ich kein Wort von dem, was der Tower sagte.

»Wir sagen jetzt einfach immer per Funk, was wir machen und gehen zur Landung über. Solange die wissen, wo wir sind und was wir machen, kann eigentlich nicht viel passieren.« Ich hatte auf unserem Flug bisher ohnehin nur ein einziges anderes Kleinflugzeug gesehen. Die Privatfliegerei schien aktuell in Argentinien nicht so verbreitet zu sein. Es gab also wenig Verkehr und damit wenig Kollisionsprobleme.

Kaum dass wir in Gualeguaychú gelandet waren, versammelten sich an die 20 fröhliche Argentinier um unseren Tragschrauber und stellten neugierig Fragen. Nachdem Peter mit dem Auto eingetroffen war, tankten wir den Tragschrauber aus den bereits am Morgen in Buenos Aires gefüllten Kanistern. Dann flogen Melanie und ich weiter in Richtung Concordia.

»Palmenhaine!«, rief Melanie begeistert. »Bis zum Horizont Palmen, juchhuu …«, frohlockte sie. Aus der Luft wirkten die Palmen, als habe jemand Tausende von Stecknadeln in die Landschaft gesteckt. Die kugelförmigen Blätterkronen der Palmen und die nackten, astlosen Stämme sahen von oben kurios aus. Ein Anblick, den wir noch nie woanders gesehen hatten.

Nach dem heute insgesamt fast fünfstündigen Flug waren wir erleichtert, als wir die Piste von Concordia sahen.

»Was ist denn das für eine Piste?«, rief ich erstaunt im Anflug. Die Piste verlief in Wellenform erst abwärts durch eine Senke und auf der anderen Seite wieder den Hügel hinauf.

»Das sind fast 20 Meter Höhenunterschied«, meinte Melanie. Sie ließ im Landeanflug mehr Gas stehen als sonst. Damit konnte sie auch besser auf die Höhenunterschiede reagieren.

Sie setzte sanft auf der Wiese auf, und wir fuhren hoch zum Hangar. Dann schaltete sie den Motor ab.

Es herrschte eine herrliche Stille auf dem Flugplatz. Der etwa 70-jährige Flugplatzwart Anibal tippte zur Begrüßung mit zwei Fingern an seine Baskenmütze. Gemeinsam mit seiner halb blinden Frau Nena saß er auf einer Bank vor dem Hangar und genoß die letzten Strahlen der Abendsonne. Anibal bot uns Matetee aus einem Lederbecher an. Der Becher war bis oben hin mit Teeblättern vollgestopft. Er goss immer wieder heißes Wasser in den Becher nach. Dann saugte er den Tee durch ein silbernes Trinkröhrchen. Der Tee hatte eine beruhigende und entspannende Wirkung. Hier war Argentinien so, wie ich es mir vorgestellt hatte.

7

»Verlieren wir Bremsflüssigkeit?«, fragte ich am nächsten Morgen besorgt. Ich tippte den Finger noch einmal in die kleine gelbliche Lache neben dem Rad des Tragschraubers. Ich roch daran. Seltsam, Öl war es offenbar nicht. Es war nicht schmierig und roch nach nichts. Dennoch sah es auf dem Betonboden des Hangars des Aeroclubs Concordia aus wie Bremsflüssigkeit.

Melanie und Peter blickten mich fragend an.

Anibal schmunzelte und schlich sich aus dem Hangar.

Sein Hund trabte hinterher.

Sein Hund?

»Ah verflixt«, fluchte ich und wischte mir wie ein Wahnsinniger die Finger an der Hose ab, »der Mistköter hat an den Radkasten gepinkelt«.

Ich rannte auf die Toilette und wusch mir wie ein Verrückter die Hände. Melanie plante die weitere Etappe und aktivierte die Route auf unserem Navigationssystem. »Der Akku ist fast leer«, sagte sie dabei.

»Wie kann das denn sein?«, fragte ich.

»Das wird doch im Flieger über den Bordstrom ständig aufgeladen. Haben wir das über Nacht angelassen?«

»Nein, ich musste es vorhin erst einschalten«, sagte Melanie.

»Dann müssen wir im Cockpit einen Wackelkontakt haben«, meinte ich.

»Der Verstellpropeller hat anfangs ja auch nicht funktioniert«, fügte Peter an.

»Irgendetwas stimmt mit der Stromversorgung nicht«, sagte ich. Ich schloss das Navigationsgerät an den Netzstecker im Fliegerheim an, damit der Akku wenigstens am Boden noch aufgeladen werden konnte. Als Melanie und Peter startbereit waren, zeigte der Akku dennoch nur etwa zwei Stunden Laufzeit an.

»Das wird auf jeden Fall für euren Flug bis nach Yapeyú reichen«, sagte ich an Melanie gewandt.

Melanie und Peter stiegen in den Tragschrauber ein, rollten zum Ende der Piste und verschwanden hinter dem Berg. Sie starteten die Anhöhe hinauf. Am Scheitelpunkt der Erhebung in der Mitte der Piste schanzte der Tragschrauber in die Luft. Schnell gewannen die beiden an Höhe, drehten in einer Kurve auf Reisekurs. Dann wurde das Brummen immer leiser und der

Tragschrauber zu einem kleiner werdenden Punkt. Der Flug ging weiter entlang des Río Uruguay in Richtung Norden.

Ich packte die Kanister ins Auto. Dann verabschiedete ich mich bei Anibal und Nena, warf noch einen strafenden Blick auf den vor seiner Hütte angeleinten Hund und fuhr Melanie und Peter mit dem Wagen hinterher.

Die anfängliche Bewölkung klarte auf und die Sonne strahlte vom blauen Himmel. Ich fuhr, so schnell ich konnte. Aber über Kilometer hinweg war die Geschwindigkeit wegen Bauarbeiten nur auf 30 Stundenkilometer begrenzt. Ich lernte schnell, dass sich in Argentinien niemand daran hielt. Während ich anfänglich noch mit 30 über die Landstraße tuckerte, schossen andere Autos mit geschätzten 130 an mir vorbei und scherten sich nicht um die Tempolimits.

Gegen 14:00 Uhr erreichte ich laut meiner Straßennavigation den Flugplatz. Links von der Straße konnte ich einen Flugplatz erkennen, das Navigationssystem aber beharrte darauf, dass der Flugplatz rechts der Straße sei.

Ich bog daher rechts von der Straße ab und fuhr in einen von dichten, halbhohen Büschen gesäumten Feldweg. Ein Gaucho stand am Wegesrand und striegelte ein Pferd. Ich hielt vorsichtig neben ihm, ohne das Pferd zu erschrecken, und fragte nach dem kleinen Flugplatz.

»Hier ist kein Flugplatz«, sagte er.

»Sie müssen vorfahren zur Hauptstraße, nach links abbiegen. Da kommt rechter Hand ein Flugplatz«, erklärte er.

»Wobei«, er hielt kurz inne, »wenn Sie den Weg hier weiterfahren, kommen Sie zur Estancia Yapeyú. Da landen gelegentlich auch Flugzeuge.« Das klang sehr nach dem Platz, den ich suchte. Ich bedankte mich und fuhr den steinigen Weg weiter durch die ländlich abgelegene Idylle.

Durch eine Eingebung blickte ich in dem Moment nach links, in dem ich an Melanie und Peter vorbeifuhr. Ich trat in die Bremse und fuhr zurück. Hinter einem Weidezaun stand der Tragschrauber mitten auf der Wiese einer Pferdekoppel.

Melanie und Peter winkten. Ein Ehepaar mit zwei Kindern schaute sich interessiert das Flugzeug an. Die Frau wirkte wie dem Deutschland Ende des 19. Jahrhunderts entsprungen. Sie hatte ihr langes blondes Haar zu einem Zopf geflochten und trug ein züchtiges Kleid, dessen Rocklänge weit über die Knie ging. Sie hatte die strengen Gesichtszüge, die man oft auf den damals gemachten Fotos an den Menschen beobachten konnte.

Das Ehepaar arbeitete in der Hauswirtschaft auf dem Landgut. Die Frau hatte tatsächlich deutsche Vorfahren, während seine Wurzeln in Uruguay lagen.

»Seid ihr auf einem Bauernhof gelandet?«, fragte ich Melanie, als ich aus dem Auto ausstieg. »Ja, und auf was für einem!«, antwortete Melanie begeistert.

»Wir haben das Gelände schon ein wenig erkundet, es ist traumhaft hier!«, sagte Peter. Ich machte mich daran, den Tragschrauber mit den mitgebrachten Kanistern aufzutanken.

»Das Navigationsgerät hat keinen Strom mehr«, sagte Melanie.

»Wir fliegen einfach anhand der Karte weiter. Wir schalten dann das Navigationsgerät kurz vor unserem heutigen Tagesziel in Apostoles wieder an. Für einige Minuten wird der Strom schon noch reichen«, sagte Peter. Ich war nicht so optimistisch. Außerdem traute ich unserem Kartenmaterial nicht recht. Auch wurden Straßen, an denen man sich eventuell noch hätte orientieren können, immer seltener. Wir kannten die Gegend nicht. Ich hatte mir geschworen, keine unnötige Risiken einzugehen.

»Wir bleiben heute Nacht hier und fliegen mit aufgeladenem Akku des Navigationssystems morgen weiter«, sagte ich. Ich konnte Peters Enttäuschung spüren, aber er sagte nichts. Letztlich freuten wir uns alle über die Nacht auf der märchenhaften Estancia.

Melanie und Peter trieben eine blökende Schafherde vor sich her, als sie mit dem Tragschrauber die Weide entlangfuhren. Sie wollten das Flugzeug für die Nacht in einer der Scheunen des Landguts unterstellen. Ich fuhr mit dem Auto hinterher und parkte es direkt neben dem Tragschrauber in der Scheune.

Zu dem 400 Jahre alten Landgut gehörten 2700 Hektar, auf denen Viehzucht und Forstwirtschaft betrieben wurden. Einige Bäche flossen durch das Gut und mündeten im Río Uruguay. Das rote Ziegelgebäude mit den weiß eingefassten Fenstern wies einen quadratischen Grundriss mit Innenhof auf. Die Zimmer waren um den Innenhof herum angelegt. Das Dach fiel von den Außenmauern nach innen hin schräg ab. Die in den Park gerichteten hohen Fenster reichten fast vom Boden bis zur Decke. Die verschnörkelten Eisengitter vor den Fenstern verliehen dem Haus eine herrschaftliche Note.

Im Gebäude gab es einen Kaminraum, eine Bibliothek sowie zwei Speisesäle. Die Küche wirkte mit den emailleüberzogenen Gerätschaften und dem Holzofen wie ein Kleinod aus Großmutters Puppenstube. Das heimelige Haus glich einem Museum.

Melanie, Peter und ich beschlossen, vor dem Abendessen auf der argentinischen Estancia in das nahe gelegene, ebenfalls 400 Jahre alte Örtchen Yapeyú zu fahren.

1627 gründeten hier die Jesuiten eine gemeinsame Siedlung mit den hier ursprünglich ansässigen Guarani-Indianern. 1767 wurden die Jesuiten von der spanischen Krone vertrieben. 1778 wurde in Yapeyú José de San Martín geboren. Er erhielt in Spanien eine militärische Ausbildung, kehrte dann aber nach Südamerika zurück. José de San Martín befreite weite Teile Südamerikas von den Spaniern, weil er die Zeit für eine Unabhängigkeit der Kolonien vom Mutterland für gekommen hielt.

In Yapeyú wurde er als einer der bedeutendsten Helden der amerikanischen Befreiungsbewegung verehrt. Man hatte die Grundmauern seines elterlichen Geburtshauses mit einem strahlend weißen Säulenpalast umbaut.

»Wenn der Akku von unserem GPS nicht ausgefallen wäre, hätten wir den wichtigsten Ort Argentiniens gar nicht besucht«, flüsterte mir Melanie zur. Das Navigationsgerät funktionierte auf allen nachfolgenden Flügen des Weltflug-Abenteuers tadellos und wurde wieder vom Bordstrom aufgeladen. Wir haben die Ursache für das einmalige Entladen der Batterie des Systems auch später nicht herausgefunden.

Melanie, Peter und ich waren heute Nacht die einzigen Gäste im altehrwürdigen Gemäuer des Landguts. Die Haushälterin bereitete ein Drei-Gänge-Menü vor, zu dem es hervorragenden argentinischen Wein gab. Ihr Mann hatte im Kaminzimmer ein knisterndes Holzfeuer entfacht. Peter, Melanie und ich verbrachten nach dem Essen noch die halbe Nacht auf einem Schaffell vor dem Kamin sitzend und unterhielten uns über die noch vor uns stehenden Herausforderungen.

8

5 000 000 (!) Liter Wasser stürzten jede Sekunde über 80 Meter in die Tiefe. Das ohrenbetäubende Rauschen der tosenden Wassermassen übertönte jedes andere Geräusch. Melanie, Peter und ich standen auf dem Steg oberhalb der Wasserfälle von Iguazú und blickten am bisherigen Höhepunkt unserer Argentinienreise andächtig in die Tiefe. Der Sog des fallenden Wassers schien uns förmlich nach unten zu ziehen. Immerfeuchter tropischer Bewuchs, Schlangen, exotische Vögel und Schmetterlinge, wie wir sie noch nie zuvor gesehen hatten, waren das Ergebnis der permanent aufsteigenden Dampfwolken des größten aller irdischen Wasserfälle. Dieser hatte hier sein eigenes Mikroklima und damit ein Naturparadies geschaffen.

Durch den Wasserdampf bildete sich am Fuß der Fälle ein permanenter, fantastisch in allen Farben leuchtender Regenbogen. Ein Vogel, etwa so groß wie eine Saatkrähe, mit hellgelben Augen, schwarzem Gefieder, zitronengelber Brust und blauen Nackenfedern entwickelte Interesse an Fressbarem und beobachtete von einem Baum aus jede unserer Bewegungen. Die Natur hatte sich ausgesprochen gut mit den Touristenströmen arrangiert.

Putzige Nasenbären wackelten in aller Seelenruhe zu den Außentischen der Restaurants und Cafés im Nationalpark von Iguazú. Ein besonders dreister Bär ließ sich nicht weiter davon stören, dass eine Familie mit zwei Mädchen am Tisch gerade essen wollte. Kurzerhand kletterte der Frechdachs auf einen noch freien Stuhl am Tisch und nahm im Kreise der Familie Platz.

Er blickte neugierig über den Tisch, was es Leckeres für ihn zu Fressen gab, schleckte sich das Maul und griff zu. Erst zog er einem der so verdutzten wie verängstigten Mädchen die Pappschachtel mit Pommes weg und begann genussvoll, die frittierten Kartoffeln zu fressen. Besonders hatte es ihm die kalorienreiche Mayonnaise angetan, die er sorgfältig aus der Schachtel leckte. Die Familie war entsetzt aufgestanden und vom Tisch zurückgewichen. Den Nasenbären störte das nicht, er kratzte sich am Bauch. Dann stürzte er einen Becher mit brauner Limonade um und schlabberte schmatzend das Zuckerwasser.

Auf dem Rückweg zu unserem Tragschrauber fuhren wir beim argentinischen Flughafen Cataratas del Iguazú vorbei. Melanie und ich sprachen mit dem Flugleiter und kündigten unseren Anflug für den nächsten Morgen an. Der internationale Flughafen vor der brasilianischen Grenze war wichtig für unsere Zollabwicklung. Wir würden uns gewissermaßen hier aus Argentinien abmelden. Dann mussten wir zum 30 Minuten entfernten, auf brasilianischer Seite liegenden internationalen Flughafen *Foz do Iguaçu* fliegen. Dort würden wir die Anmeldung und den Zoll auf brasilianischer Seite vornehmen. Ich hoffte inständig, dass es dieses Mal nicht wieder drei Wochen dauern würde.

9

Über den sanft hügeligen Urwald unter uns zog sich ein Nebelschleier wie feine Spinnweben über ein herbstliches Moosbett. Die Wolken bildeten ein Leopardenmuster am Himmel. Sonnenstrahlen drangen durch Wolkenlücken hindurch tief in den Dunst der Atmosphäre ein. Die morgendliche Stimmung auf unserem Flug nach Cataratas hatte etwas Unwirkliches an sich. Der Rotor erzeugte einen flappenden, etwas helleren Zischton als sonst. Das lag vermutlich an der hohen Luftfeuchtigkeit. Wenn man genau darauf achtete, konnte man feine Unterschiede im Klang des Rotors hören, in Abhängigkeit von Temperatur, Luftfeuchtigkeit und Luftdruck.

Ernesto vom Flugplatz General Rodriguez bei Buenos Aires hatte uns vor unserem Flug nach Foz do Iguaçu vor dem Wetter gewarnt. Ich hörte ihn noch sagen: »Ihr müsst unbedingt in der Mittagszeit dort landen und dann frühzeitig weiterfliegen. Die meiste Zeit im Jahr ist die Atmosphäre in den Tropen so feucht, dass die Nebel und Wolken nur an schönen Tagen für ein bis zwei Stunden aufklaren. Wenn ihr Pech habt, sitzt ihr dort leicht eine Woche lang fest.«

Heute würden wir den Anflug auf Foz do Iguaçu wagen. Hoffentlich hatten wir Glück.

»Da vorn ist schon Cataratas Airport in Sicht«, rief Melanie aufgeregt. Tatsächlich, vor uns lag die Teerpiste, für die eine gewaltige Schneise in den Urwald gerodet worden war. An einigen wenigen Stellen leuchtete die rote Erde durch Lücken im Rasen. Ich funkte:

»Cataratas Tower – Delta-Mike-Mike-Alpha-Lima.« Cataratas antwortete:

»Delta-Mike-Mike-Alpha-Lima, fahren Sie fort.«

»Delta-Mike-Mike-Alpha-Lima, Tragschrauber mit zwei Personen Besatzung, zwei Meilen südlich von Cataratas auf 3500 Fuß, zur Landung«, funkte ich auf Englisch. Cataratas Tower antwortete:

»Delta-Mike-Mike-Alpha-Lima, Piste 13, Wind mit acht Knoten aus 34, melden Sie, wenn Sie in den Gegenanflug auf Piste 13 gehen.« Ich funkte zurück:

»Delta-Mike-Mike-Alpha-Lima, Piste 13, nächste Meldung im Gegenanflug auf 13.«

Ich ging in den Sinkflug über und meldete mich noch einmal beim Tower, als wir in die Platzrunde eintraten. Viele internationale Airlines flogen Cataratas Airport an. Melanie und ich hatten uns über die aktuellen Start- und Landezeiten der großen Airlines informiert, sodass wir jetzt ohne Warteschleifen direkt die Piste anfliegen konnten. Es war gut, dass wir am Vortag bereits persönlich unsere Ankunft angekündigt hatten. Die Mitarbeiter des Flughafens waren sehr freundlich und hilfsbereit. Außerdem interessierten sie sich brennend für den Tragschrauber. So etwas war hier noch nie gelandet. Die Zollformalitäten hatten wir innerhalb von nur 30 Minuten erledigt und wir konnten weiterfliegen.

»Gehen Sie auf direkten Kurs nach Foz do Iguaçu und steigen Sie auf mindestens 4000 Fuß. Melden Sie, wenn Sie die Höhe erreicht haben«, funkte uns der Controller der Flugaufsicht zu. Melanie und ich wären gern tiefer über die Wasserfälle geflogen, aber es war sicherer so. Die Turbulenzen, die die gigantischen fallenden Wassermassen erzeugten, konnten ein Flugzeug leicht nach unten ziehen. Davor hatten uns andere Piloten bereits gewarnt.

Wie ein lang gezogenes breites S schlängelte sich der Fluss durch den Urwald auf die Abbruchkante zu. Schon von Weitem konnten wir die permanent aufsteigenden Dampfwolken am Wasserfall erkennen. Selbst aus unserer Höhe sah der in die Tiefe tosende Fluss spektakulär aus. Die schneeweißen Wasservorhänge über die gesamte Klippe wirkten, als habe der Verpackungskünstler Christo eine Klippe mit weißen Tüchern verhüllt.

Kaum hatten wir die geforderten 4000 Fuß Flughöhe erreicht, mussten wir schon wieder in den Sinkflug für die Landung in Foz do Iguaçu gehen.

»Brasilien, Melanie! Wir sind in Brasilien!«, rief ich begeistert. Ich nahm Funkkontakt mit dem brasilianischen Tower auf. Melanie und ich waren verblüfft, wie der Flughafen mit unserer Landung umging. Wir wurden behandelt, als wären wir ein Jumbo. Es erwartete uns ein »Follow me«-Auto, das mit Blinklicht vorwegfuhr, um unsere Tragschraubermücke zu einem »Elefanten«-Parkplatz zu leiten. An unserer Parkposition wartete bereits ein Einweiser, der mit zwei großen orange leuchtenden runden Winktafeln anzeigte, wo wir zu halten hatten.

»Schau mal, die haben uns sogar einen Bus geschickt«, sagte Melanie fassungslos. Und in der Tat hielt neben unserem kleinen Tragschrauber ein großer Passagierbus.

Der Bus brachte uns zum Flughafen. Wir benötigten drei Stunden für die Zollabwicklung. Die Zöllner entschuldigten sich mehrfach für die langsame Bearbeitung. Das Computersystem funktioniere derzeit nicht recht, dadurch sei es zu dieser unangenehmen Verzögerung gekommen. Melanie zwinkerte mir grinsend zu. Was waren schon drei Stunden gegen die drei Wochen, die wir bei der letzten Zolleinfuhr benötigt hatten?

»Delta-Mike-Mike-Alpha-Lima, ändern Sie sofort Ihren Kurs auf 11, Sie fliegen in einer temporären Verbotszone«, funkte die Frau von der Flugaufsicht auf unserem Weiterflug. Die Verständigung war extrem schlecht. Außerdem machten uns Turbulenzen durch die feuchtschwüle Tropenluft das Leben schwer. Ich hörte die Frau nur mit einem starken Rauschen. Ich änderte den Kurs wie vorgegeben. Allerdings führte uns der Kurs weit von unserem Tagesziel von Cascavel weg.

»Delta-Mike-Mike-Alpha-Lima, Kurs 11 führt uns mit Gegenwind zu weit weg von Sierra-India-Lima-Quebec. Erbitte direkten Kurs zur Destination, da sonst der Sprit nicht reicht«, funkte ich. »Delta-Mike-Mike-Alpha-Lima, setzen Sie Kurs 11 für zehn Meilen fort und gehen sie dann auf direkten Kurs Sierra-India-Lima-Quebec. Bestätigen Sie, ob das möglich ist«, funkte der Controller.

»Das müssten wir hinbekommen«, sagte ich zu Melanie, »was meinst du?«

»Positiv«, rief Melanie, »die weiteren zehn Meilen Umweg machen den Kohl auch nicht mehr fett.« Ich bestätigte den Kurs für die nächsten zehn Meilen, dann flogen wir direkt nach Cascavel, wo wir bei herrlicher Abendsonne landeten.

10

Als das Hangartor aufging, stürmten zwei Kamerateams auf uns zu. Zwei Reporterinnen hielten Melanie Mikrofone entgegen und fragten sie nach ihrer Erfahrung als erste Frau auf der Weltreise mit Tragschrauber. Wir hatten an diesem Morgen bestimmt mit vielem gerechnet, nicht jedoch damit, dass uns das brasilianische Fernsehen im Hangar überfallen würde. Melanie beantwortete die Fragen auf Spanisch. Das würden die brasilianischen Zuschauer schon irgendwie verstehen. Portugiesisch jedenfalls konnte niemand von uns.

Ich bereitete den Tragschrauber vor. Es gab heftigen Wind, und ich wusste nicht, ob wir überhaupt weiterfliegen sollten. Hoffentlich wollten die vom Fernsehen uns jetzt nicht wegfliegen sehen. Ich zog den Check in die Länge und die Teams fuhren schließlich weiter zum nächsten Termin. Zu sehr hatte ich den Ausspruch in Erinnerung: »Filmkameras haben schon mehr Flugzeuge vom Himmel geholt als Kanonen.« Ich hatte keine Ahnung, ob das stimmte.

Die nächste Etappe bis nach Arapongas flogen Melanie und Peter.

Scheinbar langsam hob der Tragschrauber bei dem starken Gegenwind ab. Durch die 75 Stundenkilometer Gegenwind unterwegs kamen die beiden erst kurz vor Sonnenuntergang in Arapongas an. Für die etwas mehr als 300 Kilometer hatten sie einen halben Tag benötigt.

Auf der Autofahrt nach Arapongas machte ich mir schreckliche Vorwürfe, dass ich den Flug heute nicht gestoppt hatte, als ich sah, wie sich die Bäume im Sturm bogen. Auf den Landstraßen hatte ich Mühe, das Auto auf der Straße zu halten. Immer wieder fegten Sturmböen über die Straße hinweg und trieben Staub und Blätter vor sich her. Wenn der Wind am Boden schon nicht einfach war, wie erging es den beiden erst in der Luft?

Im Süden Brasiliens, durch den wir hier reisten, wechselten Wiesen gelegentlich mit Nutzwald ab. Auf den sanfthügeligen Feldern wuchsen schwerpunktmäßig Getreide und Mais. Die Dörfer machten einen gepflegten Eindruck. Die Straßen waren in gutem Zustand und die Menschen schienen recht wohlhabend zu sein. Wir hatten mehrfach gehört, dass der Süden Brasiliens reicher war, der Norden dagegen ärmer. Auf der Südhalbkugel schienen sich die Verhältnisse umzukehren.

11

Am nächsten Morgen flogen Melanie und ich das mit 500 Kilometern bisher weiteste Stück von Arapongas über Ourinho nach Peruíbe an der brasilianischen Atlantikküste.

»Wir haben wieder gut 70 Stundenkilometer Gegenwind«, sagte Melanie nach dem Start. »Wenn das so bleibt, schaffen wir es heute nicht bis nach Peruíbe«, antwortete ich. Wir benötigten für die etwa 200 Kilometer bis nach Ourinho zweieinhalb Stunden. Das war eine Durchschnittsgeschwindigkeit über Boden von gerade einmal 80 Stundenkilometern.

»Mit einem Lastwagen wären wir heute schneller unterwegs«, sagte ich zu Melanie.

Wir ließen die Tanks des Tragschraubers in Ourinhos bis zum obersten Rand volllaufen. Wir würden die Reserven benötigen. Ich überschlug unsere Reichweite. Von Ourinhos nach Peruíbe waren es auf der Straße 568 Kilometer. Die Luftdistanz war etwas weniger als 400 Kilometer.

Wenn der Gegenwind anhielt, würden wir dennoch fünf Stunden für den Flug benötigen. Das hieß, wir mussten in Capão Bonito zwischenlanden.

»Ich habe Capão als Zwischenziel im Navigationssystem einprogrammiert«, sagte Melanie.

Wir flogen weiter in östlicher Richtung, immer dem Wind entgegen. Die Sicht verschlechterte sich. Es war viel Feuchtigkeit in der Luft, und sie erzeugte eine milchige Suppe. Wir überflogen das ausufernde Seengebiet des Represa de Xavantes und des Represa de Jurumirim. Der Gegenwind kam erst zunehmend von der Seite und ließ schließlich ganz nach auf unserem Kurs Richtung Meeresküste. Der Motor brummte gleichmäßig vor sich hin.

»Wir haben jetzt sogar leichten Rückenwind«, rief ich Melanie über Bordfunk zu.

»Wie viel ist es?«, fragte sie.

»Ungefähr zehn Stundenkilometer. Das heißt, wir fliegen

jetzt mit 160 Stundenkilometern über Boden. Das ist nicht schlecht«, rief ich. Noch freuten wir uns über den Rückenwind, der scheinbar zunahm.

»Vielleicht können wir ja sogar durchfliegen und brauchen doch nicht zwischenzutanken«, rief ich.

»Das ist aber auch ein Risiko. Wenn wir wieder Gegenwind bekommen, geht uns mitten über dem Urwald der Sprit aus«, erwiderte Melanie.

»Wenn der Wind so bleibt wie jetzt, können wir durchfliegen«, sagte ich.

»Okay, lass es uns wagen, direkt nach Peruíbe durchzufliegen«, rief Melanie.

Die Landschaft wurde bergig und war mit dichtem Urwald überzogen.

»Weit und breit ist noch nicht einmal eine kleine Landstraße in Sicht«, rief ich Melanie zu. »Keine Landemöglichkeit für die nächsten 100 Kilometer«, gab Melanie durch.

»Wir machen jetzt übrigens 180 Stundenkilometer Bodengeschwindigkeit«, meldete ich erfreut.

»Es ist seltsam, ich weiß nicht, was jetzt passiert«, rief ich, »aber der Rückenwind wird immer noch stärker. Wir fliegen jetzt schon 190 Stundenkilometer.« Zehn Minuten später erreichte die Bodengeschwindigkeit 200 Stundenkilometer. Dann kletterte das Tempo geradezu unheimlich weiter auf 235 (!) Stundenkilometer Bodengeschwindigkeit. Turbulenzen rüttelten am Tragschrauber.

Der starke Wind strich über die Berge unter uns und hob uns erst in die Höhe und ließ uns auf der anderen Seite der Berghänge wieder fallen. Die Sicht wurde schlechter. Es sah nach Regen aus.

»Es scheint fast, als zieht uns der Wind in Richtung eines Tiefdruckgebiets über dem Atlantik«, rief ich in den Bordfunk. »Wir könnten uns über den Rückenwind grundsätzlich ja freuen. Aber das kann im Umkehrschluss nur bedeuten, dass jetzt an unserem Zielflugplatz in Peruíbe Sturm herrscht. Der Wind bläst aufs Meer hinaus und mit 75 Stundenkilometern genau quer zur Landebahn in Peruíbe. Eine Landung ist dann außerhalb der Betriebsgrenzen des Tragschraubers. Umkehren und weiter im Landesinneren in Capão landen geht auch nicht mehr. Bei dem Gegenwind wird der Sprit nicht mehr reichen«, rief ich mit gepresster Stimme. Wir flogen in den Sturm.

12

Peter war bereits vor unserem Start mit dem Auto losgefahren. Er hatte einen langen Tag vor sich. Fast zehn Stunden Autofahrt würde er benötigen, um durch die kurvigen und bergigen Straßen bis zum Küstenort Peruíbe zu gelangen.

Nach etwa zwei Stunden Autofahrt geriet der Australier in eine Polizeikontrolle. Ein Polizist winkte ihn mit der Kelle auf einen Parkplatz neben der Straße.

Peter ließ das Fenster auf der Fahrerseite herunter. Ein dicker Polizist mit Sonnenbrille und sandfarbener Uniform reichte ihm seine bärige Pranke ins Auto und schüttelte fröhlich Peters Hand.

Peter war erstaunt. Es war, als freue sich der Polizist, ihn zu sehen und ihm die Hand zu schütteln. Die wollen doch bestimmt Geld kassieren, dachte Peter grimmig und versuchte, gute Miene zum bösen Spiel zu machen.

Es kamen zwei weitere Polizisten mit den in Südamerika bei der Polizei besonders beliebten verspiegelten Sonnenbrillen dazu. Neugierig schlichen sie um das Auto. Peters gleich zu Anfang gerufenes »No Portugués, no Portugués« erwies sich als zwecklos. Die Polizisten sprachen tadelloses Englisch.

»Woher kommen Sie?«, wollte der Dicke wissen.

»Aus Australien«, antwortete Peter. Peter traute seinen Augen nicht, als er sah, was dann geschah.

Die drei Polizisten stellten sich hintereinander auf, gingen etwas in die Hocke und hoben die Arme angewinkelt vor sich. Dann hüpften sie auf Kommando gleichzeitig los und krähten dazu:

»Känguru, Känguru, Känguru …« Der Anblick der hüpfenden Polizisten war irre komisch. Peter konnte sich nicht beherrschen und lachte. Was war das denn? Hatten die Polizisten Joints geraucht?

»So, jetzt steigen Sie bitte einmal aus«, sagte der Dicke wieder ernst an Peter gewandt. »Machen Sie den Kofferraum auf«, fügte er an. Peter stieg aus und schloss den Kofferraum auf. Im Kofferraum befanden sich Teile unserer Kameraausrüstung, die Benzinkanister, unsere Notebooks sowie unser Koffer. Den Notebook-Rucksack sowie den Koffer hatten Melanie und ich auf unserem Weltflug gewohnheitsmäßig mit je einem kleinen Vorhängeschloss verschlossen.

»Wofür benötigen Sie denn so viel Benzin?«, fragte einer der drei Polizisten. Peter überlegte kurz, was er sagen sollte. Die Geschichte vom um die Welt fliegenden Fliewatüüt, dem er nun hinterherfuhr, würden ihm die Beamten wohl nicht glauben. Bevor er etwas sagen konnte, übernahm ein anderer Polizist für ihn die Erklärung.

»Das ist Reserve, falls unterwegs keine Tankstelle kommt«, sagte der Polizist kichernd zu dem Kollegen, der die Frage gestellt hatte. Alle drei Polizisten grinsten. Peter beschloss, ebenfalls zu grinsen, und nickte mit dem Kopf, ohne etwas zu sagen.

Einer der Beamten zog den Koffer von Melanie und mir aus dem Auto und stellte ihn auf dem Boden ab.

»Machen Sie doch bitte mal den Koffer auf«, bat er Peter. Jetzt saß Peter in der Tinte.

»Ich habe keinen Schlüssel für das Schloss«, sagte er nach einigem Zögern.

»Wie, Sie haben keinen Schlüssel?«, fragte der Polizist mit hochgezogenen Augenbrauen.

»Sie müssen doch einen Schlüssel für Ihr Gepäck haben«, fragte er erstaunt. Peter begann nun doch, die Geschichte vom Fliewatüüt zu erzählen.

»Ich fahre den Sprit und das Gepäck nach Peruíbe. Dort treffe ich mich wieder mit dem Pilotenteam, das mit einem kleinen Helikopter dorthin fliegt«, erklärte er. Die drei Polizisten hörten sich staunend die Geschichte an, mit der Peter erklären wollte, warum er keinen Schlüssel für das Gepäck in dem Auto hatte, mit dem er herumfuhr.

»Treten Sie zur Seite«, rief der Dicke. Er zog seine Pistole aus dem Halfter und richtete die Pistole auf das Vorhängeschloss des Koffers. Die beiden anderen Polizisten hatten sich weggedreht und hielten sich mit den Händen beide Ohren zu. Peter sprang in einem Satz zur Seite. Der Polizist wollte das Kofferschloss aufschießen?

Der Polizist zielte. Sein Finger war bereits am Abzug und spannte sich langsam.

»Ach was«, sagte er und steckte die Pistole zurück in das Halfter, »wir machen das anders.«

»Stimmt«, pflichtete ein Kollege bei, »was sollen wir uns die Mühe machen. Wir nehmen ihn und die Sachen einfach mit aufs Revier.« Der Kollege zog Handschellen von seinem Gürtel ab und begann, diese dem entsetzten Peter anzulegen. Dann prusteten alle drei Polizisten vor Lachen und klopften dem verdatterten Peter versöhnlich auf die Schulter.

»Wohin soll denn die Reise gehen?«, fragte der Dicke. »Nach Rio«, antwortete Peter. »Rio?«, rief der Dicke. Die drei begannen, von Rio zu schwärmen.

»Die Frauen in Rio sind die schönsten der ganzen Welt«, rief einer der drei und deutete mit seinen Händen unmissverständlich an, was man in Rio erwarten konnte.

13

Kurz vor Peruíbe brach die Hölle los. Von einer Sekunde auf die nächste gerieten wir in mächtige Rotorenwinde. Mit 80 Stundenkilometern walzten sie in unserer Flugrichtung über die letzten Berggipfel vor der Küste hinweg. Heftige Turbulenzen schüttelten den Tragschrauber.

»Wir fallen wie ein Stein«, schrie ich. Ich verstellte den Propeller auf maximale Leistung und gab Vollgas. Dann reduzierte ich die Luftgeschwindigkeit auf 100 Stundenkilometer, wobei wir immer noch mit 180 Stundenkilometern über Grund vorankamen. Eigentlich hatten wir damit die höchste Steigrate des Tragschraubers erreicht.

»Ich kann das Sinken nicht stoppen, wir verlieren dramatisch schnell an Höhe«, rief ich Melanie zu. Ich konnte nur zusehen, wie die Nadel der Höhenanzeige fiel und fiel und fiel.

Unter uns war nur Wald, Wald, Wald. Weit und breit gab es keine Möglichkeit, zu landen, außer natürlich an der Küste auf unserem Zielflugplatz in Peruíbe.

»Wir haben noch zehn Minuten bis zum Flugplatz«, rief ich, »das werden wir jetzt auch noch schaffen. Und irgendwie werden wir dort schon herunterkommen.« Wir hatten noch Sprit für ungefähr 30 Minuten zum Flugplatz.

»Viel Puffer haben wir nicht mehr«, rief Melanie.

»Drei Minuten noch«, rief ich in unserem offenen Cockpit. Wieder rüttelten Turbulenzen am Tragschrauber.

»Kannst du den Flugplatz erkennen?«, fragte ich Melanie.

»Negativ«, kam von ihr zurück.

»Wir müssten jetzt genau darüber sein, laut Navi«, hakte ich weiter nach. Dann erkannte ich den prall aufgeblasenen, horizontal stehenden Windsack.

»Der Wind ist quer zur Bahn, wie wir bereits vermutet hatten«, rief ich.

»Allerdings scheint er auf der Piste durch die Palmen und Häuser der Stadt etwas abgeschwächt zu sein«, fügte ich an. Im Anflug auf die Grasbahn konnte ich gut erkennen, wie die Palmblätter im Wind flatterten. Der Wind fetzte an einer Brasilienflagge. Ich hielt die Nase des Tragschraubers weiter im Wind. So näherten wir uns schräg zur Landebahn. Erst im letzten Moment drückte ich das Seitenruder und drehte den Tragschrauber parallel zur Wiese. Das Gras flitzte unter uns durch, ein kurzes Holpern, und wir standen auf dem Rasen. Der Rotor erzeugte ein zischendes und flappendes Geräusch. Dann wurde er langsamer und kam schließlich ganz zum Stillstand.

»Wir haben es geschafft!«, jubelte ich. Wir fuhren mit dem Tragschrauber zum Hangar. Zwei Männer schoben den bereits offenen Spalt des Tores weiter auf, als sie uns kommen sahen.

Ein weiterer Pilot kam dazu, und wir gerieten ins Gespräch.

»Der Sturm ist typisch für Brasilien im August«, meinte er. Er bot an, uns zu einem nahe gelegenen Hotel zu bringen. Dort würden wir auf die Ankunft von Peter warten.

Ich versuchte immer wieder, Peter auf dem Handy zu erreichen. Aber dort, wo er mit dem Auto fuhr, schien kein Empfang zu sein. SMS-Nachrichten konnte er aus irgendeinem Grund mit seinem australischen Mobiltelefon in Brasilien nicht empfangen.

Er wusste ja noch nichts von unserem Hotel und würde bestimmt erst einmal zum Flugplatz fahren. Gegen 19:30 Uhr rief er zurück. Er hatte vor der Kirche von Peruíbe eine ältere Frau angesprochen und sie um Hilfe gebeten. Jetzt saß sie neben ihm im Auto, um ihm den Weg zu zeigen. Ich erklärte der Frau am Telefon, in welchem Hotel wir uns befanden. Nach einer halben Stunde trafen die beiden im Hotel ein. Beim Abendessen erzählte Peter von seinen Erlebnissen des Tages. Er machte die Polizisten nach, wie sie wie Kängurus in Reihe gehüpft waren.

»Das hättest du filmen müssen«, rief ich Peter lachend zu.

»Das hätten die wohl nicht zugelassen«, sagte Peter, »aber sie waren bereit, ein Gruppenbild mit mir zu machen«, erzählte er.

»Wie, du hast Fotos gemacht?«, rief Melanie begeistert. Peter zeigte uns am Display seiner Kamera die Fotos. Tatsächlich. Arm in Arm stand Peter mit zwei grinsenden Polizisten vor dem Auto, während der dritte das Foto machte.

Der Sturm weitete sich über Nacht zu einem Orkan aus. Gut, dass wir jetzt nicht mehr in der Luft waren. Die Bäume bogen sich. Der Sturm blies Sand vom Strand und sogar Äste und Palmblätter über die Straßen. Selbst im Hotel war es ausgesprochen ungemütlich. Es pfiff durch die Ritzen an Fenstern und Türen. Und heizen ließ sich keiner der für die Hitze Brasiliens optimierten Räume.

14

Zwei Tage später hatte sich der Wind etwas abgeschwächt. Aber er war noch immer recht böig. Der bleierne Himmel war wolkenbedeckt. Melanie und Peter waren entschlossen, heute die nächste Etappe anzugehen. Bis zum letzten Flugplatz vor Rio de Janeiro waren es etwa 400 Kilometer an der Küste entlang. Ich fuhr die beiden zum Flugplatz und machte mich gleich auf die Fahrt zum Tagesziel. Melanie und Peter würden erst eine Stunde später starten. Dadurch hatte ich einen kleinen Vorsprung, den ich auf den schmalen Küstensträßchen auch benötigen würde.

Ich fuhr fast immer in Sichtweite vom Meer in Richtung Norden. Zahllose ärmliche Hütten, mit Plastiktüten provisorisch gegen Wind und Wetter geschützt, waren direkt an der Straße gebaut. Nach einer Stunde Fahrt verschlechterte sich das Wetter entgegen der Wettervorhersage. Erst begann es, leicht zu regnen. Dann wurde der Regen stärker. Dichte, tief hängende Wolken zogen vom Meer her auf und stauten sich an den Küstenbergen. Ich hielt an einem Parkplatz und versuchte, Melanie oder Peter auf dem Handy zu erreichen. Sie konnten heute unmöglich fliegen, das war viel zu gefährlich. Es nahm niemand mehr ab. Ich sprach auf die Mobilbox und warnte davor, zu starten.

Ich setzte meine Fahrt in Richtung Norden fort. Vielleicht war das Wetter ja direkt über dem Meer besser. Immerhin verlief die Straße, auf der ich fuhr, oberhalb der Küste in den Berghängen. Es konnte gut sein, dass sich nur hier die Wolken stauten. Der Nebel hing dicht über der Straße. Ich konnte kaum noch etwas sehen. Ich reduzierte die Geschwindigkeit und fuhr nur mit 40 Stundenkilometern. Der Regen peitschte gegen die Windschutzscheibe. Die Scheibenwischer kamen kaum gegen die Wassermassen an.

Ich stand furchtbare Ängste durch. Wenn Melanie und Peter irgendwo in diesem Wetter steckten, würde es für die beiden verdammt eng werden. Immer wieder versuchte ich, sie per Handy zu erreichen. Es trieb mich fast in den Wahnsinn, dass ich wusste, welches Wetter sie hier erwarten würde, und ich sie nicht mehr warnen konnte.

Ich schlug mit der Faust aufs Lenkrad. Wie würde ich den Tag preisen, wenn alles noch einmal gut ginge. Ich machte mir Vorwürfe, dass ich kein Veto gegen den Plan eingelegt hatte, heute zu fliegen. Warum gingen wir nach fast abgeschlossener Weltreise noch solch unnötige Risiken ein? Das Regenwasser stand nun zentimetertief auf der Straße. Ich quälte mich weiter mit Selbstvorwürfen, bis mein Mobiltelefon klingelte.

15

Melanie und Peter flogen von Peruíbe aus in Richtung Norden. Sie folgten dem Küstenverlauf. Die Bewölkung war anfänglich noch recht hoch. Es begann zwar nach etwa 15 Minuten leicht zu regnen, aber das war kein Problem. Der Regen glich mehr einem feinen Nieseln, das lediglich die Windschutzscheiben benässte, ohne dass Feuchtigkeit in die offene Kabine drang.

Die brasilianische Küste war dicht bebaut: Hochhaus an Hochhaus stand in Strandnähe. Eine größere Tsunamiwelle war dabei wohl nicht eingeplant. Nach 20 Minuten wurde der Regen stärker. Die Tropfen klatschten gegen die Windschutzscheibe des Tragschraubers. Die Sicht verschlechterte sich rapide. Das Meer unter ihnen war aufgewühlt. Die Wellenkämme zogen schmutzig weiße Schaumteppiche hinter sich her. Es wurde empfindlich kalt. Melanie fingerte mit einer Hand ihre Lederhandschuhe aus der Ärmeltasche. Dabei passierte, wovor es Tragschrauberpiloten am meisten graut.

Mit den Handschuhen hatte sie eine Plastiktüte in die Ärmeltasche gepackt. Das war eine Vorsichtsmaßnahme, falls ihr übel werden sollte.

In dem Moment, als sie mit der rechten Hand den zweiten Handschuh aus der Tasche am linken Oberarm zog, flog die Tüte raus. Melanie versuchte noch, die Tüte zu schnappen. Aber da war es schon zu spät. In einem Bogen flog die Tüte erst vor ihrem Gesicht hoch und wurde dann in den Fußraum gezogen und dort bis ganz nach vorn gewirbelt. Wenn die Tüte in den Propeller ging, konnte dieser beschädigt werden. Dann müssten die beiden schlimmstenfalls im Verfahren der Autorotation landen – und sie flogen über offener See in einiger Entfernung vom dicht mit Hochhäusern bebauten Strand. Melanie betete inständig, dass die verdammte Tüte blieb, wo sie war, im Fußraum.

Die Wolken stauten sich an den Bergen und schienen die Form der Hanglagen wie eine dicke graue Wattemaske abzubilden. Die Sicht wurde immer schlechter. Die Wolken zogen bereits um die Hochhäuser unter ihnen. Melanie und Peter hatten allenfalls noch ein bis zwei Kilometer Sicht mit stark abnehmender Tendenz. Sie flogen jetzt dicht über die Hochhäuser am Strand hinweg. An den markanten Gebäuden konnten sie sich noch einige Zeit orientieren.

Dann flogen sie auf einen Berg zu, der in Form eines Landvorsprungs bis weit ins Meer hineinragte. Die Wolken standen direkt an der Bergspitze an. Es wäre unmöglich gewesen, darüberzufliegen. Sie wichen über das Meer aus.

»Die Wolken kommen immer tiefer und dichter. Wenn das so weitergeht, verlieren wir in Kürze die Sicht«, rief Melanie über den Bordfunk.

»Hinter uns gehen die Wolken auch zu. In wenigen Minuten ist der Rückweg abgeschnitten«, erklärte Peter.

»Okay, lass uns umdrehen«, schlug Peter vor, »heute ist kein Durchkommen.« Sie drehten in eine steile Rechtskurve. Sie hatten sich keinen Moment zu früh für die Umkehr entschieden. Die Wolken schlossen die Lücke, durch die sie entkommen waren, hinter ihnen.

Nach einer Stunde feuchtkalten Fluges landeten die beiden wieder unversehrt auf dem Flugplatz von Peruíbe. Melanie rief Andreas auf dem Handy an und informierte ihn über ihre Entscheidung.

16

Auch am nächsten Tag hatte sich das Wetter nicht gebessert. Es hatte nur 8 °C, regnete teilweise sintflutartig, und die Wolken zogen tief über die südliche Ostküste hinweg. Ich hatte mir Brasilien anders vorgestellt. Auf jeden Fall sehr viel wärmer, gerade am Meer.

Erst am übernächsten Tag gelang es uns, die Küste entlang in Richtung Norden weiterzufliegen. Die Sonne strahlte endlich ungehindert vom Himmel.

Je näher Melanie und Peter nach Rio de Janeiro kamen, desto mehr gingen die Berge in die markante Form über, die den Zuckerhut von Rio de Janeiro weltberühmt gemacht hatte.

Melanie und Peter folgten einfach dem Küstenverlauf. Gelegentlich flogen sie über Containerschiffe hinweg, die auf der Fahrt zum Hafen von Santos waren, über den der Warentransport nach São Paulo abgewickelt wird.

Das tiefblaue Meer, der hellblau strahlende Himmel, die weißen

Schäfchenwolken vor den dunkelgrünen Urwaldhügeln und die gelben Sandstrände ergaben heute ein Panorama wie aus dem Werbekatalog für Urlaubsangebote in Brasilien. Was für ein Traum!

Gegen 17:00 Uhr landeten Melanie und Peter auf dem Flugplatz CEU in der Nähe von Rio de Janeiro. Die Landebahnen des Flugplatzes waren in einer Lagune aufgeschüttet. Die Flugzeuge landeten hier förmlich wie auf einem Flugzeugträger im Meer.

Hier residierte der größte Ultraleichtfliegerklub Brasiliens. Über 100 Flugzeuge und Helikopter standen in drei Hallen. Ein Swimmingpool vor dem Gemeinschaftsgebäude, ein Kühlregal für die persönliche Weinauslese der Piloten und viele andere Annehmlichkeiten verdeutlichten, dass Fliegen in Brasilien ein elitäres Vergnügen darstellte. Melanie und Peter schoben den Tragschrauber in eine der drei Hallen des Fliegerklubs, saßen noch ein wenig mit anderen zigarrerauchenden Piloten des Klubs zusammen und nahmen später ein Taxi zum Hotel an der Copacabana in Rio de Janeiro.

Am nächsten Morgen frühstückten Peter, Melanie und ich ausgiebig am Strand der Copacabana. Das quirlige Rio de Janeiro ist eine Stadt der Gegensätze. Reich und Arm, Alt und Jung, Ausländer und Brasilianer leben dicht beisammen, nicht immer friedlich. Die Stadtteile Copacabana und Ipanema galten noch als die sichersten. Der Polizei war es in den vergangenen Jahren gelungen, die Sicherheit tagsüber zumindest in Strandnähe zu gewährleisten, während in einigen Favelas buchstäblich Krieg mit Banden herrschte.

Melanie und ich wollten das schöne Wetter heute für den letzten Flug unserer Weltreise mit Tragschrauber nutzen.

Wir planten, von dem außerhalb gelegenen Flugplatz CEU aus nach Rio de Janeiro zu fliegen, über die Strände der Copacabana und Ipanema hinweg. Dann wollten wir am Zuckerhut vorbei und um die Jesusstatue kreisen.

Peter, Melanie und ich fuhren mit dem Auto zurück zum Flugplatz CEU. Um in das Flugplatzgelände zu kommen, mussten wir durch eine Sicherheitsschleuse, an zwei Mitarbeiterinnen des Fliegervereins vorbei durch das Vereinsgebäude. Das Gelände, die Hallen und die Außenbereiche waren kameraüberwacht.

Peter und ich trugen die Benzinkanister vom Parkplatz zum Tragschrauber. Dann gingen wir zum Gebäude der örtlichen Flugschule. Ich fragte den Leiter der Flugschule, ob uns nicht jemand mit einem Flugzeug würde begleiten können. Wir waren uns schnell handelseinig. Darcy Oliveira, ein erfahrener Fluglehrer der Schule, würde gemeinsam mit Peter in einem Tragflächenflugzeug neben uns her fliegen. Melanie und ich würden fliegen, während Darcy und Peter Fotos machten und den Flug filmten.

Ich hatte Sorge, dass auf unserem letzten Flug der Weltreise noch etwas passieren könnte. Mir ging das Buch des zwischenzeitlich verstorbenen Hans Schneider durch den Kopf, der mit einer Cessna um die Welt geflogen war. Er war wie wir in Rio gelandet. Hans hatte vor dem letzten Flug vergessen, die Bremsen seiner Cessna anzuziehen. Er warf den Motor über den Propeller an und die Cessna flog los. Allerdings ohne Hans. Sie hob kurz ab und kippte zur Seite weg. Totalschaden.

Ich zog die Bremsen unseres Tragschraubers an, bevor ich den Motor anließ. Darcy und Peter rollten mit ihrem weißen Ultraleichtflugzeug übers Grasvorfeld zur Startbahn. Auf das Signal von uns hin starteten die beiden vor uns. Ich betätigte zum letzten Mal den Prerotator. Dann gab ich Vollgas. Der Tragschrauber flitzte über die Graspiste, und Melanie und ich hoben nach kurzer Anlaufstrecke ab.

Für den Flugplatz CEU durften An- und Abflüge nur nach einem komplizierten Verfahren vorgenommen werden. Wir flogen den umständlichen Kurs an zahlreichen Siedlungen vorbei und zum Strand hin zwischen zwei Hochhäusern durch. Darcy übernahm auf Portugiesisch den Funk mit der Flugsicherung, denn für die Umrundung der Jesusstatue musste man sich eine spezielle Freigabe einholen. Üblicherweise kreisten dort zahlreiche Helikopter mit Touristen.

Wir flogen die Küste entlang über die Strände hinweg. Dann ging es landeinwärts, über die Lagunen in direkter Linie auf die berühmte Christusstatue zu. Melanie und ich flogen über einen gerade abhebenden Helikopter. Ich stieg auf 2500 Fuß Flughöhe und war mir nicht ganz sicher, ob wir in dieser Höhe über den Berg mit der Statue hinwegkommen würden. Immerhin hat der Berg eine Höhe von etwas über 2300 Fuß. Die Jesusstatue selbst ist 100 Fuß hoch, sodass wir bei der aktuellen Höhe gerade einmal 100 Fuß hoch über den Jesus hinwegfliegen würden. Und wer wusste, wie exakt unsere Höhenanzeige funktionierte.

Vor dem grün bewachsenen Berganstieg der Statue wurde der Flug unruhig. Der von der See kommende Wind strömte den Hang hoch und sorgte für Turbulenzen. Was für ein grandioser Blick war das. Melanie und ich flogen erst einmal direkt im Tiefflug über die Besucherplattform der Statue hinweg. Die Menschen unter uns winkten uns zu. Zu unserer Rechten sah ich den Zuckerhut mit seiner charakteristischen Form. Ein tiefes Glücksgefühl durchströmte mich. Die Weltreise mit Tragschrauber erreichte nach 18 Monaten ihren Höhepunkt. Was hatten wir nicht alles erlebt und überlebt. Wie hatten wir gelitten, gefroren, gekämpft, um mit diesem Flug um den Cristo den krönenden Abschluss genießen zu können.

Es gab nicht wenige, die uns diese Reise nicht zugetraut hatten. Vor 28 Monaten waren wir noch nie selbst geflogen, hatten keine Ahnung, wie das funktionierte und was man beim Fliegen alles berücksichtigen musste. Das Funken zu lernen, war für uns wie das Erlernen einer neuen Fremdsprache gewesen. Viele Male schien das Abenteuer an diversen Hindernissen zu scheitern. Diese Reise war der Beweis, dass Träume buchstäblich Flügel verleihen können und dass man alles lernen kann – auch und vielleicht sogar gerade über Widerstände hinweg.

Nachwort

Während unsere Tragschrauber per Containerschiff zwischen den Kontinenten zur See fuhren, besuchten wir Projekte des Kinderhilfswerks *terre des hommes* in Südafrika, Indien, Thailand, Peru und Bolivien und befragten auch die Kinder zu ihren Träumen. Das wäre ausreichend Stoff für ein weiteres Buch.

Damit Kindheitsträume wahr werden.

Die Entscheidungsstärke und Konsequenz von Otmar Birkner, mit der er bereits den weltweit erfolgreichsten Herstellerbetrieb für Tragschrauber aufgebaut hat, hat auch unser Abenteuer »Weltflug – die Weltreise mit Tragschrauber« erst in dieser Form möglich gemacht. Wir bedanken uns bei ihm, beim Team der AutoGyro GmbH, aber auch bei allen anderen der zahlreichen Helfer auf fünf Kontinenten für die Unterstützung unseres Abenteuers.

Vielen Dank auch an das liebenswürdige und kompetente Team vom Delius Klasing Verlag für die angenehme Zusammenarbeit bei der Erstellung dieses Buches.

Melanie und ich möchten uns vor allem bei unseren Eltern bedanken, die uns nicht nur als Kindern Freiraum zum Träumen ließen, sondern uns bei der späteren Umsetzung aktiv mit Rat und Tat unterstützten. Ihnen verdanken wir alles.

Wir planen bereits ein neues Abenteuer und werden nähere Informationen darüber zu gegebener Zeit unter www.weltflug.tv veröffentlichen.

Gibt es eine zentrale Erkenntnis aus zwei Jahren Abenteuer?
Ja: Keine Angst!

Weltflug.tv
Die Weltreise mit Tragschrauber
Der Film zum Buch
Bestellen Sie jetzt den Film
und fliegen Sie mit uns mit:
www.Weltflug.tv

Weltflug mit dem Gyrocopter

Die Etappen: 1 Europa / 2 Afrika /